KB234862

즐거운 불편

소비사회를 넘어서기 위한
한 인간의 자발적 실천기록

후쿠오카 켄세이 지음 | 김경인 옮김

책의 마지막에서도 말했듯이, 이 책이 일본에서 출판되기 직전, 나는 교통사고로 죽을 고비를 넘겨야 했다. 자전거로 퇴근하던 길에 오토바이에 치여, 머리에 큰 부상을 입었다. 약 3개월 동안 입원과 재활치료를 거쳐 지금은 직장에도 다시 나가고, 사고 전과 거의 다를 바 없는 생활을 하고 있다. 하지만 뇌좌상을 일으켰던 부위 바로 옆에는 운동이나 사고를 관장하는 영역이 있어, 하마터면 기자생활을 계속하지 못할 뻔했다. 그야말로 행운이었다.

이 책의 제2부 대화편에서 대담자로 참석해주셨던 카누이스트 노다 토모스케 씨 말에 의하면, 동경에 사는 카누이스트 한 분도 역시, 나처럼 자전거 통근을 하다가 사고를 당해 중증 뇌장해를 입었다고 한다. 카고시마 현에 있는 아마미오시마의 골프장 건설을 반대하며 동물들을 원고로 하여 '자연의 권리소송'을 낸 변호사 카고하시 타카아키 씨는 편지를 보내왔다. 그도 자전거통근을 실천하고 있는데, 차들의 왕래가 심한 시간대에는 자전거 타기가 무서워 매일 새벽 5시에는 사무실에 도착할 수 있도록 한다고 했다. 편지에서 그는 이렇게 말했다. "찻길은 당연히 위험하고, 걷는 길도 사람이 많아서 자전거의 기능을 제대로 발휘할 수 없게 된다면, 자전거를 포기하든지 아니면 아침에 일찍 일어나든지 양자택일을 하지 않으면 안됩니다. 그 과정이 어딘지 모르게 생물이 자기 영역을 확보해가는 과정과 닮아 있다는 생각을 하게 됩니다"

퇴원 후, 아직 불편한 걸음으로 이발소에 갔을 때의 일이다. 우연한 일이지만 그 이발소의 아주머니도 교통사고로 아이를 잃었다고 했다. 사고를 낸 차의 보험회사에서 여섯 살 난 어린 아이의 목숨 값으로 천 4백만 엔의 보상금을 받았지만, 아이를 잃은 슬픔과 상실감은 도저히 메워지지 않는다고도 했다. 그리고 그녀는 사고 뒤 운전면허를 취득했다고 한다. 그녀는 이렇게 말했다.

"아이를 교통사고로 잃었으면서 어떻게 운전면허를 땄느냐고, 어떻게 차를 운전하느냐고 사람들은 말하지만, 이 세상을 살다 보면 언제 교통사고를 당할지 아무도 모르잖아요? 그렇다면 걸어 다니는 것보다 차가 훨씬 강하니까, 그래서 나는 강한 쪽을 택하기로 한 거에요."

슬픈 일이지만, 그녀로 하여금 그런 선택을 하게 한 사회를 그리고 그녀의 선택을 탓할 수 있는 사람은 아무도 없다. 우리 또한 지금까지 그녀와 마찬가지 선택을 해왔으니까.

사람들이 자동차 타기를 그만두기만 한다면, 일본 국내에서 연간 8천 명이 넘는 교통사고 사망자는 사라지게 될 것이고, 많은 사람들이 부상을 입는 일도 없을 것이다. 또 찻길, 자전거길, 걷는길이 따로 구분되어 있는 유럽의 3층 도로처럼 도로를 정비한다면, 그 수는 충분히 줄어들 것이 분명하다. 하지만 그런 방법은 이제껏 선택된 적이 없다.

다시 말하면 이렇다.

'차라는 교통수단으로 우리의 생활은 날로 편해지고, 산업은 발전한다. 하지만 그 대가로 반드시 희생자가 나온다. 희생자를 줄이는 방법은 있지만, 거기에는 막대한 비용이 들게 마련인데, 제한된 예산을 거기에 투자한다면 산업발전이나 안락한 생활을 지탱해주는 자동차를 위한 사회적 생산기반의 정비가 늦어진다. 그러므로 다소 희생자가 생기더라도 감수하자. 그것이 보다 많은 사람을 편리하고 안락한 생활로 이끄는 지름길이다.' 이런 식이다.

물론 늘어나는 희생자를 그대로 방치한다면, 희생자의 불만이 폭발하여 사회질서가 무너질 우려가 있다. 고로 자동차의 장점을 누리고 있는 자들이 보험료를 지불하고, 그것으로 희생자에게 보상금을 지불함으로써 손해와의 타협을 도모하자는 방법을 제시했다. 그것이 바로 자동차보험이다. 이것으로 사람들은 자동차 사회가 가져다주는 편리함이나 쾌적함을 맘껏 누리면서, 만에 하나 희생자가 되었을 때에는 그 생명의 '경제적 가치'에 맞는 돈을 받음으로써 일단락 문제해결을 매듭짓게 된다. 그렇게 돈으로 무엇이든 해결한다는 시스템이 성립되었다. 그 시스템을 마련한 것은 다름아닌 사회의 필요라는 이름의 욕망의 집합체다.

차의 안전성을 말할 때, 지금까지 우리가 생각해왔던 것은 항상 차 안에 있는 사람의 안전뿐이었다. 안전벨트도 에어백도 그것을 위한 장치다. 사고를 당한 상대방의 피해를 어떻게 줄일 수 있을까는 전혀 고려하지 않았다. 그런 기술의 개발을 하지 않는 이유는 개발해도 팔리지 않기 때문이다. 요컨대 그것은 소비자인 우리들의 의사였던 셈이다. 또한, 자동찻길은 끝없이 뻗어만 가는데 비해 자전거길은 좀처럼 늘어날 기미를 보이지 않는 현상에도, 사회를 구성하고 있는 우리들의 의사가 얼마쯤은 반영되어 있다.

일본에서는 최근 5년간 매년 3만 명이 넘는 자살자가 나오고 있다. 교통사고 사망자 수보다 무려 4배에 가까운 사람들이 스스로의 목숨을 끊고 있는 실정이다.

그 사람들이 남긴 헤아릴 수 없는 방대한 양의 유서를 한 루트를 통해 읽어볼 기회가 있었다. 어떤 사람은 자신의 병 때문에 주위사람들에게 폐를 끼치고 있다는 자책감을, 어떤 사람은 나이먹고 늙어 능력을 상실했다는 깊은 상실감을 쓰고 있었다. 그런가 하면 빚을 자신의 생명보험으로 청산하도록 하라는 유서를 유족들에게 남긴 사람도 많았다.

많은 유서가 자신은 세상에서 짐 같은 존재며, 살아있을 가치가 없다는 자책의 말들로 가득했다. 그들은 병이나 노화, 경제적 좌절 자체의 고통보다는, 그 때문에 주변사람들에게 부담을 지우게 한 자신을 용서할 수 없었기에, 스스로 이 세상에서 사라져 간 것이다.

자신의 존재가 '방해가 된다'고 생각하는 심리는 '방해를 받고 있다'는 심리가 내공화된 것이라고 한다. 병이나 늙음, 경제적 좌절에 직면했을 때, 인간은 자신이 그것 때문에 방해를 받고 있다고 생각하고, 그것을 없애기 위해 발버둥친다. 하지만 아무리 노력해도 안 될 경우, 사람들은 그 방해자 의식을 자신에게로 돌리게 되고, 결국 자기 자신을 세상에서 없어져야 할 존재라고 생각하게 된다.

매년 3만 명이 넘는 사람들이 자신은 살 가치가 없다고 목숨을 끊는 현실은, 병이나 늙음, 실직이나 도산 등의 경제적 좌절은 '악惡'이며, 곧 배제해야 할 존재라는 심리가 짙게 사회 전반에 감돌고 있음을 시사하고 있다. 늙음은 만인에게 다가올 운명이고, 병이나 경제적 좌절은 누구에게

나 닥칠 수 있는 것인데 말이다.

얼핏 자살과 교통문제는 전혀 무관한 것처럼 보이지만, 편리함이나 속도, 쾌적함과 안락을 끊임없이 추구해온 '근대'가 필사적으로 감추고자 했던 모순이 그곳에 응축되어 있다.

한국의 사정에 그다지 밝지는 않지만, 크게 다르지 않으리라 본다. 그렇기 때문에 한 무명의 신문기자가 쓴, 그것도 도쿄가 아닌 일본열도의 남단에 자리한 카고시마의 한 작은 출판사에서 출판한 이 책을 번역출판하게 된 것이 아닐까 생각한다.

만사가 순조로울 때, 인간은 맹목이 된다. 진정으로 중요한 것을 보게 되는 때는 고난에 부딪혔을 때다.

세상에는 당신의 능력(용모나 학력, 부모님의 부와 명예 등, 사회적으로 유리하게 작용할 속성을 포함한)을 높이 사줄 사람은 얼마든지 있다. 일로 연관된 사람의 대부분이 그렇다. 하지만 당신의 존재 가치를 인정해주는 사람은 소수에 불과하다. 능력만을 평가해주는 사람들은 당신이 능력을 상실하게 되면 떠나간다. 그러므로 그런 사람들의 평가에 모든 것을 걸고 살다 보면, 당신이 능력을 발휘할 수 없는 상황에 처했을 때는 더는 살아갈 수 없게 된다.

교통사고로 중환자실에 누워 있을 때, 제한된 면회 시간 내내 사고로 의식이 돌아오지 않고 있는 아들의 이름을 애타게 부르던 소년의 부모님의 울부짖음을 들었다. 인간에게는 각자 고유의 이름이 있다. 거기에는 돈으로는 결코 바꿀 수 없는, 세상에 둘도 없는 뭔가가 있다.

목숨을 걸어야 할 것은 일이 아니며, 또한 세상의 평가도 아니다. 당신
자신의 존재 자체를 소중하게 생각해줄 사람을 한 사람이라도 더 만들고,
그들을 지키려고 노력해야 한다. 이런 깨달음을 얻게 된 것도, 〈즐거운
불편〉이라는 이색적인 기획을 실천할 수 있었던 덕분이다.

한국도 마찬가지일 거라고 생각하지만, 지금 사회에서는 자전거출퇴
근을 실천하는 것만으로도 목숨을 건 모험이라 할 만하다. 그러므로 감
히 "문명을 버리고 원시로 돌아가라"고 부추길 생각은 추호도 없다. 다
만 이 책을 읽음으로써, 소비문명 때문에 잃어버린 것들 중에 더 없이 소
중한 뭔가가 있었음을 깨닫고, 어떻게 하면 사람들이 자유롭게 살아갈 수
있는 사회를 만들 수 있을지 생각하고 실천하는 계기가 되었으면 하는 바
람이다. 그 결과, 당신의 인생이 조금이라도 풍요로워졌다고 느낄 수 있
게 된다면, 그 보다 더한 기쁨은 없을 것이다.

2004년 2월 후쿠오카 켄세이

세월 참 빠르다. 2004년에 한국어판 초판이 출판되고 7년이 흘렀다. 그 기간 동안 독자들의 사랑을 받아온 덕분에, 이번에 디자인을 바꿔 개정판을 내게 되었다. 이 책의 원본이 된 실천르포와 대화록을 일본의 신문에 연재한 것이 1998년부터 1999년에 걸친 2년간이었으니, 그 시점에서부터 헤아리자면 벌써 10여 년의 세월이 흘렀다.

그 사이 컴퓨터와 휴대전화 등의 정보기기들이 폭발적으로 보급되었고, 우리들의 생활은 한층 더 편리해졌다. 그리고 그에 반비례하여 사람과 사람의 인연은 점점 약해져서 사람들이 가슴 밑바닥에 끌어안게 된 고독은 점점 깊고 짙어진 듯 보인다.

일본에서는 인터넷의 자살사이트에서 알게 된 젊은이들이 서로 짜고 함께 자살하는 인터넷자살이 사회문제가 되었다. '죽일 상대는 누구라도 상관없었다'고 가해자가 이구동성으로 말하는 불특정다수의 무차별살인도 빈발하고 있다. 10년 넘게 사형집행이 이루어지지 않고 있는 한국과는 달리 일본에서는 사형이 지금도 집행되고 있는데, 이런 무차별살인의 범행 동기가 대부분 '사형당하고 싶었다'이다. 국가라고 하는 추상적인 시스템에 의해 죽임을 당하기 위해, 자기와는 전혀 무관한 생판 모르는 타인을 저승가는 길의 동행으로 삼겠다는 것이다. 이 또한 삶의 의미를 찾지 못한 고독한 사람이 불특정다수를 죽음의 늪으로 끌고 들어가는 동반자살이라 할 수 있다.

무차별살인사건이 발생할 때마다 상당수의 젊은이가 똑같은 폭력충동이 자신에게도 있다고 인터넷에 글을 올린다. 반대로 '나도 저렇게 생판 모르는 남에게 살해당하고 싶다'고 학교에 배치된 상담교사에게 고백하는 중고등학생도 있다. '누구라도 상관없었다'는 말은 누구나 가해자도 피해자도 될 수 있는 현대라는 시대의 비극을 그대로 표현하는 말이다.

평론가인 오노자와 슌스케씨는 2008년 도쿄의 아키하바라에서 발생한 17인 살상사건을 각 분야의 전문가들이 고찰한 『아키하바라 발(發)』이라는 책에서, 영국의 소아정신의이자 정신분석가인 도널드 위니콧의 유명한 말을 인용해 자신의 의견을 피력했다. 그 말이란 바로 '아이는 누군가와 함께 있을 때 비로소 혼자가 될 수 있다'는 것이다. 여기서 '함께 있다'는 말은 실제로 옆에 있다는 의미가 아니다. 어느 때라도 마음속에 있으면서 의지가 되어주는 확실한 존재가 있다는 말이다. 그런 '누군가'를 마음속에 가지고 있을 때 비로소 사람은 고독을 이겨낼 수 있다는 것이다. 인생에서 그런 '누군가'를 결국 가질 수 없었던 사람의 마음이 단말마의 비명소리며, 그것이 '누구라도 상관없었다'가 아니었을까?

가족과 혈연, 지연관계 속에서 돈이 끼여들지 않고 이루어졌던 인연을 끊음으로써, 유상으로 제공되는 '편리함'의 시장은 형성된다. 노동에서도 한 사람 한 사람을 따로따로 떼어놓고 보면 자본은 자유롭게 사용할 수 있게 된다. 즉 사람과 사람의 인연을 끊으면 끊을수록 노동과 시장 양면에서 경제를 확대시킬 수 있다. 우리사회가 지금까지 일관되게 인간관계를 해체하는 방향으로 움직여온 것은 그 때문이다.

하지만 사람이 안심하고 살아가기 위해서는 물질과 서비스뿐만 아니라 마음의 의지도 절대적으로 필요하다. 그것을 제공해온 최후의 보루였던 핵가족조차도 시대는 뿔뿔이 분리시켜 휴대전화나 컴퓨터 등을 매개로 돈을 받고 제공하는 '편리함'으로 바꿔가고 있다. 그러한 '편리함'은 사람과 사람을 이어주는 기능을 가지고는 있지만, 그것들을 매개로 이어진 인간관계는 깊이가 없고, 항상 마음속에 있어 의지가 되어주는 확실한 '누군가'는 될 수 없다. 그것은 많은 현대인이 그런 유상의 서비스를 통해 끊임없이 타인과 연결되어 있지 않으면 불안해 못견뎌하는 강박신경증을 보이는 것을 보더라도 확실히 알 수 있다.

실천과 대화에 근거한 이 책을 10여 년이 지난 현 시점에서 다시 읽어보니, 다소 고리타분한 인상이 느껴지는 이야기나 표현도 있다. 하지만 자본주의 사회가 갈 데까지 갔다고 할 수 있는 현재의 상황을 본 순간, 이 책 속에서 생각하고 주장했던 근간은 오히려 설득력을 더하고 있다는 생각이 든다. 시대의 흐름에 자신을 내맡기지 않고 주체성을 가지고 스스로의 인생을 개척해가고자 하는 한국인들에게, 새롭게 태어난 이 책이 앞으로도 격려가 되었으면 하는 마음 간절하다.

2012년 5월 후쿠오카 켄세이

|차 례|

한국 독자분께
개정판을 내며

1 대량 소비사회에서 행복해지기 《실천편》

대량 소비사회에서
행복해지기

《실천편》

불편을 즐겨보자!
도대체 무엇이 문제인가?

즐거운 불편의 시작

- 자전거로 출퇴근하기
- 자동판매기에서 음료수를 사지 않는다
- 외식하지 않기
- 제철채소나 과일이 아닌 것은 먹지 않는다
- 목욕후 남은 물은 전동펌프가 아닌 손으로 세탁기에 퍼 담기
- 설거지할 때 뜨거운 물 쓰지 않기(고무장갑 끼기)
- 전기청소기를 쓰지 않는다
  (카펫이 깔린 아이들 방을 청소할 때만 씀)
- 티슈를 쓰지 않는다
  (알레르기성 콧물도 손수건 두장으로 해결!)
- 다리미를 쓰지 않는다
- 음식찌꺼기는 퇴비로 활용한다

새해 정월, 두 신문에 좀 색다른 사설이 실렸다.

초하루와 3일자 《아사히 신문》은 각각 〈돌아가자! 인간 본위로〉 〈안단테로의 권유〉라는 제목으로, 지금의 소비사회와 정보사회에 의문을 제기하면서, 정보와 소비의 홍수에 휩싸이지 말고 생활의 템포를 늦춰보자고 했다. 《마이니치 신문》은 6일자 신문에 〈과잉소비에 브레이크를〉 등, 그와 비슷한 주장의 글들을 내리 싣고 있었다.

계속되는 불황 속에, 전국 유수의 신문들이 새해 벽두부터 '소비를 억제하자' '슬로우 라이프' 등을 호소하고 나선 것이다. 하지만 이미 범람하는 물질과 정보, 속도, 호의호식과 편리, 쾌락과 안락에 젖을 대로 젖어버린 국민이, 과연 소비를 줄이고 삶의 템포를 늦추는 게 가능한 일일까? 말이야 누구나 쉽게 할 수 있는 일이지만 말이다.

대량생산, 대량소비, 그리고 그 산물인 대량폐기의 더미 위에 세워진 현대문명이, 이대로 가다가는 환경파괴나 인구폭발, 식량부족, 자원과 에너지 고갈 등의 위기에 휘둘리고, 마침내는 파탄에 이르게 되리라는 것은 이미 많은 사람들이 예감하고 있는 터이다.

기후온난화를 막기 위해 이산화탄소 배출량을 줄인다는 국가차원의 목표를 정하고, 에너지 절약과 재활용, 태양열 발전과 풍력발전을 추진하는 등, 대안 모색이 여러 방향에서 시작되고 있다. 하지만 이들 문제에도 남북간의 격차가 개입되어 근본적인 해결책을 찾기란 어려운 상황이다. 분명한 것은 개발도상국 사람들이 미국, 일본과 같은 선진국 수준의 생활을 영위하게 된다면, 그때는 이미 지구환경 시스템의 허용범위를 초과하고 말 것이라는 점이다.

선진국 사람들의 생활상을 개발도상국의 국민들은 텔레비전이나 광고, 영화를 통해 알게 되고, 그에 대한 동경을 키우고 있다. 옛날 일본인이 미국 사회의 풍요를 선망하고 목표로 삼았던 것처럼, 선진국 사람들이

구가하는 소비문명은 이미 개발도상국 국민들의 목표가 됐다. 그러므로 우리 자신은 소비문명을 맘껏 누리면서 그들에게만 참고 소비를 줄이라고 강요하는 것은 윤리적으로 용납할 수 없을 뿐만 아니라, 정치적으로도 불가능한 일이다.

그렇다면 남은 길은 오직 하나!

그래도 잘사는 국민들이 에너지와 물자의 씀씀이를 줄이는 길뿐이다.

지금, 선진국에서 소리 높여 외치는 것은 자원과 에너지의 효율화를 추진하여 낭비를 없애자는 주장이다. 하지만 어느 일부에서 낭비를 없애고 절약을 할라치면, 절약된 돈을 유혹하는 새로운 소비가 뒤이어 등장하는 것이 자본주의의 속성이다. 일본의 에너지 절약기술은 세계최고 수준이라고 하지만, 그런 기술을 아무리 개발하고 받아들인다고 해도, 이 나라의 에너지 소비량은 줄어들기는커녕 나날이 늘어만 가고 있는 실정이니, 더 말해 무엇할까? 지금 고안하고 있는 재활용 기술의 대부분도 그 과정에서 또 다른 에너지나 자원을 소비하고 있다. 태양열 발전이나 풍력발전과 같은 새로운 에너지를 개발한다고 해도, 지금과 같은 전력량을 안정적으로 제공하기는 곤란할 것이다. 행여 기술로 가능하더라도 그를 위한 기기(器機)생산에 방대한 에너지와 자원이 필요하게 된다. 지금의 소비수준을 유지한 채 임시방편으로 대응한다고 해서 그것이 근본적인 문제해결책이 될 수는 없다. 지금 시점에서 필요한 것은 소비에 대한 사고방식 자체의 전환이다.

하지만 그것이 인간욕망의 발로를 제한해서는 안 될 것이다. 그렇게는 대중의 지지를 얻을 수 없다. 이는 동서고금의 수많은 금욕(禁慾)적 사상이 소비문명으로 치닫는 인류역사의 흐름을 막는데 그 어떤 힘도 발휘하지 못했다는 점으로 보아, 충분히 잘 알고 있는 사실이다. 중국의 문화대혁명이나 소련과 동구권 사회주의 국가들이 도입했던 장대한 실험이 실패로 끝나고, 권력교체나 정권붕괴와 더불어 거의 모든 사람들이 소비문명 속으로 일시에 질주하고 있는 현실도 그것을 증명하고 있다.

그렇다면, 물질이나 에너지 소비보다 효과적으로 욕망을 충족시켜줄 방법을 찾는 길밖에 없다. 정신적 수양을 쌓은 종교인뿐만 아니라, 극히 평범한 사람들도 위협이나 의무감 때문이 아닌 기쁜 마음으로 그러한 생활을 선택하게 하고, 그렇게 해서 이전보다 더 큰 행복감을 느끼게 해야 한다. 그것을 위한 구체적인 방법을 내놓는 것이, 현재 무엇보다 급선무다. 소비를 제한하는 것이 아니라 물질이나 에너지에 의존하지 않는 소비로, 곧 소비의 질을 전환하자는 것이다.

과연 그런 방법이 있을까? 솔직히 말해 그런 방법이 있을 것 같지는 않다. 그렇다고 칠흑 같은 어둠 속에서 점멸하는 반딧불처럼, 티끌만한 빛마저 아예 없는 것은 아니다. 승산이라고는 없을 것 같아 보이는 희미한 빛을 따라가다 보면, 나의 어린시절 추억과 만나게 된다.

고도성장이 막 시작되었던 1960년대 후반과 70년대 초반, 나는 쿠마모토 현의 전원지역에서 어린시절을 보냈다. 집에는 아직 세탁기나 자동차, 전기밥솥이나 청소기도 없었고, 텔레비전은 흑백이었으며, 목욕은 장작불로 데운 물을 채운 고무대야에서 하는 정도였다. 그럼에도 불구하고 지금의 아이들에 비하면, 그 시절 우리는 훨씬 행복하지 않았나 하는 생각이 든다. 아이들이 행복했다는 건, 그 가족 모두가 행복했다는 말이 아닐까?

그런데 지금은 물질적 소유와 정보도 훨씬 많고, 에너지도 먹을 것도 넘치지만, 30년 전의 부모님들이 아이들에게 주었던 행복감을 우리는 우리 아이들에게 나눠주지 못하고 있는 것은 아닌지 …… 오히려 우리 자녀 세대에게 환경파괴니 식량위기니, 자원고갈이니 하는 무거운 짐만 떠넘기려 하고 있지 않은가. 도대체 무엇이 문제일까?

이 의문에 대해, 나는 하나의 가설을 세우고자 한다. 현대를 살아가는 우리가 소비하고 있는 물질(정보나 쾌락, 편리라는 이름의 상품을 포함한) 가운데, 그 대부분은 실제 인간의 행복을 위해 꼭 필요한 게 아니라, 단순히 중독처럼 사용하는 것들에 불과하지 않을까 하는 가설이다. 이렇게 생각하면, 앞의 의문에 대한 답이 어느 정도 확실해진다. 물질이 주는 안락이나 쾌락에 빠져 중독증상을 일으키고 있는 것뿐이라면, 약물중독자가 오히려 불행한 것과 마찬가지로, 행복감을 얻을 수 없음은 당연한 결과이기 때문이다. 물론, 인간이 행복해지기 위해 진짜 필요한 문명의 열매도 있다. 그렇다면 진짜 '영양분'과 '중독성'을 구분할 수 있는 방법은 없을까?

순간에 뇌리를 스치는 방법!

중독된 것은 아닐까 의문이 가는 물질이나 편리함을 실제 자기생활에서 끊어보자. 그리고 자기 안에서 또는 생활에서 일어나는 반응을 살펴보자. 중독이든 진짜 필요한 영양분이든, 처음에는 금단현상이 나타날 것이다. 하지만 중독이라면 참아내는 동안 고통은 사라지게 될 것이다. 끽연자가 금연에 도전할 때, 어느 정도 참으면 편안해지는 것과 마찬가지다. 그 시점에서 냉정하게 비교해보는 것이다. 담배를 피울 때보다 끊었을 때 건강이 좋아지듯 만일 중독이었다면, 끊은 뒤에 느끼는 행복감은 배가 될 것이다.

약물중독을 치료할 때, 약물을 한꺼번에 끊어버리면 금단현상이 심해서 이탈하고 좌절하게 된다. 그러한 실패를 피하기 위해서 조금씩 줄여가지 않으면 안 된다. 예를 들면, 이달부터는 자동판매기에서 음료수를 뽑아 마시지 않는다, 이달부터는 자동차를 사용하지 않는다, 이달부터는 편의점이나 냉동식품을 이용하지 않는다는 식으로, 하나씩 조금씩 물질이나 편리함을 줄여보기로 하자. 다시 말해, 문명의 시계 바늘을 거꾸로 돌려보자는 것이다. 그리고 그 과정에서 발생하는 금단증상이나 신체변화, 주변의 반응을 관찰해보는 것이다. 그 과정에서 소비의 질을 전환시키기 위한 힌트를 발견할 수 있지 않을까?

그런데 과연 내가 해낼 수 있을까? 나 자신을 돌아본다. '신문기자는 한시라도 빨리 정보를 독자들에게 전달하지 않으면 안 되는데……' '지금도 일손이 부족한 판에 다른 사원들에게 피해가 가지 않을까?' '아이들이 아직 어린데……' 등등, 온갖 변명거리가 떠오른다. 하지만 그런 변명거리는 현대인이라면 누구나 서너 가지는 가지고 있다. 그렇게 도망가려는 마음에 대고 나는 다음과 같은 말로 딴지를 걸어보았다.

"성실성의 개념은 흔히 '말한 것을 행동으로 실천하라'는 말로 표현되고는 한다. 자신은 솔선하지 않으면서 지구를 위한 희생을 타인에게 강요할 수는 없다. 혹은 나만 뒤로 빠지고 타인을 위험 속으로 몰아넣어서도 안 된다."

이 말은 에코페미니즘론자인 스타호크가 「페미니스트, 지구에 뿌리박은 정신성과 에코페미니즘」(환경사상의 계보3 『환경사상의 다양한 전개』 동해대학출판회 1995년)에서 말한 것인데 정말 옳은 말이다. 말이야 누구나 쉽게 할 수 있지만 행동이 뒤따르지 않는 말은 아무런 가치가 없다.

이 실험을 수행하는 동안 어쩔 수 없이 크든 작든 가족들에게도 영향을 미치게 될 것이다.

하지만, 의무나 강요된 금욕은 리바운드 현상이 컸다는 역사적 교훈을 거울삼아 일절 강요하지는 않을 생각이다. 대화와 나 자신의 실천을 통해 주변이 어떻게 변해가는가, 그것을 지켜보는 것도 이 르포의 목적 중 하나이기 때문이다.

참고로, 이 기획을 처음 가족들에게 선포했을 때 그들의 반응은 "집안일 일체를 당신이 해준다면 생각해 볼게요!"(아내), "아빠 맘대로 하세요"(큰딸)였다. 적은 결코 만만하지 않았다!

일반자전거의 짐받이를 개조하여 산악용자전거에 붙여 만든 출퇴근용 자전거.

시도했다가 금단현상을 극복하지 못하고, 한번 끊었던 '물건과 편리함'을 다시 사용하게 될지 모르지만, 그 부분에 대해서도 솔직하게 쓰고자 한다. 그것은 그 나름대로 소비문명에서 이탈하기가 얼마나 어려운지 몸소 증명하고, 실패의 원인을 밝혀냄으로써 '소비의 질'을 전환하는데 방해하는 요소가 무엇인지 알 수 있는 계기가 될 것이기 때문이다.

어느 정도의 이탈에 성공한다면, 그것은 나 한 사람이 아닌, 앞으로 소비문명에 들어서게 될 각국 사람들까지를 포함한 현대인들에게 하나의 지침이 될 수 있다. 무엇보다 사방이 소비문명을 구가하고 있는 적(!)들로 둘러싸인 속에서, 물자나 에너지 소비를 줄이고도 더 많이 행복할 수 있음을 증명할 수 있기 때문이다.

물론 무참히 실패해서, 이 기획의 무모함과 가설의 허무함을 드러내는 결과를 가져오게 될지도 모를 일이다. 그때는 그때 가서 솔직히 인정하기로 하고, 일단은 부담없이 즐거운 마음으로 시간을 거꾸로 돌려보고자 한다.

시작은 이달 초부터 11가지 '물질'과 '편리함'을 생활에서 빼버리는 것부터다.

* 통근수단으로 전철이나 자동차를 타지 않고, 후쿠오카 현 다자이후에 있는 집에서 후쿠오카 시 텐진에 있는 회사까지 자전거로 출퇴근 하기.(물론 비오는 날에는 비옷을 입고)

* 자동판매기에서 물건을 사지 않는다.

* 외식을 하지 않는다.(매일 내 손으로 도시락 싸기)

* 제철채소나 과일이 아닌 것은 먹지 않는다.

* 전기청소기를 쓰지 않는다.

* 목욕하고 남은 물을 세탁기에 퍼 담을 때 전동펌프를 쓰지 않는다.

* 설거지를 따뜻한 물로 하지 않는다.

* 티슈를 쓰지 않는다.

* 다리미를 쓰지 않는다.

* 음식찌꺼기는 퇴비로 활용한다.

처음부터 너무 욕심을 부리는 건 아닌가도 싶지만 시작한 지 보름, 벌써 재미있는 반응들이 나타나기 시작했다.

실험 시작 전의 상황

1998년 1월 현재, 우리집의 현황을 소개하도록 하자.

《마이니치 신문》 학예과 기자인 나(36), 전업주부인 아내(38), 초등학교 4학년인 큰딸(10), 유치원에 다니는 둘째딸(5), 이렇게 4인 가족이다.

후쿠오카 현 다자이후 시에서 일조량이 썩 좋지 않은, 정원이 딸린 4 LDK(Living room, Dining room, Kitchen - 거실, 식당, 부엌을 일직선으로 배치한 실내구조 - 옮긴이)의 전세에서 산다. 집이 후쿠오카 공항의 소음대책 구역에 있는 탓에, 각 방에는 국가에서 지원한 에어컨이 갖춰져 있다. 목욕탕을 포함해 온수가 잘 나오는 석유보일러. 화장실은 수세식. 가지고 있는 주된 내구소비재는 석유난로 세 대, 석유 팬히터 두 대, 선풍기 한 대, 전기 각로(숯을 피워담아 손발을 따뜻하게 하기 위해 사용했던 휴대용 화로. 현대에는 전기제품으로 만들어진 것을 사용한다 - 옮긴이) 한 대, 2천 3백cc자동차, 피아노, 지상파 방송만 수신되는 14인치 비디오겸용 텔레비전, 8밀리미터 비디오카메라, 전자레인지, 냉장고, 세탁기, 청소기, 건조기, 이불건조기, 팩스 겸용 전화기, 라디오 카세트 등.

우리집에 난방기구가 많은 것은, 2년 전까지 산간지방인 쿠마모토 현의 히토요시 시에서 살았기 때문이다.

순조로운 출발

체중은 줄고, 돈은 남고!

실행 중인 불편

- 자전거 출퇴근
- 엘리베이터, 전기청소기, 이불건조기, 의류건조기, 티슈, 다리미, 무선전화기를 쓰지 않는다
- 외식하지 않기
- 도시락 갖고 다니기
- 제철채소나 과일이 아닌 것, 컵라면이나 조리하여 밀봉한 식품은 먹지 않는다
- 목욕하고 남은 물은 대야로 세탁기에 퍼 담는다
- 설거지를 따뜻한 물로 하지 않는다
- 음식찌꺼기는 퇴비로 활용한다
- 자동판매기, 편의점에서 물건을 사지 않는다
- 마요네즈, 드레싱을 집에서 만들어 먹는다
- 채소의 자급률을 높인다
- 사용한 알루미늄 호일은 씻어서 몇 번이고 쓴다
- 고장이 나도 새로 사지 않고 수리해서 쓴다

금단현상은 먼저, 음료수 자동판매기 앞에서 나타났다.

무엇보다 큰 문제는, 그것이 어디를 가나 있다는 것. 게다가 알록달록 화려한 디자인과 오색불빛으로, 싫어도 안볼 수 없게 눈에 잘 띤다는 것. 먼지 낀 유리 안쪽에서 비치는 조명등 때문에 밤이면 그 유혹이 사람을 미치게 한다.

집과 회사를 편도 한 시간 정도 자전거 페달을 밟아 달리다 보면, 한겨울에도 온몸이 땀에 젖는다. 특히 비가 오는 날은 비옷 속이 사우나에 들어갔다 나온 것처럼 땀 범벅이기 때문에, 타는 목마름은 이루 말할 수 없다. 헉헉! 학학! 자전거를 타고 달리다 보면, 어두운 밤거리 거리마다 여자들, 아니! 자동판매기들이 말없이 서서는, 차례 차례 황홀한 윙크로 나를 유혹한다.

솔직하게 고백하자면 자판기 앞에서 자전거를 세운 적이 딱 한번 있었다. 자전거 통근을 시작한 지 이틀째 되는 날 밤이었다. '아무도 안 보잖아!'라는 악마의 속삭임에 넘어가서 자전거를 세우고 동전을 꺼내려고 했다. 그런데 다행인지 불행인지 그날은 회사에 두고 다니는 재킷에 지갑을 넣어둔 채 잊어버리고 왔다. 셔츠 윗주머니와 바지 뒷주머니까지 다 뒤진 다음에야 퍼뜩 내 정신으로 돌아왔다.

이 기획을 시작하기 전까지 나는 거의 매일 자동판매기에서 음료수를 뽑아 마셨다. 우리집 뒤 쪽으로 10미터 정도 떨어진 곳에 한 대, 회사 빌딩 1층 로비에도 한 대(그 밖에도 담배와 전화카드 자판기가 2대씩 있다), 편집국이 있는 3층에 두 대, 회의실이 있는 4층 엘리베이터 앞에도 한 대, 완전히 자동판매기에 포위된 상태나 마찬가지다. 그러니 목이 말라도 찰랑, 커피 한잔에 기분을 가라앉힌다고 찰랑, 단 것이 당길 때도 찰랑, 하루에도 몇 번씩 자판기에 동전을 헌납해왔다. 그 액수가 얼마일까? 밤 늦도록 남아서 원고를 쓸 때는 특히 몇 번씩 자판기와 책상 사이를 왔다갔다

했는지 모른다.

자동판매기에서 물건을 사지 않기로 결심하고 일주일 정도는 근무 중이면 유독 더 목이 마르는 것 같았다. 그때마다 물을 벌컥벌컥 들이켜는데도 이상하게 목마름은 가실 줄을 모른다. 그럴 때, 아! 이런 게 바로 금단현상이구나! 하고 깨닫는다.

그런데, 그런 헤비 드렁커였던 내가, 일주일 정도 참아내자 금단현상에서 완전히 자유로워질 수 있었다. 지금은 자판기 앞을 지나더라도 거의 마시고 싶다는 생각을 하지 않는다. 밤에 집에 가는 동안에 목이 말라도, 집에 가서 뭔가 마시면 된다는 생각에, 그 유혹적인 자판기의 윙크를 냉정하게 뿌리칠 수 있게 되었다. 단 것이나 커피에는 분명 습관성이 있다. 하지만 그런 것은 단순한 습관성에 지나지 않는다는 것을, 이번에 확실히 알게 되었다. 그리고 무엇보다 중요한 것은, 한 달에 5천 엔(약 5만 원) 정도의 돈이 남았다는 것!

어디를 가나 흔하게 널려 있는 자동판매기가 에너지 낭비고, 청량음료수의 과다섭취가 건강을 해치는 원인이 된다는 것은 이미 상식처럼 잘 알려진 사실이다. 이처럼 간단하게 안녕을 고할 수 있고, 게다가 주머니 사정까지 넉넉해지는데, 많은 사람들이 그 잘못된 인연을 쉬 끊어버리지 못하는 것은, 다름이 아니라 그것이 '그곳에 있기' 때문이다. 마시고 싶다고 생각하는 순간 떡! 하고 버티고 있는데야 안 넘어갈 장사가 어디 있겠는가? 그래서 끊임없이 마셔대는 동안 중독상태에 빠지고, 끊으려고 하면 금단현상이 나타나기 때문에 쉽게 끊을 수도 없게 된다.

이와 비슷한 금단현상은 '제철 채소나 과일이 아니면 먹지 않는다'는 항목의 불편에서도 경험했다. 토마토나 오이, 딸기 등 자원과 에너지, 화학비료와 농약을 오뉴월 소낙비처럼 퍼주면서 키운 채소나 과일을 일년 삼백육십오일 먹고, 음식점이나 레스토랑에선 비싼 돈을 써가면서 제철 음식을 사먹는다. 또한 들에서 자란 제철 과일이나 채소가 나오기 바로 코앞에서 온실재배한 과일이나 채소를 먹으면서 계절을 앞당긴다. 이런 현대 식생활에 대한 의문이 불편에 도전하게 된 동기였다. 이것만큼은 아내도 대찬성! 집에서 먹는 채소나 과일은 국내 생협(생활협동조합) 중에서도 가장 엄격한 식품선정 기준을 자랑하는 후쿠오카의 그린쿱(GreenCoop)에서 취급하는 노지재배(露地栽培) 식품으로 모두 바꿨다.

실천에 옮기기 전에는, 자동판매기 이상으로 심한 금단현상이 나타날지 모른다는 각오를 했는데, 놀랍게도 금단현상다운 현상은 거의 없었다. 생채소에 굶주리게 되는 건 아닌가 걱정도 했는데, 그 또한 기우에 지나지 않았다. 배추, 무, 쑥갓 등 겨울 채소 중에도 생으로 먹을 수 있는 재료들이 얼마든지 있고, 그것으로 샐러드를 만들면 또 얼마나 맛있는지!

지금까지는 감자 샐러드에 오이가 빠지면 안 된다고 생각했는데, 오이 대신 같은 녹색의 쑥갓을 넣었더니 이 또한 빙고! 색깔도 맛도 오이를 넣었을 때보다 더 훌륭했다. 한 장 한 장 뜯어서 물로 깨끗하게 씻은 배추에 마요네즈나 드레싱을 쳐서 먹으면, 사각사각 입안에서 씹히는 맛과 번지는 상큼함이 양배추는 저리 가랄 만큼 맛있고 색다르다. 이건 정말 혼자 먹기 아까울 정도였다. 부디 한번 드셔보시길! 생채소 하면 오이와 토마토라는 상식이 얼마나 터무니없고 근거없는 이야기인가를 알게 된다.

그래서인지 그런 대로 온실재배 채소나 과일에 대한 식욕은 이렇다 하게 없었지만, 역시 딱 한번 불끈 그 욕망이 샘솟은 적이 있다. 언젠가 콩을 사러 슈퍼마켓에 갔을 때의 일이다. 조명을 받아 무슨 선발대회라도 나온 듯 얌전하게 줄 서 있는 색색의 온실채소와 과일을 본 순간, 저절로 입안에 침이 돌았다.

다시 말해 이런 채소나 과일에 습관성이랄 것은 거의 없지만, 조명이나 배열, 표면에 맺힌 이슬방울 등, 아주 유혹적인 연출로 포장되어 '그곳에

'있기' 때문에, 욕망이란 놈이 주책없이 솟구쳤다. 그리고 온갖 매체들이 너나 없이 나서서 '샐러드에는 오이와 토마토' '케이크에는 딸기'라는 잘못된 상식을 심어줌으로써, 그들의 수요를 부추기는 것도 원인이라면 원인이다.

우리집은 거의 모든 식품을 생협에서 공동구입하면서부터 슈퍼마켓에서 물건을 사는 일이 거의 없어졌다. 그 결과, 온실채소나 과일의 유혹적인 자태를 접할 기회도 자연히 드물어졌다. 내게 달리 금단현상이 나타나지 않았던 것은 아마도 그 덕분이 아닌가 생각한다.

참고로 우리집에서는 이달부터 마요네즈와 드레싱 종류를 사지 않고 집에서 직접 만들기 시작했다. 드레싱은 한번 보면 쉽게 만들 수 있을 것 같은데, 마요네즈는 뭔가 복잡한 공정이 숨겨져 있는 듯 보였다. 그런데 놀랍게도 너무 간단하게 만들어져 버리는 것이다! 달걀 노른자 하나에 식초를 15cc, 소금, 설탕, 기호에 따라 향신료를 넣고, 식용유 200cc를 부으면서 거품기로 저어준다. 단지 그것뿐이다! 겨우 1, 2분 정도. 첨가물은 전혀 들어가지 않고, 식초나 식용유의 종류를 바꾸거나 섞어보거나 하면서 창의적으로 만들 수 있어서 재미있다. 마법처럼 마요네즈 완성! 아이들과 함께 만든다면 눈을 휘둥그렇게 뜨고 신기해 할 것이 분명하다.

마요네즈를 집에서 만들기 시작하면서 우리집 마요네즈의 소비량은 급격하게 줄어들었다. 아깝다거나 맛이 없다는 것 때문이 아니다. 마요네즈의 정체가 대부분 기름이라는 것을 알았기 때문에, 건강을 위해 자연스럽게 사용량을 줄이게 되었다. 그래서 4인 가족인 우리집에서도 달걀 하나 분량의 마요네즈로 거의 한 달여를 썼다.

1월부터 실천하는 불편 중에서 가장 결실이 많은 것은 '전철이나 자가용을 타지 않고, 자전거로 출퇴근한다'는 불편이다.

편도 13.5킬로미터의 거리를 매일 왕복함으로써, 62.5킬로그램이었

자전거 통근길에서 볼 수 있는 풍경: 유채꽃으로 노랗게 물든 나카가와의 강둑.

던 체중이 58.5킬로그램으로 줄었다. 허리둘레가 늘어 더는 못 입겠다고 처박아두었던 바지도, 지금은 여유 있게 들어간다. 이대로 간다면 앞으로 한 달 뒤엔 15년 전 학창시절의 몸매(55킬로그램)로 돌아갈 수 있지 않을까 싶다. 게다가 한 달에 1만 엔 정도 들던 교통비도 필요없게 되어 회사에서 지급하는 교통비가 그대로 남았다.

자전거 통근으로 쉽게 배가 고파지고, 배가 고프면 아무리 찬밥이라도 맛있게 먹을 수 있으니 '외식을 하지 않고 도시락을 지참한다'는 불편도 그다지 힘들지 않았다. 밖으로 점심을 먹으러 가는 시간을 생각하면, 도시락을 싸는 시간 정도는 아무것도 아닌 게 되고, 도시락을 아내와 함께 준비하다 보면, 부부간의 대화 시간도 늘어나니 그 또한 즐겁지 않은가!

사먹는 대신 도시락을 갖고 다니면서 절약한 돈은 1만 엔.

자전거 통근을 시작하고 얼마 동안은 길도 잘 몰랐으므로 확실한 국도 3호선만을 따라 달렸다. 하지만 도로는 자동차 통행량이 너무 많아 위험하고, 배기가스나 먼지로 기분도 좋지 않아서, 매일 조금씩 차량이 적은 길을 찾아가기 시작했다. 지금은 철도길을 따라 난 길이나 강변 등, 코스의 대부분이 차들 통행이 거의 없는 길이다. 약 한 달 만에 만족할 수 있는 코스를 개척할 수 있었다. 처음 얼마간은 허벅지와 허리가 아프고 피로감도 있었지만, 그것도 한 2주 정도 지나자 없어졌다.

자전거 통근에서 좀 곤란한 것은 맞바람과 제멋대로인 날씨다. 강한 맞바람이 불면 아무리 페달을 밟고 또 밟아도 속도는 떨어지게 되는데, 마치 바람하고 줄다리기라도 하고 있는 게 아닌가 하는 착각이 들 정도다. 다만 이 줄다리기의 통쾌함이라고 한다면, 아무리 시간이 걸리더라도 반드시 내가 이긴다는 점이다.

또는, 집을 나설 때는 맑았는데 갑자기 비가 내리기 시작하고, 비옷을 걸치고 다시 달리기 시작했는가 싶으면 구름이 걷히면서 나를 약 올린 일도 지금까지 세 번 경험했다. 그럴 때는 "이런 변덕쟁이야!" 하고 하늘을 향해 소리를 지르기도 했다.

그처럼 날씨나 기후의 변화를 몸으로 직접 느끼기는 참으로 자극적이고 신선한 경험이었다. 거기에 살아 있는 생명이라도 함께 하면 금상첨화다! 강변을 따라 달릴 때, 한 마리 갈매기가 내 자전거 바로 옆을 나란히 날았을 때는 나도 모르게 "고맙다!"는 말이 절로 나왔다. 마치 5월처럼 따사로웠던 2월 13일에는 길가에 배를 뒤집고 누워 일광욕을 하는 고양이를 보고 살며시 미소짓기도 했다. 요즘에는 천리향의 꽃 향기를 만끽하면서 달리고 있다.

에너지와 돈을 써가면서 자가용이나 전철로 이동하고, 운동부족 해소니 체중감량이니 하는 명목으로 냉난방이 잘 갖춰진 스포츠센터에서 또 에너지와 돈을 들여, 바퀴도 없는 자전거 페달을 밟고 런닝 머신에서 제자리 뛰기를 한다. 내 자녀와 손자들의 자원을 야금야금 축내고 그 미래를 짓밟아가면서!

이런 현대인의 모습이 너무 우습게 보이기 시작했다. 나 자신도 불과 얼마 전까지는 그런 의구심을 가져보기는커녕 자아도취에 빠져 멋지게 폼잡고 뛰었던 주제에……

마음속에서 외치는 소리가 들린다.

"임금님은 벌거숭이래요!"

도시락이라니, 촌스럽게!

초등학교 4학년인 큰딸이 지난 달, 반 친구 두 명과 함께 아이들끼리는 처음으로 쇼핑센터에 놀러갔다. 패스트푸드점에서 점심을 먹고 센터 안에서 하루 종일 쇼핑을 즐기는 것이 고작이지만, 그래도 어른 없이 하는 쇼핑이 그들로서는 처음이라, 여간 야단법석 떠들썩했던 게 아닌가 보았다. 돌아와서 하는 말씀이 "쇼핑하는 것도 재미있네!"였다. 게다가 다음 일요일에는 다른 쇼핑센터로 갈 약속까지 했단다.

친구들과 함께 아이들끼리는 처음으로 뭔가를 해냈을 때의 성취감과 떨림은 나도 경험한 바 있다. 소비의 유혹에도 어느 정도 면역성을 키워두지 않으면, 무균상태에서 어른이 되었을 때의 감염처럼 무서운 속도로 타락할 우려가 있다.

아버지라는 사람이 이런 기획을 시작한 지 얼마나 됐다고, 딸이 돼가지고 벌써부터 소비의 쾌락에 눈을 뜨려고 하느냐고 한마디 하고 싶은 마음 굴뚝 같았지만 묵인하기로 했다.

리더격인 친구가 독감에 걸리는 바람에 그 계획은 무산되고, 친구 다섯 명이 지난주와 같은 쇼핑센터에 가기로 약속했다는 그날 밤, 딸아이가 머뭇거리면서 말했다.

"이번에는 도시락 싸가지고 갈 거니까, 싸줘요!"

다음날, 딸애는 아내가 만들어준 도시락을 가방에 넣고 출발! 물론 도시락을 지참한 아이는 우리 애뿐이었다. 약속장소에서 친구들과 만났을 때, 딸아이가 도시락을 싸왔다고 말하자, 친구들이 믿지 못하겠다는 얼굴로 외쳤다.

"촌스럽게 뭐야!"

그 말이 귀에 맴돌면서 도시락 때문에 딸아이가 의기소침해 하지 않을까 걱정도 되었다.

그날 오후, 집에 돌아온 딸에게 들으니, 친구들이 패스트푸드점에서 포장용 도시락을 사서 휴게소 테이블에 둘러앉아 점심을 먹었다고 했다.

"도시락 맛있었어요!"

아무 거리낌 없이 당당하게 말하는 내 아이에게 후광이 어리는 것을 보았다.

3^월 무리했나?
독선과 옹졸함의 늪에 빠지다

실행 중인 불편

- 자전거 통근
- 엘리베이터, 전기청소기, 이불건조기, 의류건조기, 티슈, 다리미, 무선전화기를 쓰지 않는다
- 도시락 갖고 다니기
- 제철채소나 과일이 아닌 것, 컵라면을 먹지 않는다
- 목욕하고 남은 물은 대야로 세탁기에 퍼 담는다
- 설거지를 따뜻한 물로 하지 않는다
- 음식찌꺼기는 퇴비로 활용한다
- 자동판매기, 편의점에서 물건을 사지 않는다
- 마요네즈, 드레싱을 집에서 만들어 먹는다
- 밭을 빌려 브로콜리, 시금치, 파, 상추, 쑥갓, 감자, 파슬리, 양배추, 양상추, 방울토마토 등을 기르고 있다
- 사용한 알루미늄 호일은 씻어서 몇 번이고 쓴다
- 고장이 나도 새로 사지 않고 수리해서 쓴다

생활 속에서 하나 둘씩 '편리함'을 물리쳐 감으로써 소비와 행복의 관계를 찾아보자.

이런 취지로 시작한 이 르포도 어느덧 석 달째 접어들었다.

지난달 보고했던 것처럼 불편을 즐기는 생활은 지극히 순조롭게 나아 갔고, 2월도 별다른 금단현상 없이 지나갔다. 신문을 통해 이 르포를 읽었다는 사람들한테 많은 격려의 전화와 편지를 받고 '역시 이 시대가 나를 기다리고 있었구나!' 그만 우쭐해지고 말았다. 거기에 함정이 있다는 것도 모르고.

아침에 일어났을 때 몸에 이상이 생겼음을 안 것은 3월 5일쯤의 일이다. 목과 코 사이가 따끔따끔 아팠다.

다음날에는 목 안에 통증이 있더니, 결국 노란 콧물까지 나오기 시작했다. 그리고 심한 기침과 오한까지……

그 와중에 하루도 빠짐없이 도시락을 싸 들고 편도 13.5킬로미터의 거리를 자전거로 다녔고, 엘리베이터 대신 계단을 이용해 사무실까지 걸어 올라갔으며, 끝까지 휴지를 쓰지 않고 손수건으로 코를 풀어댔다.

게다가 회사 사람들에게 감기에 걸린 것을 들키지 않으려고, 아무렇지 않게 '불편'을 즐기고 있는 척했다. 콧물과 기침은 꽃가루병(미안하다 꽃가루!) 때문이라고 속이고……

'불편을 실천하면 체력이 향상되고 건강에도 좋다.'

이것이 내가 연출하고자 했던 시나리오였다. 그리고 실제로도, 거의 비만에 가까웠던 체중은 줄었고, 편도 55분 걸리던 자전거 통근시간도, 체력이 향상된 덕분에 훨씬 단축되었으며 피곤도 그다지 느끼지 않게 되었다. 계단을 오르내리는 것도 이제는 익숙해져 그다지 힘들지 않았다. 감기에 걸리기 전까지만 해도 모든 것이 시나리오대로 순조롭게 나아가고 있었다. 그렇기 때문에 더욱 불편의 실천자가 감기 따위에 걸렸다는 것을 인정하고 싶지 않았고, 남에게 들키는 것은 더욱더 용서할 수 없었다. 그건 모순이고 불명예라고 생각했다. 뭔가에 씌어 있었던 게 분명했다! 그렇게밖에는 그때의 나를 달리 설명할 말이 없다.

감기에도 불구하고 무리하는 나를 아내는 될 수 있으면 쉬도록 해주려고 애썼다. 아침이면 출근 직전까지 자도록 해주고, 번갈아 가면서 하던 도시락 싸기나 빨래, 청소, 아이들 뒤치다꺼리 등등, 가사육아 일체를 혼자서 맡아 해주었다. 그뿐만이 아니다. 목욕 뒤 남은 물을 세탁기에 퍼 담기도 하고, 밤이면 아이들 탕파(금속이나 플라스틱 혹은 고무, 도자기로 만들어진 용기에 끓인 물을 담아 그 온도로 침상이나 손발을 따뜻하게 하는 도구 - 옮긴이)를 챙겨주고, 전자레인지 대신 냄비를 사용해서 음식물을 데우는 등, 아내는 내가 내걸었던 불편의 실천 항목들을 대신해서 실천해주었다.

사적으로 목표를 달성하려고 애쓰는 남편의 모습이, 말없이 압력으로 작용했던 것일까?

처음 이 르포를 시작할 때 '부담 없이, 즐거운 마음으로 시간을 거꾸로 돌려보자'고 썼다. 또한 '실험을 해내면서 어쩔 수 없이 크든 작든 가족들에게도 영향을 미치게 될 것이다. 하지만, 의무나 강요된 금욕은 리바운드 현상이 컸다는 역사적 교훈을 거울삼아, 전혀 강요하지 않을 생각이다'라고도 썼다. 나의 비장함을 표명하고자 해서가 아니라, 이 책의 타이틀처럼 가벼운 마음으로 불편을 즐길 수 있다면, 그것만으로도 충분히 사방팔방으로 둘러싸인 현대문명에 하나의 활로를 개척할 수 있으리라는 확신이 있었기 때문이다.

여기서 중요한 열쇠가 되는 것은 '즐긴다'는 것이다. 머리를 불끈 동여매고 결연히 뭔가에 도전하는 식의 금욕적 방법으로는, 한때 공산주의국가가 만들어냈던 모범시민처럼, 소수의 의식이 깨어 있는 사람들만의 행동을 유발하는 데 그치고 말 것이다. 그래서는 결코 사회는 변하지 않으며, 만일 변한다고 해도 그런 '의식이 깨어 있는 사람들'에 의해 만들어진 사회는, 어렵거나 혹은 그다지 행복하지는 않을 것이다.

하지만 그것이 '즐거움'이 된다면 이야기는 달라진다. 인간의 욕망을 부정하지 않고, 현재의 개인주의가 실현하고 있는 자유로움도 유지하면서, 사회시스템에 충동을 줄 수 있을 만큼 일반 사람들에게 개혁을 불러일으킬 가능성이 있지 않을까? 그런 기대를 담은 '즐거운 불편'이다.

그런데 실상 몇 가지 불편의 실천을 널리 알리고 시작하자, '부담 없이 즐겁게'라거나 '강요하지 않고'라는 것들이 머릿속에서 깨끗이 사라지고 말았다. 주위의 주목을 받게 되고 기대를 받기 시작하자, 처음의 각오는 간데없이 허영심만 가득 차고 말았다. 무슨 일이 있어도 목표를 달성해야 한다, 그러지 못하면 자신의 존재 자체가 무시당하고 말 것 같은, 그런 기분마저 들었다.

목적은 다른 곳에 있었는데, 그것을 달성하기 위한 수단으로 내걸었던 말이, 어느 틈엔가 절대적이 되어 있었고, 나는 그 말의 노예가 돼버리고 말았다.

콧물과 기침으로 고통스러워하면서 자전거 페달을 죽어라 밟고 있는 내 옆을, 한 사람 달랑 탄 중형차가 추월하거나 하면, 환경파괴범! 대역죄인 같으니! 하며 분노에 들끓기도 했다.

나중에 큰딸에게 이런 말을 들었다.

"아빠는 우리한테 강요하지 않겠다고 말씀하셨지만, 우리가 차로 어디 나간다고 하면 얼마나 크게 한숨을 쉬셨는지 아세요?"

말로는 있는 폼 없는 폼 다 잡아놓고, 태도로는 '불편'을 강요하고 있었던 것이다. 이데올로기나 종교의 신봉자가 빠지기 쉬운 독선이나 옹졸함의 함정에, 그렇게 경계하고 주의했음에도 불구하고, 멋들어지게 빠지고 말았던 것이다.

비에 젖은 보도블록에 타이어가 미끄러져 넘어지는 바람에, 무릎을 두 곳이나 다쳤을 때도 절대 중단하지 않았던 자전거 통근이었건만, 일주일 후 감기약에 취해서 머리가 멍해진 바람에 결국은 전철로 출근. 마감일이 임박한 원고와 사진을 일찍 처리해두고 조퇴. 다음날부터 주말을 끼어서 연사흘을 쉬었다.

이렇게 되기까지 여러 번, 아내는 말했다.

"이래서야 원, 힘들기만 하고 몸만 버렸지, 하나도 즐거울 거 없겠네! 아플 때만이라도 좀 편하게 지내는 게 어때요? 안 그러면 우리들까지 숨이 막혀."

지금 생각해보면 결코 틀린 말이 아니건만, 나는 귓등으로도 들으려고 하지 않았다. 내가 그나마 정신을 차린 것은, 노력이 지나치다 못해 탈이 되어서, 아내가 지병의 악화로 쓰러지는 지경에 이르러서였다.

그렇다면 무엇이 잘못된 것일까? 그것을 앞으로 어떻게 바꾸면 좋을까? 가족끼리 의견을 모아 내린 결론은 '~하지 않으면 안 된다' '~해야 한다'는 생각을 버리고, 어깨의 힘을 빼자는 것이었다.

먼저 주장을 내세우고 그것을 실천하고자 하면, 어떻게든 그것을 달성하려고 안간힘을 쓰게 된다. 행여 몸이라도 아프게 되면, 이것도 못하고 저것도 못했다는 식으로, 못한 것들만 마음에 걸리고 애만 태우게 된다. All or Nothing의 발상에 빠져버리고 마는 것이다.

이래서야 자승자박하는 꼴이 되는 것은 불을 보듯 뻔한 일이다. 자기를 옭아맬 뿐만 아니라, 주위 사람들에게도 불편의 올가미를 씌우게 된다. 몸이 아프고 힘들어도 참지 않으면 안 될 것 같은 분위기는, 장애를 가진 사람들이나 병약한 사람들에게는 참으로 불쾌한 일일 것이다.

'이길 때까지는 절대 ~하지 않겠습니다!'라는 마음가짐으로는 결코 이길 수 없다.

그러므로 '~하지 않으면 안 된다' '~해야 한다'라는 MUST사고를 버리고, '~해 보자'라는 LET'S사고를 갖기로 했다. 미리 주장을 내세울 것이 아니라, 해보고 나서 실행할 수 있었던 불편만, 차후에 보고하는 식으로 하기로 했다. 그렇게 한다면, 이것도 할 수 있고 저것도 할 수 있다는 긍정적인 사고가 생겨나지 않을까?

인간은 때로는 이해하기 힘든 행동을 한다. 예를 들면 육체적으로 고되고, 그렇다고 이문이 남는 것도 아닌데, 등산을 하기도 하고 마라톤, 3종 경기 등에 도전을 한다. 때로는 목숨을 건 무모한 모험을 하기도 한다. 현재 일고 있는 아웃도어(Outdoor) 붐도 일부러 불편하고 힘든 자연 속으로 뛰어든다는 점에서 볼 때, 그런 행동의 일종이라고 할 수 있다. 그러한 불가해함에 대해 인간만족의 근원이 되는 두 가지 '낙(樂)'을 키워드로 해서 적절하게 설명한 사람이 바로 미국의 경제학자 티보르 시토브스키이다. 심리학의 성과를 경제학에 응용한 그가 말한 두가지 낙이란 몸과 마음의 편안함을 뜻하는 '안락'과 몸과 마음의 자극이나 상황의 변화에 의해 얻어지는 '쾌락'이다.

그의 주장에 따르면, 추운 문밖에 있다가 난방이 잘 된 따뜻한 방으로 들어왔을 때는 안락과 쾌락 모두가 만족하지만, 계속 따뜻한 곳에서 지내다 보면 안락하기는 하지만 더는 쾌락이 아니게 된다. 또한 휴식은 언제나 안락하기는 하지만, 지쳐 있을 때의 휴식이야말로 진정한 쾌락을 느낄 수 있는 것이다. 반대로 충분한 안락 안에서는, 육체적 혹사 등의 자극이야말로 쾌락의 원인이 되고, 그 뒤에 오는 평온함도 또 다른 쾌락이 된다. 즉 '불완전하고 단속적인 안락에서 진정한 쾌락을 얻을 수 있지, 완전하고 지속적인 안락은 쾌락과는 양립할 수 없다'(『인간의 기쁨과 경제적 가치』일본경제신문사)는 것이다.

다수의 편리함에 둘러싸인 현대인들의 일상생활은, 이미 안락의 측면

자전거 통근길에서 볼 수 있는 풍경: 500미터가 넘는 연분홍색의 벚꽃터널.

에서는 거의 완전에 가까운 경지에 이르렀다. 그러므로 안락의 추구로는 더이상의 만족을 느끼지 못하기 때문에 인간은 더욱 강한 자극, 즉 쾌락을 요구하게 된다. 이것이 오늘날 소비의 실태가 아닐까?

그렇다면 편리함을 적당하게 줄임으로써 안락을 불완전하고 단속적인 것으로 바꾼다면 어떨까? 그때 발생하는 불편으로 인한 자극을 쾌락화시킬 수 있지 않을까?

그리고 쾌락의 증가량에서 안락의 감소량을 뺀 값이 최대치가 되도록 한다면, 인간은 지금보다 훨씬 더 만족한 삶을 누릴 수 있게 될 것이다. 그것이 에너지나 물질의 소비를 줄여야 하는 시대적 요구와 맞아떨어지고, 나아가서는 인간이 지금보다 더 행복해 질 수 있는 방법일지도 모른다. 그럼에도 불구하고 그것이 이루어지지 않는 것은, 이미 안락이 습관화돼서 그것을 줄이면 금단현상이 나타나는 중독에 빠져 있기 때문은 아닐까? 이러한 생각도 이 르포를 시작하게 된 동기 중 하나였다.

단, 불편을 자극으로서 즐기기 위해서는, 자발적이고 선택적이어야 한다. 만일 그 불편이 규범화되고, 자신이나 타인에게 인내를 강요하는 형식이 된다면, 그것은 쾌락이 아니라 단순한 억압일 뿐이다. 그 대전제가 내 머릿속에서 순간 잠적해버렸던 것이다.

컨디션이 좋지 않거나 지쳤을 때는 안락한 방법을 선택할 수도 있다는 심리적 안정감이 있을 때 비로소, 불편을 진정한 자극으로 즐길 수 있고, 또 무리 없이 장기간 지속할 수 있다.

문명의 성과를 전면 부정하면서, 무턱대고 시대를 역행하자고만 한다면 찬성표를 얻을 수 없겠지만, 성과는 성과로서 인정하면서, 불편이 가져다주는 자극이나 변화로 쾌락을 즐겨보자는 권유라면, 보다 많은 사람들의 수긍을 얻을 수 있지 않을까?

가지고 있는 것을 버릴 필요는 없다. 평소에는 사용하지 않더라도 소중하게 간직해두고, 집안의 보물쯤으로 남겨두면 된다.

그런 이유로, 기본 틀은 유지한 채 방법론을 개선하기로 했다. 앞으로도 뭔가 결함이 발견된다면 임기응변으로 대응하고자 한다.

방침의 전환을 가족들에게 보고하자, 큰딸의 예의 그 말이 쏟아져 나왔던 것이다. 아이의 말에, 내가 마치 무슨 '불편 진리교'의 교주처럼 굴고 있었다는 사실을 깨닫게 되었다.

'절대 ~하지 않으면'이라는 멍에를 벗어버림으로써, 원래의 편리한 생활로 돌아가버리는 건 아닐까 걱정했는데, 아직은 이상 무!

바로 얼마 전, 큰딸이 이런 말을 했다.

"지금까지 텔레비전 만화는 비디오로 녹화해서 봤는데, 비디오에 녹화해서 그것을 다시 보게 되면 전기를 몇 배나 더 쓰게 되잖아요? 그래서 생각한 건데, 앞으로는 가능하면 녹화하지 않고 방송하는 시간에 보도록 할까 해요!"

딸아이의 그 말을 듣고 있자니, 나도 조금은 자신감이 되살아났다.

학력신앙을 벗어버린 아내

도저히 믿을 수 없는 일이 벌어졌다. 초등학교 4학년인 큰딸에게, 아내가 이렇게 말하는 것을 들었다.

"중학교까지 나오면, 그 다음은 네가 좋아하는 길을 가면 돼. 공부를 하고 싶으면 고등학교에 가면 되고, 일하고 싶으면 취직을 하면 되는 거야."

그냥 하는 소리가 결코 아님을 알 수 있었다. 지금까지 내가 "학력은 상관없다"고 아무리 주장해도 "그건 당신이 교토 대학을 나왔으니까 그렇게 말할 수 있는 거예요!"라며 좀처럼 뜻을 굽히지 않던 아내였다. 감동의 눈물을 훔치면서(!) 뜻을 바꾼 이유를 묻자, 그녀는 또 아무렇지 않게 말했다.

"더이상 그런 시대가 아니라는 거죠. 세상이 너무 풍요로워져서 무엇을 위해 공부하는지, 그 본질을 잃어버렸지만, 학력이니 회사니 하는 것에 의존하지 않고, 역경에 직면했을 때 스스로 극복하고 헤쳐 나갈 힘을 키우는 것이, 무엇보다 행복하게 사는 길이라는 걸 알았을 뿐이에요!"

우리집에서는 이 르포의 시작과 동시에, 텔레비전이 있던 큰 방의 바닥난로(코타츠)와 석유 팬 히터를 가장 작은 방으로 옮겼다. 목적은 난방비 절감과 텔레비전 시청 시간 대폭 단축. 추위를 견디든지, 다른 방에서 히터를 옮겨오지 않고는 따뜻하게 텔레비전을 볼 수 없는 상황을 만들어 둠으로써, 텔레비전 중독의 생활에서 탈출하고자 하는 의도였다.

의도는 적중. 적어도 우리집에서는 텔레비전보다는 난로쪽 자력이 더 강했다. 이렇게 해서 우리 가족의 집합장소가 텔레비전 앞에서, 좁지만 따뜻한 작은방으로 자연스럽게 옮겨지게 되었다. 덕분에 특별히 제한을 두지도 않았는데, 텔레비전 시청시간은 집합장소 이동 이전의 3분의 1로 줄어들었다. 그리고 텔레비전 대신 책이나 신문 등의 활자매체가 정보입수의 주역으로 발돋움했다.

도서관에서 빌려온 책을 읽거나 신문을 구석구석까지 읽게 되면서부터, 아내가 내게 말을 걸어오는 횟수도 많아졌다.

"이런 게 쓰여 있는데, 정말이네!"

무슨 중요한 깨달음이라도 얻은 듯, 기쁨이 뚝뚝뚝 떨어질 것만 같은 얼굴이다. 그리고 그렇게나 완고하던 '학력신앙'도, 말끔하고 상쾌하게 벗어 던져버렸다.

한 동네 사는 중학교 1학년 아이가 우리집에 놀러 왔을 때, 큰 아이가 진지하게 이렇게 묻는 것을 들었다.

"언닌 고등학교에 갈 거야?"

"그거야 당연하지."
"음, 공부를 좋아하는구나?"
"뭐, 그런 건 아니지만."
"그런데 왜 가?"
"다른 친구들도 다 가니까."
"음~!"

4^월 변화의 조짐
고층빌딩을 제패하다!

실행 중인 불편

- 자전거 통근
- 제철채소나 과일이 아닌 것, 컵라면을 먹지 않는다
- 마요네즈, 드레싱, 된장을 집에서 만들어 먹는다
- 자동판매기 물건을 사지 않는다
- 엘리베이터, 이불건조기, 다리미, 티슈를 쓰지 않는다
- 도시락 갖고 다니기
- 사용한 알루미늄 호일은 씻어서 재활용한다
- 목욕과 빨래는 원칙적으로 이틀에 한번
- 목욕하고 남은 물은 대야로 세탁기에 퍼 담는다
- 설거지를 따뜻한 물로 하지 않는다
- 병은 버리지 않고 재활용한다
- 음식찌꺼기는 퇴비로
- 150평 정도의 밭을 빌려 딸기, 시금치, 감자, 브로콜리, 무 등 열 일곱 가지의 채소와 과일을 재배
- 고장나면 최대한 수리해서 쓴다

생활에서 조금씩 편리함을 줄여가면서, 소비와 행복의 관계를 탐구해 보고자 시작한 이 르포도 4개월째로 접어들었다.

처음 얼마 동안은 "잘 버티네!"라며 혀를 내두르기도 하고, "그렇게 떠들썩하게 시작했는데, 이제 와서 물릴 수도 없잖겠어? 수고하라고!" 하며 반 놀리는 말을 하기도 했다. 완전히 남 얘기하듯 바라보기만 했던 주변 사람들에게도 조금씩 변화의 조짐이 보이기 시작했다.

그 중 가장 두드러진 변화는 동료들이 속속 자전거 통근을 시작한 것이다.

업무 시간이 불규칙한 신문기자는 자칫하면 운동부족에 걸리기 십상이다. 그렇다고 운동을 위해 바쁜 시간을 뺄 수도 없는 노릇이다. 그러므로 출퇴근이라는 매일 반드시 하지 않으면 안 되는 행위를, 그대로 운동으로 활용할 수 있는 자전거 통근은 건강유지나 체력보강을 위해 이보다 좋을 순 없다! 거기다 회사에서 지급되는 교통비도 그대로 남고, 어디 그뿐인가 환경에도 좋으니 그야말로 일석삼조인 셈이다.

한 달 동안에 무려 4킬로그램 감량에 성공. 게다가 월 1만 엔의 교통비가 그대로 굳었다는 나의 보고가, 해마다 높아만 가는 아랫배와 중성지방과 콜레스테롤 수치가 걱정이고, 밥값 술값에 골머리를 썩이고 있는 동료들에게는 대단한 충격이었던 모양이다. 남편의 건강을 염려하는 부인의 강요에 못이겨 자전거 통근을 하게 되었다는 사람도 있었다.

비록 비가 오는 날이면, 비옷에 장화를 신고 자전거에 매달려 출퇴근하는 사람이 아직은 나 혼자뿐이지만, 그것은 크게 문제될 바 아니다. 무리하지 않고 즐겁게 하는 것이 오래 지속할 수 있는 비결이기 때문에.

자전거뿐만이 아니다. 키타큐슈 시의 집에서 호쿠오카 시의 회사까지 버스로 출퇴근을 하고 있는 동료는, 서너 정거장 앞에서 내려 30~40분 정도 빠른 걸음으로 걸어 다니고 있다. 그 결과 체력도 충분히 좋아졌을 뿐만 아니라, 하루하루 생활에도 활력이 생겼다고 한다. 당연한 결과지만, 같은 가격의 버스 정액권의 사용기간이 길어졌다고도 했다. 또 최근에는 엘리베이터를 타지 않고 계단을 이용해 오르내리는 동료들과 계단에서 마주치는 일도 많아졌다.

이 기획을 처음 시작할 때, '대량소비사회'라고 하는 괴물과 독불장군처럼 혼자 맞섰다가, 결국 자기만족으로 끝나고 마는 것은 아닐까, 내심 불안한 감도 없지 않았다. 하지만 한 사람만이라도 다른 사람들과 다른 행동을 취해 보면, 그때까지 사람들이 '상식'이라고 생각했던 것이 상대화되고 객관적으로 보이는 경우가 종종 있다. 예술가라고 불리는 사람들이 기행처럼 보이는 행동들을 감히 하는 것도, 그것을 겨냥해서가 아닐까?

다만 사람들이 받아들일 때는, 객관화됨으로써 이제껏 상식이나 '당연지사'로 여겨져왔던 것이 실은 불합리한 것으로, 보다 합리적인 방법이 있다는 것을 납득한 경우이다.

어쩌면 자전거 통근은 그런 종류의 불편이었던 건 아닐까. 그러니까 자전거 전용차선이나 무료 자전거 주차장의 정비, 자동차의 노상주차 철저단속 등으로 안전하고 쾌적한 자전거 통행환경을 조성하도록 정책면에서 유도한다면, 지극히 짧은 기간 내에 사회에 정착하게 될 것이다. 계단 이용도 마찬가지다.

이 기획을 시작하면서 알게 된 것인데, 요즘 건물들은 계단이 찾기 어려운 곳에 숨겨진 곳들이 상당히 많다. 특히 사무실용 빌딩들이 그렇다. 엘리베이터를 사용하지 않기로 한 나는, 그때마다 여기저기 기웃거리면서 계단과 숨바꼭질을 하지 않으면 안 된다. 계단을 좀처럼 찾지 못해, 기자회견에 늦은 적도 두 번이나 있다.

계단이 찾기 어려운 외진 곳으로 쫓겨나고, 그 존재조차 눈에 잘 보이도록 표시해두지 않게 된 배경에는, 계단보다 안락하고 빠른 엘리베이터를 누구나 선호할 것이라는 '상식'이 깔려 있기 때문이다. 하지만 실제로 엘리베이터를 타지 않고 꾸준히 계단을 이용하다 보면, 꼭 그렇다고 말할 수만도 없다.

예를 들어 5, 6층 정도라면, 다른 사람이 엘리베이터를 기다리는 동안에, 계단을 이용한 내가 먼저 목적 층에 도착하는 경우가 종종(아니, 많이) 있다. 또 건강을 위해 적극 계단을 이용하는 사람이 상당수 있다는 것도, 나 자신이 계단을 이용하게 되면서 알게 된 사실이다. 그런 공리(功利)적인 면뿐만 아니라, 계단을 오름으로써 육체에 부과되는 혹사가 쾌락으로 작용하는 경우도 있다.

그것을 실감하게 된 것은 3월 18일, TNC TV 니시닛폰 기자회견에 참석하던 날이었다. TNC는 높이 100미터의 고층빌딩 안에 있고, 회견은 위에서 세번째인 20층에서 진행되었다. 그때까지 내가 걸어서 올라다녔던 빌딩의 최고층이 9층. 한 번에 그 두 배 이상 되는 높이에 도전하게 되었으니, '중간에 발이 부르터서 못 올라가면 어떡하나?' '거기까지 올라가자면 몇 십 분은 걸리는 거 아닐까?' 오르기 시작하기 전에는 솔직히 불안했다. 아니나 다를까, 10층을 지날 즈음부터 다리가 무거워지고 땀이 비오듯 쏟아지기 시작했다. 하지만 그래도 쉬지 않고 꾸준히 오를 수 있었고, 5분 조금 지나서 20층에 도착. 마지막 계단을 밟던 순간의 쾌감은, 엘리베이터를 타고 20층 아니라 200층을 오른대도 맛볼 수 없을 쾌감이었다.

회견이 끝나고 다시 계단으로 1층까지 내려와, 내가 정복한 백악의 고층빌딩을 올려다보았을 때의 감개무량함, 그 만족감이라니!

"나는 이 빌딩을 제패했다!"

결코 과장이 아니라, 정말 그렇게 생각했다. 그런 쾌락을 위해 계단을 오를 수도 있다.

엘리베이터보다 빠르기 때문에. 건강을 위해서. 이 빌딩을 정복하고 말겠다! 등등, 이유야 어떤 것이든 상관없지만, 먼저 걸어볼까 하는 마음을 갖는 것이 중요하다. 그런 마음을 갖게 하기 위해서라도 계단은 쉽게 보이는 곳에 있어야 할 충분한 이유가 된다. 그렇게 해서 많은 사람들이 계단을 이용하기 시작하면, 빌딩의 전기료도 절약되고, 온난화 가스의 배출도 줄고, 사람들이 건강해질 것이므로 의료비도 절약되고……, 이 또한 일석삼조가 된다.

내가 불편의 효과를 거듭 강조하는 것은, 불편을 실천하고 주위의 반응을 지켜보는 동안, 합리성이야말로 사람들을 납득시키는 힘을 가지고 있다는 확신을 갖게 되었기 때문이다.

그리고 그 합리성에 근거한 개인의 자유로운 의사로 판단된 행동이 아니라면, 사회에 정착하기는 힘들다. 자전거 통근이나 계단이용은 그 요소를 충분히 갖추고 있다고 생각해도 좋지 않을까?

여러 가지 효과를 가져다 준 불편으로는, 이 밖에도 자동판매기를 쓰지 않거나 도시락 갖고 다니기 등이 있다. 이것들은 합리적이라고 납득했기 때문에, 아내가 입원한 긴급사태에서도 계속할 수 있었다. 오히려 전자레인지나 진공청소기를 사용하지 않는다는 불편이, 단순히 일손만 많이 가고 번거로울 뿐, 별다른 기쁨이나 효용도 느낄 수 없었다. 그래서 아내가 입원해 집안 꼴이 말이 아니라는 핑계로, 아내가 입원해 있는 동안 사용을 허락했다. 인내를 강요할 뿐, 기쁨도 효과도 느끼지 못하는 것이라면 오래 지속될 수 없다는 것을 이미 잘 알기에. 물론 어떤 것에서 기쁨과 효과를 느끼느냐는, 사람마다 다르겠지만……

지금의 문명이 위기에 빠지게 된 것은, 그 문명 때문에 세워진 합리주의나 개인주의에 문제가 있는 것이라고 보고, 그것을 부정함으로써 위기

자전거 통근길에서 볼 수 있는 풍경: 들의 한복판에 핑크색 융단을 깔아놓은 듯
한 자운영꽃.

를 타파하자는 주장이 있다. 나도 이전에는 그 주장에 공감했다. 하지만 불편을 실천하는 동안, 문명위기의 원인은 합리주의도 개인주의도 아닌 다른 것에 있지 않을까 생각하게 되었다.

본래 합리주의는 효율을 추구하는 사고방식이다. 만일 그 원리에 충실했다면, 낭비투성이인 현대문명의 모습은 어쩌면 없지 않았을까? 현대사회를 움직이고 있는 근대의 원리가, 본래의 합리주의와는 너무 판이하게 다르기 때문에, 이런 사태에 처박히고 만 것은 아닐까?

사회경제학자인 카토 마사시 씨는 자신의 저서 『소비하는 사람— 소비의 경제문명론』 중에서, 지금의 사회가 규범으로 삼고 있는 것은, 헐리우드 영화에 등장하는 미국적 생활(American Way of Life)을 실현하는 것이 인생의 성공이라고 믿는 가치관이라고 지적하고 있다. 카토 씨는 미국식 생활의 특징을 '큰 것, 대량 사용, 빠른 것, 장식된 것'이라고 분석하고, 그것은 서민들이 부러워하면서도 가질 수 없었던, 한때의 귀족생활을 그대로 흉내 낸 것이라고 말한다. 이것은 미국의 사회학자 다니엘 벨(Daniel Bell)이 『자본주의의 문화적 모순』에서 반(反)합리주의, 반(反)지성주의라고 지탄했던 것과 일맥상통한다. 즉 본래의 합리주의와 정반대의 가치관이다.

그 반합리주의적인 가치관이 그럼에도 세상 사람들을 매료시켰던 것은, 분명 그것이 개인의 자유를 존중하는 개인주의라는 옷을 걸치고 있었기 때문이다. 그것은 세습이나 인습과 같은, 사람들을 옭아매고 있던 밧줄을 끊어버리는 역할을 담당해왔다. 그렇기 때문에 사람들의 압도적인 지지를 얻을 수 있었을 것이다. 그렇다면, 개인주의를 부정하고 집단주의로 내달릴 것이 아니라, 개인주의는 그대로 보존하면서 본래의 합리주의를 회복하고, 양립하게 함으로써 사회에 뿌리내리게 하는 것이야말로 지금의 위기를 극복할 수 있는 지름길이 아닐까?

자전거 출퇴근이나 계단이용에, 그 힌트가 숨겨져 있다는 생각이 든다.

물질에서 기술로

내가 출퇴근길의 교통수단으로 사용하고 있는 애마(!)는, 히토요시 통신부에 근무하던 1993년에 5만 엔 정도 주고 산 산악자전거다. 자전거를 탄 채 강으로 다이빙한 덕분에, 오른발 엄지발가락과 검지발가락이 부러진 추억(!)을 담고 있는, 내게는 아주 특별한 자전거다. 그런 혹사에도 불구하고 튼튼하게 버텨준 자전거이건만, 출퇴근으로 매일 13킬로미터 이상을 달리기 시작한 지 한 달 반 정도 지났을 무렵, 오랜 세월 쌓인 피로 때문이었을까, 문제가 발생했다. 뒷바퀴의 타이어 옆이 달아 튜브가 비어져 나오고 말았다.

탈장상태라고 못 달릴 것도 없지만, 펑크는 시간문제였다. 그래서 출근 도중에 자전거 수리점에 들러, 타이어 전체를 교환했다. 그리고 바퀴와 다른 부품도 손질하고, 9천5백 엔. 거의 한달치 교통비가 통째로 날아가버린 셈이다.

한숨이 절로 나오려고 했지만, 자전거 페달을 밟고 앞으로 달려나가는 순간, 그 한숨을 서둘러 삼켰다. 정비 전과는 비교도 할 수 없을 만큼 페달이 가벼운 것이, 마치 날아갈 듯한 기분이었기 때문이다.

간단히 손질을 했을 뿐인데 이렇게 다르다니! '9천5백 엔, 하나도 안 아깝다!'라는 생각이 절로 들었다.

"요즘은 할인점 같은 데 가면 1만 엔만 줘도 새 것으로 살 수 있게 되었으니! 저희 같은 수리공들은 갈수록 먹고 살기 힘들어져요!"

자전거 수리점 아저씨께선 그렇게 한탄조로 말씀하셨지만, 그 말에서 대량생산, 대량소비, 대량폐기의 경제시스템의 본질을 엿본 듯한 기분이

들었다.

대량으로 생산하기 때문에 가격이 낮아진다. 단가가 낮아지면 대량으로 보급되고, 그 뒤에도 생산량을 유지하기 위해서는 반복해서 소비하도록 해야 할 필요가 있다. 즉 고장이 나면 버리고 새로 사도록 해야 한다. 그래야 비로소 낮은 가격이 유지될 수 있기 때문이다.

전자제품은 물론이고, 대부분의 상품들이 수리하여 장기간 사용할 수 있도록 만들어지는 것이 아니라, 수리하기보다는 신제품을 새로 구입하는 것이 더 싸다고 하는, 불합리하기 그지없는 구조가 된 것은 그 때문이다.

그렇다면 그 고리를 끊어버리기만 하면, 지금의 경제시스템은 극적으로 변하게 될 것이다. 그것은 분명 혁명이다. 그리고 그 혁명은, 우리의 현 생활수준을 거의 떨어트리는 일 없이 이루어질 수 있다.

'물질'에 돈을 쓰기보다는 '기술'이나 서비스에 돈을 쓰기.

사회를 변화시키는 열쇠를 쥐고 있는 것은, 다름 아닌 바로 소비자가 아닐까?

밭이라는 학교
선인의 가르침으로
농업에 드는 수고를 덜다

실행 중인 불편

- 자전거 통근
- 제철채소나 과일이 아닌 것, 컵라면을 먹지 않는다
- 마요네즈, 드레싱, 된장을 집에서 만들어 먹는다
- 자동판매기 물건을 사지 않는다
- 엘리베이터, 이불건조기, 다리미, 티슈, 샴푸, 린스, 식기용 세제를 쓰지 않는다
- 도시락과 물통 갖고 다니기
- 사용한 알루미늄 호일은 씻어서 재활용한다
- 목욕과 빨래는 원칙적으로 격일제
- 목욕하고 남은 물은 대야로 세탁기에 퍼 담는다
- 설거지를 따뜻한 물로 하지 않는다
- 병은 버리지 않고 재활용한다
- 음식찌꺼기는 퇴비로
- 스물세 가지의 채소와 과일을 재배
- 고장 나면 최대한 수리해서 쓴다
- 가급적이면 잔업을 하지 않는다

나는 스물세 가지의 채소와 과일을 재배하고 있다. 생활에서 편리함을 조금씩 없애고, 소비와 행복의 관계를 알아보고자 이 기획을 시작하면서, 먹을 것도 가능하면 내 힘으로 재배해보자고 다짐했기 때문이다.

그렇기는 하지만, 우리집 마당은 콩알만한 데다, 볕도 잘 들지 않는 최악조건. 파나 양파, 시금치 등 몇 가지 채소나 허브는 기존에도 키워오긴 했지만, 본격적으로 채소를 키우기에는 어림도 없다. 그래서 먼저, 땅을 찾아나서기로 했다.

다행히 우리가 살고 있는 다자이후 시의 미즈시로 지구는 비록 위성도시화가 현저하게 진행되었다고는 하지만, 아직 얼마간의 논밭은 남아 있다. 같은 마을의 농가에 부탁하면 빌려줄지도 모른다는 기대를 가지고, 다섯 살짜리 둘째 딸아이에게 "결혼하자!"고 프로포즈 했다는 유치원 동급생의 집에 찾아가보았다. 그 아이의 부모님과는 아이들 덕분에 평소 알고 지내는 사이였지만, 농사를 관할하시는 할아버지와는 일면식도 없었다. 안 될 거라고 반신반의하면서 어렵게 이야기를 꺼냈는데 "깔끄막이라 언덕지기는 했어도, 150평 남짓허게 놀고 있는 밭이 있는디, 그거라도 괜찮으먼 쓰더라고!" 흔쾌히 승낙해주시는 게 아닌가?

밭은 큐슈 자동차 도로가 내려다보이는 언덕의 중간쯤 있는 대숲 아래에 있었다. 집에서는 걸어서 15분 정도 거리인 그 산 일대는, 한때 감귤과 복숭아를 재배하던 곳이었다고 한다. 지금은 대부분이 중고 오토바이 경매장이 되어 있고, 그 주차장 옆으로 아무것도 심어져 있지 않은 휑한 밭이 있었다.

"이전에는 1, 2월이 되믄 딴 과실은 끝 무렵이라 찾어보기 힘들었지. 그러니 자연 귤값이 비싸지고, 그렇게 어찌어찌 먹고 살 수는 있었거든! 그런 것이 요즘에는 없는 과실이 없잖어? 물 건너서 온 거, 하우스에서 키운 거. 귤 같은 거 안 먹어도 쓴다, 하는 세상이 되었으니. 가격은 폭락하고, 품삯도 안 나오지. 그러니 귤 농사 짓겠나?"

밭을 빌려주신 이토 영감님이 땅으로 눈길을 떨구며 하신 말씀이다. 작년 가을도 귤은 대풍작인데, 농가는 풍작빈곤으로 울었다고 했던가?

이토 영감님은, 이전 다자이후 시장을 지내셨던 분이다. 그 시절에도 아침 일찍 일어나 매일 아침 논밭으로 나가시던 천상 농부이신 분으로, 유유자적한 요즘도 매일처럼 논밭에 나가 땀흘려 일하신다.

이 기획의 취지를 설명하자, 고개를 끄덕이며 "확실히 요즘 세상이 이상한 거여! 우리 젊었을 적에야 완전히 재활용 사회였제!"하시며, 옛날이라고는 하지만 겨우 수 십 년 전에 불과한 옛날이야기를 들려주셨다.

"논밭은 소나 말로 갈고, 인간이나 동물이 먹고 싼 것은 전부 거름으로 썼지. 생활폐수는 일단 받아뒀다가 뜬 것은 버리고 가라앉은 것은 일년에 한번씩 거둬서 비료로 만들어서 썼어! 설거지고 빨래는 늘 동네 개울가에서 허고, 어디 그뿐이간디? 목간물도 개울에서 퍼다 불 때서 했지. 그리고 강에서 자란 물고기는 죄다 우리 간식거리였는디……"

이 얼마나 합리적인 시스템이었는가? 지금에 와서 다시 그런 생활로 돌아갈 수는 없겠지만, 역사 속에서 배양되어왔던 그런 지혜와는 동떨어진 지금의 생활 속에 위기의 뿌리가 있다. 그렇다면 옛날 생활의 지혜에서 배우고, 그것을 지금의 생활 속에 활용함으로써, 끊어진 연결고리를 잇는 것이야말로 진짜 필요한 것은 아닐까? 이토 영감님의 말씀을 들으면서, 그런 생각이 분명해졌다.

농사라곤 집 마당에 한 평 정도의 채소밭을 가꿔본 경력밖에 없는 완전 문외한인 나의 무모한 도전에, 이토 영감님은 "잘 될 거여, 잘 되지 암~!"이라며, 시종일관 너그러운 미소로 음으로 양으로 도와주셨다.

2월이 되어 드디어 '시작이다!'는 각오로 괭이를 지고 나갔더니, 어느새 밭은 트랙터로 고르게 갈아져 있었다. 밭 두렁에 풀이 자랐겠다 싶어나가보면 깔끔하게 베어져 있고, "이거 한번 심어봐!" 하며 토란 종자도 주셨다. 그런가 하면 내가 비록 적은 돈이지만 감사의 표시라며 가지고 간 지대를 "놀고 있는 땅 부려주니, 되려 내가 고맙지! 뭔 소리여?"라며 거두려 하지 않았다.

이렇게 하여 자유롭게 사용할 수 있게 된 150평의 훌륭한 밭에 가장 먼저 심은 것이 감자였다. 2월 첫째 주 일요일 아침 "감자 종자는 심었냐?"라고, 쿠마모토 본가의 어머니한테 전화가 걸려왔기 때문이다. 정월 초에 찾아 뵈었을 때, 내가 올해부터 채소를 직접 재배할 거라고 선언했던 것을 기억하고 계셨다가 일부러 전화를 하신 것이다.

방직공장 식당에서 일하셨던 어머니는 회사를 그만두신 뒤 집 앞의 밭을 사서, 그곳에 채소를 직접 재배하기 시작했다. 원래가 농촌 출신인 어머니는 퇴비 만드는 것부터 해서 농사일이라면 모르는 게 없는 분이시라, 언제나 그럴 듯한 풍년이었다. 우리집에도 가끔 신선한 채소를 택배로 보내주셨다. 지금까지는 당신 땀과 노력의 결실을 받기만 했지, 제대로 한번 도와드린 적도 없었다는 것이 못내 죄송스럽기만 하다.

전화를 걸어온 어머니는 감자 종자를 어떻게 심는지 자세히 가르쳐 주시고는 "느네 밭 얼마나 잘 되고 있는지, 가끔 보러 가마!" 뭔가 잔뜩 기대된다는 듯 들뜬 목소리셨다. 자신의 지식과 기술을 다음 세대에게 물려준다는 것이 그만큼 기분 좋은 일인가 보다.   3월 초 내가 집에서 된장을 담글 때도 그랬다. 어머니는 된장 담그기 명인으로, 지금까지 우리집에서 사용하던 모든 된장은 어머니께서 보내주셨다. 매년 누룩으로 당신이 직접 만드는 전통 된장으로, 시중에서 파는 것과는 비교도 안 될 만큼 맛의 깊이가 다르다. 그러므로 내가 직접 된장을 만들어보자고 생각하게 되었을 때, 가장 먼저 어머니의 지도를 구했다. 그랬더니 "니가 제대로 만들 수나 있것냐?"하시면서도, 어딘지 모르게 설레는 마음이 전해오는

이토 영감님께 빌린 밭에 괭이로 밭 이랑을 만들었다.

목소리로 만드는 법을 전수해주셨다.

시시각각 발전하는 기술로 기계화나 정보화가 진행되고, 우리들 생활은 더할 나위 없이 편리해졌다. 하지만 그 때문에 기술을 전수하는 기쁨을 우리 윗 세대로부터 빼앗아버린 건 아닐까? 그날 아침 어머니의 전화를 끊고 그런 생각을 하면서 원예점으로 달려갔다.

씨감자 2킬로그램을 사서, 눈의 위치를 확인하면서 세로로 2등분하고, 톱밥가루를 단면에 묻힌 후, 괭이로 파놓은 구덩이에 40센티미터 간격으로, 단면이 땅에 닿도록 감자를 놓는다. 그리고 감자와 감자 사이에 직접 만든 퇴비를 넣고 흙을 덮는다.

그날은 구름 낀 하늘에 강풍까지 불어 엄청 추운 날이었는데, 열 살짜리 딸아이가 손을 호호 불면서 도와준 덕분에, 2시간 만에 감자심기 작업 완료!

"제대로 싹이 나서 잘 자라야 할 텐데 …… 그렇지 아빠?"

두 줄의 봉긋한 밭이랑을 바라보며 걱정스러운듯 딸아이가 말했다.

내가 바이블로 삼고 있는 채소재배 입문서에 감자는 종자를 심고 3주 정도 지나면 땅 속에서 싹이 나온다고 적혀 있었다. 그런데 한 달이 지나도 싹은 나올 기미를 보이지 않았다. 걱정이 되어 이토 영감님께 여쭤봤더니 "음, 좀 늦네 그려!" 하면서 맨손으로 밭이랑을 파보셨다. 그의 손에 이끌려 나온 감자종자에는 아직 싹조차 트지 않은 상태였다.

"이거, 너무 깊은데~! 좀더 지켜보자고. 그러다 그 사이에 싹이 나올지도 모를 일이고……"

이토 영감님 말씀에 실망도 되고 자책도 했지만, 일말의 희망을 가지고 좀더 기다려보기로 했다. 그로부터 약 2주 정도가 더 지났는데도, 아직 싹은 땅속에서 얼굴을 내밀지 않았다. 앞으로 일주일만 더 기다렸다가 안 되면, 그때는 다시 심도록 하자.

그렇게 다짐을 한 다음주, 걱정 반 설렘 반으로 밭으로 나갔는데, 황갈색의 밭이랑에 파릇파릇 녹색의 만국기가 펄럭이듯 늘어서 있었다.

"이미 늦었어요!"라고 죽음을 선고 받은 아이가, 기적처럼 회복되어 건강한 웃음을 보여준 것 같은 황홀함과 감동이 가슴으로 밀려왔다. 나는 그대로 땅바닥에 엎드려, 생생한 얼굴로 웃고 있는 '내 자식'들을 얼마동안 싱글벙글 바라보았다.

감자의 발아를 기다리는 동안에도, 브로콜리, 쑥갓, 시금치, 상추, 파, 방울토마토, 양상추, 무 순으로 씨를 뿌리고, 사온 양배추 모종이나 쿠마모토 본가에서 보내온 딸기 모종을 옮겨 심었다. 4월로 들어서자, 원예점 앞에는 속속들이 여름 채소의 모종들이 줄서기 시작했다. 그 각종 채소 모종들을 사다 밭 끝에서 밭 끝까지 옮겨 심었다.

우리 식구들이 먹을 채소인 만큼, 농약이나 화학비료는 일절 사용하지 않았다. 사용 후 처리에 문제가 있는 비닐 등의 화학합성재료도 가능한 한 사용하지 않기 위해, 신문지로 대신 쓰고 있다.

날이 점점 따뜻해지자, 잡초가 일제히 고개를 내밀기 시작하더니, 결국엔 작물과 경쟁이라도 하듯이 쑥쑥 자라기 시작했다. 휴일에만 잠깐 일할 뿐인 '주말농사'이므로, 일일이 풀 뽑기에 나섰다가는 다른 작업을 할 시간마저 없어지고 만다. 그러므로 작물의 종자가 싹이 터서 어느 정도 클 때까지는 될 수 있는 한 모든 잡초를 뽑아주지만, 이후에는 잡초가 너무 왕성해서 작물에 영향을 미칠 것 같은 것들만 뽑아준다. 그렇게 하면 일손을 많이 덜 수 있다.

그런데 그것이 의외의 효과가 있다는 것을 최근에야 알게 되었다. 잡초의 본줄기는 해충을 잡아먹는 천적들의 본거지가 되고, 비 때문에 흙탕물이 튀는 것도 막아 준다. 여름에 낫으로 베어 땅에 깔아두면, 땅이 마르는 것을 방지해 주는 볏짚 대용으로 사용할 수 있을지도 모른다. 그렇게 해서 잡초들과는 그런대로 잘 지낼 수 있을 것 같은 기쁜 예감.

문제는 벌레들이다. 이 벌레들과는 도저히 친해질래야 친해질 수가 없을 것 같다.

봄, 나풀나풀 배추흰나비가 춤을 추기 시작한 무렵까지는 그래도 아직 여유가 있었다. "해충이다!" 하며 퇴치태세에 들어간 큰딸에게 "유충은 해충일지 모르지만, 성충은 딸기와 같은 과일의 꽃가루를 옮겨다 주는 역할을 하니까, 그냥 나둬라!" 하고 말릴 정도였다. 그것이 얼마나 한심한 생각이었는가를, 얼마 지나지 않아 뼈저리게 느끼게 되었다.

4월이 되자 몇 마리나 되는 하얀 작은 악마들이 밭으로 쳐들어오더니, 양배추니 브로콜리니 할 것 없이 여기저기에 알을 낳아대기 시작했다.

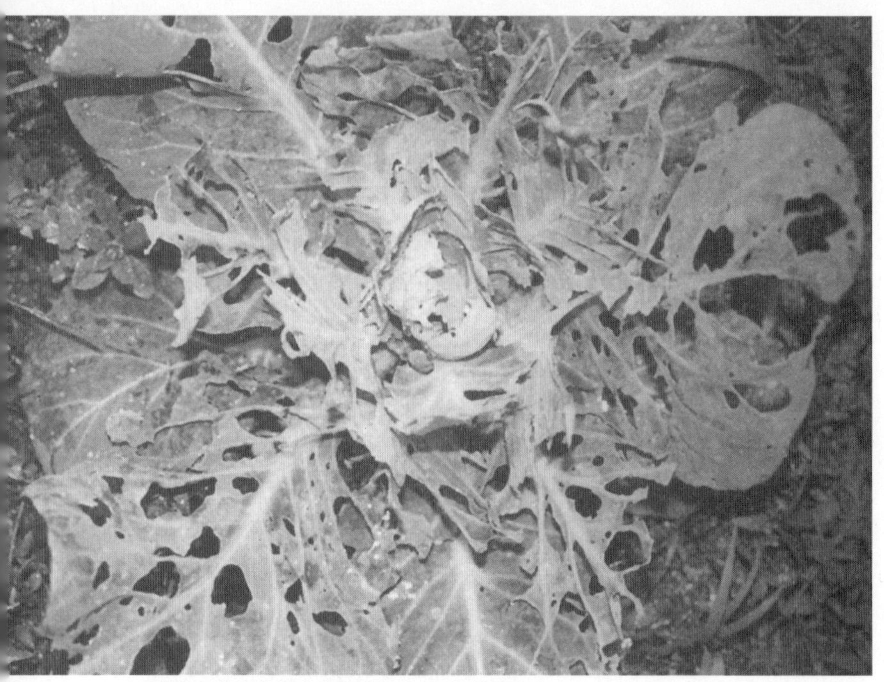

벌레들에게 먹혀 뼈만 앙상히 남은 양배추.

양배추 잎사귀가 구멍투성이가 되기까지는 그리 오랜 시간이 걸리지 않았다. 목초액 같은 천연재료로 만든 방충제를 뿌려보았지만 허사였다.

이대로 두었다가는 양배추는 뼈만 남을 것이고, 브로콜리는 봉우리를 맺기도 전에 전멸하고 말 것이다. 어쩔 수 없이 벌레란 벌레는 발견하는 즉시 압사시키기로 했다.

좌우지간 엄청난 수였다. 시험 삼아 세어봤더니, 양배추 다섯 포기에 예순 두 마리! 전멸시켰다고 한숨 돌리는가 싶었더니, 사흘 후 몸길이 4센티미터나 되는 놈이 유유히 양배추 잎으로 식사를 하고 계시는 게 아닌가? 이번에야 말로 두고 봐라! 하는 심정으로, 한 잎 한 잎 쳐들어가면서 앞뒤 샅샅이 뒤져 한 놈도 남김 없이 찌부러트려주었다. 그런데 이게 웬일? 나흘 뒤, 어디 숨어 있던 건지 나와의 서바이벌 게임에서 살아남은 벌레가 번데기로 변신해서는 양배추 잎 뒷면에 떡! 하니 자리를 틀고 있었다. 잎 뒷면을 자세히 보니, 오렌지 색깔의 자그마한 알들이 무수하게 깔려 있었다. 도대체가 끝이 없는 싸움이다.

본가의 어머니께 여쭸더니, 봄에서 가을까지는 무농약으로 양배추를 키우기가 어렵다고 하신다. 시판되고 있는 '곱디고운' 양배추의 대부분은 흙에 뿌려진 농약을 뿌리로부터 흡수하며 자라기 때문에 벌레들이 좀처럼 기생하지 못한다고 한다. 그 벌레도 먹지 못할 것을 인간이 먹고 있는 셈이다. 생산자 입장에서는 편하게 곱디고운 상품을 생산할 수 있으니 분명 합리적일지도 모른다. 하지만 그것을 먹는 소비자로서 본다면, 그것이 과연 합리적일까? 양배추는 연중 내내 생산이 가능하지만, 이 시기에 반드시 양배추를 먹지 않으면 안 될 이유는 없다. 그렇다면, 재배가 쉽고 농약을 사용하지 않아도 되는 겨울에만 먹도록 하는 것이야말로, 진짜 합리적이지 않을까? 이것이 벌레들과의 소모전을 통해 내가 깨달은 결론이다.

거염벌레라고 하는 밤나방의 유충도 있다. 낮 동안에는 땅 속에 숨어 있다가, 밤에만 어둠을 타고 모습을 드러내서는 채소 잎들을 먹어댄다고 한다. 구멍투성이가 된 무나 시금치 이파리를 여기저기 아무리 뒤져봐도 벌레 그림자도 찾지 못하고 이상하게만 여기고 있었더니, 우리 아래 밭에서 채소를 재배하시는 아저씨가 "그거 거염벌레 짓일 거요!"라고 가르쳐 주셨다. 이분은 치쿠시 구역 납세조합의 부조합장을 맡고 있는 미조구치 카즈미 씨. 그분 역시 농사일을 하루 세끼 밥보다 좋아하는 분으로, 위험천만한 나의 채소재배에 이런저런 충고를 많이 해주셨다. 토마토 줄기가 속속 자라나는 것을 보고 그저 좋아하고만 있던 나에게 "옆구리 가지는 새로 나는 즉시 솎아줘야 허는디!" 하고 충고를 해주신 분도 바로 이분이다. 내 농업의 스승은 이렇게 해서 세 분이 되었다. 특별히 지도를 부탁드렸던 것도 아니건만, 자연히 인간관계의 폭이 넓어졌다. 이것이 생산의 참 맛이 아닐까 생각해본다.

불편을 실천한다는 것은 선인의 지혜에 귀를 기울이는 것이기도 하다. 그리고 이쪽이 경청하려고 하면, 선인들은 아낌없이 들려주고 가르쳐준다. 그것을 알게 된 것이 4개월간의 농업을 통해 초보(!) 농군이 얻은 최대의 수확일지도 모르겠다. 그런데 걱정거리가 하나 생겼다.

그렇다면 도대체, 우리들 세대가 늙었을 때는 다음 세대에게 무엇을 가르쳐줄 수 있다는 말인가? 의식주를 자력으로 만들 기술 같은 것도 하나 없다. 그렇다고 지금 우리가 필사적으로 배우려고 하는 전자기기 기술은 아이들이 어른이 되었을 즈음에는 이미 무용지물이 되어 있을 것이다. 구식 컴퓨터의 말로와 우리들의 미래가 겹쳐지는 것 같아 씁쓸하다.

다시 거염벌레 이야기로 돌아가자. 밤마다 손전등을 비춰가면서 손으로 퇴치할 기력이 없어서 그 놈들 하는 대로 내버려두었다. 그랬는데도 시금치는 그런대로 수확이 좋았다. 물론 구멍투성이긴 했지만, 뜨거운 물에 데치면 그다지 문제될 것도 없었다. 솎아낸 무 잎도 된장국 시래기로 그만이다.

반면 같은 잎채소인 데도, 상추나 양상추는 거의 벌레에 먹히는 일 없이, 시판되는 것들과 비교해도 전혀 손색없는 것들을 수확했다. 분명 계절이나 토지가 잘 맞았던 것이리라. 쑥갓도 잘지만 나름대로의 수확을 했다. 딸기는 늦게 심은 탓에 그다지 수확을 기대하지 않고 있었는데, 주말마다 10개 정도씩은 따는 것 같다. 물론 울퉁불퉁 못생기고 작은 것이 대부분. 아주 가끔 가다 크고 잘 생긴 놈이라도 따게 되면, 칼로 4등분해서 가족 모두가 나눠먹는다. 입안 가득 퍼지는 초여름의 맛! 우리 손으로 직접 기른 것이라는 생각만으로도 뭔가 특별한 맛이 느껴지니 또한 신기하다.

밭은 지금, 여름 채소의 꽃들이 한창이다.

무지(無知)는 무서운 것이여!

3월의 둘째주 일요일, 나는 시금치 씨를 뿌려둔 밭이랑의 잡초를 뽑고 있었다. 2주 전에 흩뿌려두었던 씨는 아직 싹이 트지않고, 길고 가는 모양의 잡초만 기세 좋게 여기저기 자라고 있었던 것이다. 그냥 그대로 두었다가는 시금치가 잡초의 기세에 밀리고 말 것이 분명했다.

3분의 1정도 뽑았을 때였을까, 이토 영감님이 경운기를 타고 오셨다. 시금치와 같은 날 씨앗을 뿌렸던 쑥갓이나 상추는 쌍떡잎이 어여쁘게 날개를 펼치고 있었다.

"여어~! 드디어 싹이 나기 시작했네. 쑥갓에 상추에!"

밭이랑 사이를 걸어오시면서 이토 영감님도 기쁜 듯 말씀하셨다.

"어! 시금치도 뿌렸능가?"

나는 순간 멍해졌다. 여기에 시금치를 뿌린 걸 어떻게 아셨을까? 도깨비에 홀린 기분이 들었다.

"이것만 아직 싹이 안 나네요! 잡초만 그냥……"

내가 그렇게 대답하자, 이번에는 이토 영감님께서 멍한 눈으로 나를 바라보셨다.

"자네, 이것이 시금치 싹이지 뭐여?"

이토 영감님이 가리킨 것은 틀림없이 내가 잡초라고 믿고 뽑아내고 있던 것이었다.

시금치의 떡잎이, 설마 헬리콥터의 회전날개처럼 길고 가늘 줄이야!

이후, 씨앗은 반드시 이랑을 만들어 뿌리든지 심든지 하고 어디에 뿌렸는지 알 수 없는 흩뿌리기는 절대 하지 않게 되었다.

쌀을 자급자족!
논일은 생각보다 일이 많을 거여!

실행 중인 불편

- 자전거 통근
- 제철채소나 과일이 아닌 것, 컵라면, 쇠고기, 돼지고기를 먹지 않는다
- 커피, 홍차를 마시지 않는다
- 마요네즈, 된장, 매실 장아찌를 집에서 만들어 먹는다
- 자동판매기 물건을 사지 않는다
- 엘리베이터, 이불건조기, 다리미, 티슈, 샴푸, 린스, 식기용 세제를 쓰지 않는다
- 도시락과 물통 갖고 다니기
- 사용한 알루미늄 호일은 씻어서 재활용한다
- 목욕하고 남은 물은 대야로 세탁기에 퍼 담는다
- 목욕은 원칙적으로 격일제
- 병은 버리지 않고 재활용한다
- 음식찌꺼기는 퇴비로
- 스물네 가지의 채소와 두 가지 과일, 쌀을 재배
- 고장이 나면 수리해서 쓴다
- 원칙적으로 잔업을 하지 않는다

휴일만을 이용해 쌀 농사를 짓는 겸업농가들은 많다. 그렇다면, 우리 가족들이 먹을 만큼의 쌀이라면 나도 자급할 수 있지 않을까? 그런 가벼운 마음으로 이달부터 채소와 더불어 쌀 농사도 지어보기로 했다.

목표는 물론 완전 무농약 재배. 이것저것 책을 읽어 연구한 결과, 오리 농법에 도전해보기로 했다. 이 방법이라면 무농약으로 쌀농사를 지을 수 있을 뿐만 아니라, 오리들이 제초작업까지 대신해 주기 때문에 일손도 대폭 줄일 수 있을 것이다. 게다가 쌀과 더불어 오리까지 덤으로 사육하게 되니, 이 또한 일석삼조다. 또한 공기 중의 질소를 고정시키는 아졸라라고 하는 수초를 심어 오리의 먹이로 이용하면, 비료를 거의 쓰지 않아도 된다고 한다. 이보다 합리적인 기술은 없다고 할 만하다.

물론 그렇게 잘 될 수 있을까 하는 의문이 없었던 것은 아니었다. 그래서 더욱더 내 눈으로 직접 확인해보고 싶은 마음이 간절했는지도 모른다. 귀여운 오리새끼를 논에 풀어 키움으로써, 동물을 좋아하는 딸아이들에게도 벼농사에 관심을 갖게 할 수 있고, 잘만 하면 논일을 거들게 할 수 있을지 모른다는 속셈도 있었다. 그러한 경험은 머잖아 오게 될 식량위기의 시대에, 아이들에게도 많은 도움이 될 것이다.

우리 부부와 열 살과 다섯 살짜리 두 딸, 이렇게 4인 가족인 우리 집에서 일년간 소비하는 쌀은 약 두 가마(약 160킬로그램). 정식 농가에서라면 300평 논에서 열 가마 정도 수확이 가능하다고 하지만, 나로 말할 것 같으면 벼농사는커녕 모심기조차 거들어본 경험도 없는 신참내기 농사꾼! 반 타작해서 300평에 여섯 가마라고 치면, 두 가마 수확을 위해서는 100평 정도의 논이 필요하다는 계산이 나왔다.

논은 밭과 마찬가지로 이토 영감님한테서 빌릴 수 있었다. 올 정초에 그 이야기를 꺼냈을 때, 이토 영감님은 "안 짓는 논이 좀 있기는 한데, 부려 준다면야 고맙지. 그래도 논농사는 밭농사하고는 달라서 힘들 거여!" 하고 근심 섞인 말을 하면서도 흔쾌히 허락해 주셨다. 이 계획을 전해 들으신 본가의 어머니도 "쌀 두 가마 농사라~, 참새 밥이나 대주는 거 아닌가 모르겠다!" 하며, 여전히 못미더워 하는 눈치였다. 그뿐 아니라, 내 계획을 전해들은 벼농사 경험이 있는 사람들은 "무모한 짓이다!"라며, 하나같이 못미더운 반응들이었다.

'어쩌면 지금 난, 그야말로 무모한 일에 도전하려고 하는 건 아닐까?'

평소 낙천적이라고 자부하며 살던 나조차도 차츰 불안해지기 시작할 무렵, "농사를 전혀 모르는 신참이라도 할 수 있어요!"라고, 강력하게 나의 계획을 지지해주는 사람이 나타났다. 그가 바로 후쿠오카 현 카츠라가와 마을에서 오리농법으로 농사를 짓고 있는 후루노 타카오 씨였다. 그는 큐슈 대학의 대학원 시절, 취직이 결정되어 있던 농수성(農水省, 한국의 농수산부)의 자리를 포기하고 가업인 농업을 이어받은 사람으로, 쌀과 채소의 완전 무농약 유기농 재배를 전격 실천하고 있는 사람이다. 전국 오리농법 농가모임의 대표, 즉 전국 오리농법 농가의 보스인 셈이다.

그런 사람이 같은 지역에 살고 있다는데, 만나보지 않을 수 없는 일이다. 전화로 기획의 취지를 대강 말하자, "아주 재미있는 기획이군요. 협력해야지요. 직접 눈으로 보는 게 제일입니다. 먼저 저희 집에 한번 오지 않겠습니까?" 하며, 바로 나를 초대해주었다.

5월 21일 하늘도 푸르던 날, 나는 후루노 씨를 방문했다. 때마침 모내기 준비와 채소의 모종 옮기기로 한창 바쁘던 때였다. "이야기는 일하면서 들기로 하지요"라고 말하는 후루노 씨 옆에서, 나도 괭이를 들고 채소 모종을 옮길 밭이랑을 일구면서 그의 이야기를 들었다. 그곳에는 후루노 씨와 나 말고도, 일년 과정의 오리농법 연수에 참가하고 있다는 스물두 살과 스물다섯 살의 독신 여성도 있었다. 그들은 농촌 출신은 아니지만, 농업에 뜻을 두고 그 기술을 배우고 있다고 했다. 한 사람은 각지의 유기농법 실

옛날 방식으로 한 모 한 모 정성껏 심었다.

베테랑급 부모님의 지도 덕분에, 기계로 심은 것 못지 않게 못자리가 가지런하다.

천가들을 찾아다닌 끝에 이곳에 오게 되었다고 했고, 또 한 사람은 아시아의 농업 기술지도자가 되는 것이 꿈이라고 했다. 이 매력적인 처녀들과 함께 일하는 것이니 만큼, 괭이를 잡은 손에 자연 힘이 들어갈 수밖에!

"괭이를 다루는 솜씨가 제법이신데요! 신문기자 하시기엔 아까운 솜씬걸요!"

차츰 괭이를 쥔 손에서 힘이 빠지고 일이 무뎌질 무렵, 절묘한 시간에 후루노 씨가 나를 치켜세웠다. 그의 말에 나는 좀처럼 일손을 멈출 수가 없었다. 그렇게 해서 거의 하루 해가 질 때까지, 나는 후루노 씨의 밭일에 품을 팔아야 했다. 아마도 후루노 씨는 사람을 치켜세워 일을 하지 않을 수 없게 만드는 데 일가견이 있는 사람 같았다.

그렇다고 해서 실제로 내가 그의 일에 큰 도움이 되었다는 얘기는 아니다. 그래도 염치불구하고 맛있는 식사와 시원한 맥주까지 대접 받았다. 거기다 오리농법에 필요한 몇 가지 도구도 빌려주었고, "100평 정도에 필요한 오리라면 제가 드릴 테니, 모내기 준비가 끝나면 언제든 가지러 오세요"라며, 논에 풀어 키울 오리새끼까지 제공해줄 것을 약속했다. 함께 땀 흘리며 일하는 동안 동지의식이라도 생긴 것인지, 그의 이런 호의에 나도 별다르게 미안하다거나 염치없다는 생각은 들지 않았다. 이날 처음 만났음에도 불구하고, 마치 몇 년 전부터 알아온 것 같은 친근감. 몸은 지칠 대로 지치고 안 쑤시는 곳이 없었지만, 마음만큼은 뜨끈뜨끈! 기분은 최고였다.

밭에서 채소를 재배할 때도 느낀 것이지만, 금전이나 이해관계가 얽히지 않은 만남일수록 인간에게 최대의 만족감을 주는 것이 아닐까? 세상이 너무 편리 위주가 되고, 상호부조가 금전적 매개로 이루어짐에 따라, 그런 만남이 급속도로 사라지게 되었다. 그 때문에 뻥 뚫린 마음의 빈 자리를 채우고자, 그다지 필요하지도 않은 물질이나 자극을 추구하게 되는 것이 현대 소비의 한 면이 아닐까 생각해 본다.

"환경을 위한 것이니, 안심하고 먹을 수 있는 농산물 재배니 하지만, 그런 것 때문에 유기농업을 하는 건 아니에요. 그저 즐거우니까 하지요. 의의가 이렇다 저렇다를 떠나서, 원래가 농사일이 즐거운 거거든요. 요즘 항간에서는 정원 가꾸기가 유행하고 있습니다만, 아마도 그 다음 유행은 분명 농사가 될 겁니다."

자신감 넘치는 목소리로 후루노 씨는 이렇게 말했다.

사회가 소비화 된다는 것은, 이처럼 즐겁기 때문에 일한다는 사람은 줄고, 돈을 벌기 위해 일하고 그 돈으로 안락과 쾌락을 쫓는 사람들이 는다는 말이기도 하다.

영국의 심리학자 마이켈 아가일(Michael Argyle)의 저서 『행복의 심리학』에 따르면, 인간의 행복도를 규정하는 것은 '교제, 일, 여유의 정도'이며, 이 세 가지를 만족시키는데, 절대적 의미에서든 상대적 의미에서든, 물질적 풍요는 그다지 관계가 없다고 한다. 그렇다면, 현재 우리는 행복해지기 위한 것과는 정반대의 길을 가고 있는 것은 아닐까?

모내기는 6월 14일. 모내기 전에 필요한 깊이갈이와 써레질은 "그 정도는 내가 해 줌세!"라고 말씀해주신 이토 영감님께 염치없지만 신세를 졌다. 아무리 100평 정도의 작은 땅이라지만, 기계도 없고 소도 없는 내가 해내기에는 무리일 거라고 생각했기 때문이다. 내가 혼자 힘으로 한 것이라고는, 빌린 450평 논 중에서 모를 심을 100평에 물을 대기 위한 두둑을 치는 정도였다.

그런데 이 두둑치기가 장난이 아니었다. 비 온 뒤의 질척거리는 땅을 삽으로 퍼서 두둑을 만들고, 그것을 단단히 다져서 폭 40미터의 논에 일직선으로 논두렁을 쳐야 한다. 단순한 작업이니 반나절이면 족할 거라고 내심 얕잡아보기까지 했었다. 그런데 어디! 이른 아침부터 지녁 늦게까지, 겨우 모양만 갖추는 정도가 고작이었다. 물이 새어 나가는 것을 막기 위해 비닐을 대는 작업까지, 두둑이 완성된 것은 다음날 오후 1시경이었다.

양 손에 생긴 물집이 세 개나 터지고, 목이 긴 장화 안에서 허물이 벗겨진 발은 피가 흐르기까지 했다. 허리는 부러질 듯 아파서 도저히 반듯하게 펼 수 없었던 것은 말할 것도 없다. 이 작은 논에 두둑을 치는 것만으로 이 정도라니! 기계화가 되기 전의 농촌 노인들의 허리가, 그렇게 'ㄱ'자로 굽어진 이유를 알 것도 같았다.

"무논(水田)은 홍수방지 등의 여러 좋은 기능을 가지고 있기 때문에, 지키지 않으면 안 된다."

나는 지금까지, 별 저항감 없이 이런 말을 하기도 하고 쓰기도 했다. 우리가 감상에 젖어 바라보는 농촌의 황금들판이, 허리가 'ㄱ'자로 굽어질 정도의 중노동을 묵묵히 해내는 농부님들 공덕이라는 건 생각지도 못했다. 기계화 도입이 어려운 산간지방의 계단식 논에서는 아직도 그런 중노동이 계속되고 있다. '지키라'고 입으로 말하기야 쉽지만, 그것을 실행하기 위해서는 정신이 아득해질 정도의 노동이 필요함을 뼈저리게 깨달았다.

논에 물을 대기 전의 마지막 단계인 논갈이는, 이토 영감님께 조작법을 배운 트랙터로 내가 직접 했다. 손으로 해야 했던 두둑치기와는 달리, 잠깐 사이에 끝이 났다. 거기다 흙이 곱고 균등하게 잘 갈아진 걸 보고, "역시 기계는 위대해!"하는 감탄!

모내기 당일은 비가 왔다갔다 하는 변덕스런 날씨였다. 나와 아내의 양부모님, 회사 동료인 후루카와, 그리고 초등학교 5학년인 큰딸의 친구가 모내기에 동참했다. 우리는 횡렬로 나란히 서서, 뒷걸음질치며 손으로 한 모 한 모 떼어 심었다. 기계모종이 보급된 오늘날, 이런 모내기 풍경이 신기했던지 몇몇 구경꾼들도 있었다.

어른 중에 모내기 경험이 없는 것은 나 혼자뿐. 모두 옛날 힘들었던 추억담을 나누면서 능숙한 손놀림으로 모를 심었지만, 나와 아이들은 그저 즐겁고 신기해서 웃고 떠들며 서투른 손놀림으로 한바탕 즐거운 시험을 치르고 있었다.

두둑치기 때처럼 혼자 묵묵히 일을 할 때는 힘들기만 하더니, 많은 사람들이 어우러져 웃고 즐기면서 일하다 보니, 마치 소풍 나온 아이처럼 들뜨고 즐겁기만 하다.

인습이나 관습에 의한 강요가 아니라, 개인의 자유의사로 폭넓은 인연을 만들어간다.

어느 정도 기계의 힘을 빌려가면서, 이러한 작용을 농업이 수행할 수 있게 된다면, "정원 가꾸기 다음으로는 농사가 유행할 것이다"라던 후루노 씨의 예언은 현실로 나타나게 될지 모른다.

이달 말, 드디어 오리새끼를 논에 풀어놓을 것이다.

5개월간의 성적표

5월에 있었던, 반 년에 한번씩 하는 건강검진 결과가 나왔다. 이 르포를 시작한 것이 1월이었으니, 건강에 대한 5개월간 중간결산인 셈이다.

지난 5년 동안, 건강검진을 받을 때마다 고지혈증이라는 결과가 나왔다. 결과가 나올 때마다, 그 결과 때문이기보다는 오히려, 아내가 과식인데다 운동부족인 내 생활 패턴을 꾸짖고 핀잔을 주는 바람에 우울했던 걸 기억한다.

그랬던 것이 이번만큼은 달랐다. 무엇보다 불룩했던 배가 늘씬하게 빠져서 다시는 못 입을 줄 알았던 바지를 다시 입게 되었으니, 어쩌면 당연한 결과다.

5개월간의 '불편'의 성과가 확실한 숫자로 나타났다. 전문가의 계산대로라면, 신장 162센티미터인 나의 이상체중은 57.9킬로그램이라고 한다. 작년 11월에 있었던 검진에서는 62.8킬로그램이었으니, 의심할 여지없이 비만이었다. 그런데 이번에는 58킬로그램. 옷을 입은 채로 측정한 것이었으니, 사실상 지금의 나는 이상적인 몸무게인 셈이다.

혈액검사에서 극적으로 개선된 것은 중성지방이다. 정상치가 131이하인데, 나는 지난 5년간 300 이하로 떨어져본 적이 없다. 그런데 이번 검사 결과는 112. 참고로 작년 11월 검사 때는 367이었다. 또한 오랫동안의 고지혈증에서 비롯한 지방간 때문에 정상치보다 한참 높았던 GPT 수치도 반감하여, 여유롭게 정상범위를 탈환할 수 있었다.

다만 정상범위에서 일탈한 채 그대로인 것이 한 가지 있다. 콜레스테롤 수치인데, 정상치가 222이하인데 비해 나의 경우는 275로, 50정도가 초과된 상태다. 이 사실이 나를 더욱 분발하게 했다.

그동안 마음만 굴뚝 같고, 차마 실천에 옮기지 못하고 미루기만 해왔던 '쇠고기, 돼지고기를 먹지 않는다'는 불편을 6월부터 시작했다. 아직까지는 이렇다 할 금단현상은 나타나지 않고 있다.

천객만래(千客萬來)
오리가 놓아준 인연의 다리

실행 중인 불편

- 자전거 통근
- 제철채소나 과일이 아닌 것, 컵라면, 쇠고기, 돼지고기를 먹지 않는다
- 커피, 홍차를 마시지 않는다
- 마요네즈, 된장, 매실 장아찌를 집에서 만들어 먹는다
- 자동판매기 물건을 사지 않는다
- 엘리베이터, 이불건조기, 다리미, 티슈, 샴푸, 린스, 식기용 세제를 쓰지 않는다
- 도시락과 물통 갖고 다니기
- 사용한 알루미늄 호일은 씻어서 재활용한다
- 목욕하고 남은 물은 대야로 세탁기에 퍼 담는다
- 목욕은 원칙적으로 격일제
- 병은 버리지 않고 재활용한다
- 음식찌꺼기는 퇴비로
- 열아홉 가지 채소와 두 가지 과일, 쌀을 재배
- 고장이 나면 수리해서 쓴다
- 원칙적으로 잔업을 하지 않는다

전국 오리농법인 모임의 대표를 맡고 있는 후루노 씨의 가르침과 응원에 힘입어 우여곡절 끝에 시작한 오리농법이지만, 나 자신 이것이 얼마나 훌륭한 기술인지 몸소 깨닫게 되었다. 일단 합리적이고, 그리고 무엇보다 즐겁다.

이 농법은 오리새끼를 무논에 풀어놓고 키우면서, 그들로 하여금 잡초와 해충을 없애도록 하는 방법이다. 인공 수정한 오리새끼 10마리를 후루노 씨한테 받아, 우리 논에 풀어놓은 것은 모내기가 끝나고 2주 후인 6월 28일. 두 딸과 그 친구들이 참관인으로 참석한 가운데, 상자에서 오리새끼를 풀어놓자 물위를 두 발로 휘저어가며 갓 심어 놓은 모들 사이를 앞다퉈 헤엄쳐 나갔다. 그 모습을 호기심 어린 눈길로 지켜보고 있던 남자아이가 그만 논두렁으로 첨벙! 함께 지켜보던 아이들의 행복한(!) 웃음소리에 오리들도 덩달아 두 날개로 물장구를 쳐댄다.

그로부터 3주, 벼는 불안하리만치 순조롭게 잘 자라고 있다. 오리들도 기대 이상으로 제 역할을 잘 해주고 있다.

오리들이 물갈퀴로 논바닥을 촐랑거리며 휘젓는 탓에, 논의 물은 늘 우유를 섞은 커피색이다. 덕분에 태양열이 지면에 가닿지 못하고, 그래서 잡초 씨앗은 싹을 틔우지 못한다고 한다. 그 가운데 불행 중 다행으로 싹을 틔운 잡초가 있다고 해도, 쉼 없이 오가는 오리들의 발길질을 못 견디고 죽고 말거나, 설혹 어느 정도 키를 키우더라도 오리들의 먹이로 장렬하게 죽어가는 것이다! 잡초를 뽑아내야 하는 수고를 덜 수 있는 것은 바로 이 때문이다. 내가 벼를 재배하고 있는 100평의 논에는 제초제라고는 일절 사용하지 않았을 뿐 아니라, 잡초 한 포기 뽑아본 적이 없다. 그래도 지금 우리 논에서는 잡초 한 포기 구경할 수가 없다.

오리가 곤충이나 벌레를 좋아하는 것도 또한 고마운 일이 아닐 수 없다. 날아드는 멸구 따위의 해충들을 닥치는 대로 잡아먹기 때문이다. 뿐만 아니라 날개와 부리, 물갈퀴로 벼 줄기를 틈틈이 자극함으로써 줄기의 분열을 촉진시켜 주어, 실없이 키만 자라는 것을 방지해 준다. 그 결과, 활짝 펴든 부채처럼 하늘을 향해 튼실하게 기지개를 켜며 잘 자라고 있다. 이대로라면 역시 무농약 재배도 결코 어려운 일만은 아니다.

거기다 덤으로, 공기 중의 질소를 고정시키는 남조(藍藻, 분열균류)가 있는 부초 물개구리밥을 수면에 퍼뜨려 오리들의 먹이로 쓰고 있기 때문에, 오리들의 배설물에서 질소를 충분히 공급해 주니 추가로 비료를 줄 필요가 없다. 내가 빌린 논은 지금까지 줄곧 보통 농사법으로 농사를 지어왔던 만큼, 모내기 전에 화학비료를 기초비료로 주지 않으면 안 되었지만, 이 물개구리밥을 곁들인 오리농법을 3년 정도 계속한 논이라면 4년째부터는 기초비료조차도 필요 없다고 한다. 실제로 후루노 씨의 논에서는 완전무농약·무비료로 300평 당 열 가마 이상의 수확량을 거둬들이고 있다.

오리새끼를 풀어놓은 뒤, 인간이 할 일이란 오리들과 될수록 많은 이야기를 나누면서 어디 아픈 곳이나 불편한 곳은 없는지를 살피고, 논의 수위가 낮아지면 물을 대주고 하는 정도다. 이렇게 편한 무농약 농법으로 보통 벼농사 이상의 수확을 거둘 수 있다는 데야, 요원의 불길처럼 이 농법의 농가가 증가하고 있는 것도 납득이 가고 남을 만하다.

"이 정도로 오리들이 진흙탕을 휘젓고 댕기니, 어디 잡초들이 자라겠나! 제초제도 안 쓰겠다, 나락도 튼튼허고 좋겠네 그려! 나락 잎싹이 넓은 걸 보니, 잘 여물겠어! 오리들이 멜구 잡아먹느라 저렇게 나락에 고개를 처박고 있으니, 줄기도 넉넉하게 퍼져서 풍년이겠네 그려!"

논을 빌려주신 이토 영감님도 오리들의 실력에는 감탄하신 모양이었다. 농사의 프로이신 이토 영감님의 반응에 내심, "잘만 하면 세 가마는 거뜬하겠는걸!" 하는 이른 성취감에 도취하기도 했다.

오리새끼를 풀어놓기만 하면 일단은 '순풍에 돛'이라고는 하지만, 모내기를 마치고 오리를 풀어놓기까지 여러 가지 사전작업을 해두지 않으면 안 되었다. 우선은 개나 족제비가 침범하지 못하도록 하고, 오리들이 도망가지 못하게 하기 위해 전기철조망으로 논 둘레를 쳐두지 않으면 안 된다. 하늘에서 공격해오는 까마귀에 대한 대비책으로 논 위에도 그물망을 쳐두어야 한다. 오리들이 쉴 수 있는 지붕이 달린 간단한 우리도 만들어주어야 하고, 논의 한 귀퉁이를 물결모양의 시트로 막아 물개구리밥을 퍼지게 하는 것도 빼놓을 수 없는 일 중 하나다. 또한 장마철임을 감안해서, 자주 배수구의 상태를 점검하고 수위를 조절하지 않으면 안 된다.

그런데 이들 작업을 하나하나 해나가는 동안, 참으로 즐거운 경험을 하게 되었다. 지금까지 이렇다 할 친분을 갖지 못했던 사람들과 차차 가까운 이웃사촌이 되어간 것이다.

그물망을 치기 위한 버팀목을 논바닥에 박고 있을 때의 일.

길이 50센티미터 정도의 각목을 주어다 나무망치 대신 사용했는데, 버팀목이 좀처럼 힘을 받지 못하여 땅에 박히지도 않고, 망치질이 엇나가는 바람에 괜한 손만 내려치는 등, 악전고투를 벌이고 있었다. 그것을 보다 못했는지, 논 바로 옆에 있는 건설자재창고를 관리하는 아저씨가 "그래서 어디 하나라도 제대로 박겠소? 이걸 쓰시오!" 하며 나무망치를 가져와 건네주었다. 감사하다는 말을 하고 그것으로 버팀목을 박는데, 어찌 그리 잘도 들어가는지! 서른 개나 되는 버팀목을 다 박을 때까지 그다지 오래 걸리지 않았다.

이 아저씨는 해체된 집에서 나온 콘크리트 벽돌이나 철문도 "필요하면 언제든지 가져다 쓰슈!" 하며, 흔쾌히 제공해주었다. 덕분에 재료비 하나 들이지 않고 훌륭한 오리의 휴식처도 완성!

전기철조망에 전압을 제공해줄 배터리는 밭에서 재배한 양배추 두 포

버려진 건설자재로 만든 오리 휴게소와 벼 사이를 헤엄쳐 다니는 오리들.

기와 물물교환으로 얻을 수 있었다. 둘째 딸 친구의 아버지가 자동차 정비공장에 근무한다는 이야기를 듣고, 중고 배터리를 싸게 구하고 싶다는 의사를 전했더니, "어차피 버릴 건데 돈은 필요 없습니다" 하며, 트럭용 배터리를 충전까지 해서 가져다 주셨다.

"중고라서 얼마나 오래 갈지는 모르겠네요"라며 되레 미안해하셨다. 하지만 그의 그런 걱정은 기우에 불과했다. 전압이 떨어지는 일도 없이 순조롭게 작동하고 있으니 말이다.

물개구리밥의 증식을 위해 물결모양의 시트를 치는 작업은, 그때 마침 구경 온 사람이 도와주었다. "옷 버리니까 그만 두세요. 말씀만으로도 감사합니다" 하며 아무리 말려도, "옷쯤이야 뭐, 괜찮아요!"라고 말하기가 무섭게 구두를 벗고 바지를 걷어 올리고는 논으로 성큼 들어서는 것이었다. 미안하고 송구스럽기는 했지만, 그래도 덕분에 작업은 순식간에 끝났다.

아침 6시에 논을 둘러보러 나가면, 어김없이 아침 산책 중인 동장님과 마주치게 된다.

우리 가족이 이곳으로 이사온 지 2년 반이 다 되어가지만, 동장님과 이야기를 나눈 적은 거의 없었다. 올 봄부터 내가 초등학교 학부모회의 위원을 맡게 된 덕분에, 지역이나 학교 행사 때면 가끔 얼굴을 뵌 적은 있지만, 그때도 간단한 인사를 나누는 정도였다. 그런데 논길에서 우연히 마주쳤을 때, 동장님께서 먼저 "이 논을 직접 지으신다고요?" 하고 말씀을 건넨 이후로는, 이른 아침 마주치게 될 때마다 오리나 나락에 관한 이야기를 스스럼 없이 나누는 사이가 되었다. 단지 그것뿐인데, 왠지 이제서야 나도 지역민의 한 사람이 된 것 같은 묘한 행복감마저 들었다.

우리 논은 초등학교와 다섯 동의 마을 공장 부근에 있다. 오리들은 공장 사람들에게 상당한 귀여움과 관심을 끌었다. 그 중에서도 네온사인과 간판 공장을 경영하는 나카하라 테츠오 씨 부부는, 마치 자식이라도 되는 양 사랑스러운 눈길과 관심을 보내주고 계신다.

논에 풀어 키우는 오리들은 바람에 날아든 해충이나 잡초의 씨앗, 부초, 개구리나 우렁이 등을 먹기 때문에 따로 먹이를 챙겨 줄 필요는 없다고 한다. 다만 그렇게 방치해두기만 하면 오리들이 전혀 사람에게 익숙해지지 못하기 때문에, 평소에 조금씩 먹이를 주어 사람들과 친숙해지도록 하고 대화를 나누도록 하는 것이 좋다고 한다. 저녁에는 도저히 짬을 낼 수 없는 나로서는, 아침에 한번 쌀겨나 왕겨를 섞어 만든 먹이를 주는 것이 고작이라, 내가 다가가면 도망만 다니고 오리들은 좀처럼 나를 주인으로 인정해주질 않았다. 역시 하루에 한번으로 그들의 환대를 기대하기란 무리가 있는 듯했다.

그런데 오리를 풀어놓은 지 열흘 뒤, 논으로 나가는 나에게 테츠오 씨가 "오리들이 제법 길들여지기 시작한 거 같습니다. 손뼉을 치면 모여들기도 한다니까요!"라며 기쁜 소식을 전해주었다. 테츠오 씨의 말이 믿기지 않으면서도 혹시 하는 마음에, 손뼉을 쳤더니 꼬리를 살랑살랑 흔들면서 모여드는 것이 아닌가? 어찌 된 영문인지 의아해 하는 나에게, 테츠오 씨는 그동안의 사정을 말해주었다. 매일 빵 부스러기를 조금씩 주면서 길들였다고 한다. 하루에 한 번밖에 찾아주지 못하는 내 공백을, 그들 부부가 메워주고 계셨던 것이다. 아내가 두 딸아이를 데리고 논에 나가보았을 때도, 가던 길을 멈추고 오리들을 구경하고 있는 사람들 앞에서, 테츠오 씨가 손뼉을 쳐 오리들을 불러모아 먹이를 받아먹는 묘기를 선보이기도 했단다.

"전에는 까마귀들이 날아든 적이 있는데, 손을 휘젓고 손뼉을 쳐서 쫓아낸 적이 있어요. 그랬더니 그 뒤로는 얼씬도 없더구먼!"

먹이를 주는 것 말고도, 항상 오리들에게 이런저런 신경을 써주시고,

이런 귀중한 정보를 제공해준 것도 이 분이다.

밤 9시 경에 터놓았던 물꼬를 보러 갔을 때, 논둑 옆에 서서 우리 논을 지긋이 바라보고 있는 양복차림의 중년 신사가 있었다. 초등학교 운동장에서 건너 오는 가로등 조명 때문인지, 오리들은 여전히 힘차게 수면 위를 헤엄쳐 다니고 있었다. "안녕하세요!" 하고 내가 인사를 건네자 그 신사가 말했다.

"오리들이 참 귀엽네요. 덕분에 출퇴근 길에 여기를 지나는 것이 아주 즐겁습니다."

오리농법을 실천하게 되면서 이 기술이 위대한(!) 것은 단순히 노동력을 절약할 수 있다거나 유기무농약 재배가 가능하다거나 하기 때문만은 아니라는 생각을 하게 되었다. 이 오리농법은 알게 모르게 인간관계의 폭을 넓혀주고, 사람들의 마음에 안식과 즐거움을 주기도 한다. 이것이야말로, 이 농법의 진정한 위대함이 아닐까? 사회가 근대화 되고 소비화 되어 가는 동안 잊고 지냈던 인정(人情)이, 얼마나 인간을 행복하게 하는 것인지 깨닫게 되었다.

물에 사는 조류의 사육과 벼농사를 결합시킨 농법은 옛부터 아시아 각국에서 이뤄지고 있었다고 한다. 하지만 외부의 침입을 막을 기술이 없었기 때문에 일반화되지 못했던 것뿐이다. 그랬던 것이 전기 철조망이라는 근대기술을 도입함으로써 비로소, 이 농법은 완전한 기술로 승화할 수 있게 되었다.

전통적인 지혜를 무턱대고 부정할 것이 아니라, 그 약점을 근대적인 지식과 기술로 보충함으로써, 합리성과 영구성, 그리고 인정의 회복까지도 양립시킬 수 있게 된다. 막다른 골목에 다다른 현대문명이 나아가야 할 지침을 오리들이 가르쳐준 셈이다.

개구리? 올챙이?

다섯 살이 되는 둘째는 논에 가기를 무척 좋아한다. 목적은 올챙이.

질퍽거리는 논바닥을 헤집고 들어가, 고사리 같은 두 손으로 흙탕물과 함께 건져 올린 올챙이를 뒤집어 보고는 해맑게 웃는 모습이라니! 뒷다리가 나오기 전의 작은 올챙이는 배 중앙에 손가락 지문 같은 모양이 있다. 피부가 얇아서 내장이 그대로 비쳐 보이는 것인데, 그것이 텔레비전 만화에 나오는 〈포켓 몬스터〉의 캐릭터 중 하나인 '발챙이'와 똑 닮았다는 것이었다. 아이들의 상상력이라니!

아이가 잡은 올챙이를 집으로 가지고 와, 어항에 넣어 키우기로 했다. 유치원에서 빌려온 동물도감에 올챙이의 사육법이 실려 있었는데, 그 지침에 따라 키워보기로 했다.

올챙이의 성장은 놀라울 만큼 빠르다. 뒷다리가 나왔는가 싶으면 어느새 앞다리가 자라나고, 그 다음날에는 수면 위로 폴짝 뛰어올라 돌 위로 상륙! 도감에는 '개구리로 성장한 후에는 집에서 키우기 어렵기 때문에, 물가로 돌려보내주세요'라고 씌여 있었다. 제 발로 돌 위로 뛰어오를 정도면 이미 아가미호흡에서 폐호흡으로 전환했다는 것을 의미하기 때문에, 생물학적으로 보면 이미 올챙이가 아닌 개구리인 셈이다. 그런데 아무래도 개구리와 헤어지고 싶지 않은 딸아이는 "아직 꼬리가 남아 있잖아! 그러니까 아직 올챙이지!"라며 고집을 부렸다. 꼭 아이를 떠나보내는 엄마처럼.

결국, 개구리는 죽고 말았다.

다음달이면 열한 살이 되는 큰딸, 그 아이도 머잖아 부모의 품에서 벗어날 때가 있을 것이다. 개구리로 성장하면 좁은 어항에 가두어둘 것이 아니라, 마음껏 넓은 세상을 뛰어다닐 수 있도록 놓아 주지 않으면……

아이들만이 아니라 부모도, 논의 생물한테 배우는 것이 참 많구나!

뭔가 보이기 시작했다!

노동과 생산을
가정으로 되돌려야

실행 중인 불편

- 자전거 통근
- 제철채소나 과일이 아닌 것, 수입과일, 컵라면, 쇠고기, 돼지고기를 먹지 않는다
- 커피, 홍차를 마시지 않는다
- 된장, 매실장아찌를 집에서 만들어 먹는다
- 자동판매기 물건을 사지 않는다
- 엘리베이터, 이불건조기, 다리미, 티슈, 샴푸, 린스, 식기용 세제를 쓰지 않는다
- 도시락과 물통 갖고 다니기
- 사용한 알루미늄 호일은 씻어서 재활용한다
- 목욕하고 남은 물은 대야로 세탁기에 퍼 담는다
- 목욕은 원칙적으로 격일제
- 병, 우유팩, 일회용 접시는 버리지 않고 재활용한다
- 음식찌꺼기는 퇴비로
- 열여덟 가지의 채소와 두가지의 과일, 쌀을 무농약으로 재배
- 고장이 나면 수리해서 쓴다
- 원칙적으로 잔업을 하지 않는다
- 자기 전에 에어컨을 켜지 않는다

한때는 많은 가정이 생산의 장이었으며, 그래서 또한 노동의 장이기도 했다. 그리고 생산과 노동의 결과물을 가정에서 직접 사용하는 형식으로 일상생활을 꾸려나갔다. 다만 그런 시대에도 아름다운 옷을 입고 맛있는 음식을 먹는 비일상적인 소비도 가끔은 이뤄지고는 했다. 수확 후의 축제나 설날, 추석, 혼례 등이 그렇다. 이들 소비는 일상생활이 검소했기 때문에 한층 보람되고 빛이 났다.

그런데 현재 우리들의 생활모습은 어떤가? 가정에서 생산과 노동의 모습은 아주 찾아볼 수 없게 되었고, 가정은 그저 소비하는 장소로 전락하고 말았다. 세계 곳곳에서 들여온 식품을 매일같이 먹고, 거리는 넘치는 차들로 발 디딜 곳이 없을 지경이며, 하루가 멀다 하고 바뀌는 유행을 좇아 옷을 사들이느라 정신이 없다. 소비하는 것이 이미 일상으로 굳어버렸기 때문에, 어중간한 소비로는 이제 일말의 쾌락조차도 얻을 수 없게 되었다. 사실, 피로연에서 아무리 호화로운 풀 코스 요리를 먹어도 그다지 감동이나 색다름을 느끼지 못한다. '맑고 쾌청한 날'에도 전혀 맑고 쾌청한 기분을 느끼지 못하게 되었다.

최근 붐이 일고 있는 '검소한 결혼식'도 서민들한테까지 깊숙이 들어온 과소비문화의 결과로, 이미 예견되었던 현상이 아닐까? 어차피 호화를 호화로 감탄하지 못하고, 맑은 날을 맑은 날이라 느끼지 못할 바에야, 차라리 검소하고 찌뿌둥하게 사는 게 덜 억울하지 않겠느냐는 것이다. 우리 감각이 그 정도까지 마비되어 버렸다는 말이다!

물론 현대의 소비도 노동에 대한 보수를 얻음으로써 비로소 이루어질 수 있다는 점에서, 노동과 생산이 결코 무관한 것은 아니다. 다만 그 노동과 생산이 많은 경우, 우리의 가정과는 동떨어진 곳에서 행해지고 있다는 점이 옛날과 결정적으로 다르다. 그것은 물질뿐만 아니라 서비스에서도 마찬가지다.

옛날에는 여름에, 아기들 낮잠재울 때면 엄마가 손수 부채를 부쳐주었다. 아기는 그 시원한 부채 바람으로 엄마의 사랑을 느낄 수 있었고, 비로소 안심하고 잠이 들었다. 하지만 오늘날은 어떤가? 에어컨이나 선풍기가 엄마의 부채를 대신하고 있다.

에어컨을 사고, 전기요금을 내기 위해 아빠 엄마가 아무리 땀 흘려 일한다고 해도, 어린 아이들이 그런 부모의 노고를 알 리 없다. 그리고 그것은 아이들이 느끼는 부모의 사랑과는 근본적으로 다른 것이 아닐까?

초등학교 5학년인 큰딸이 배가 아프다고 해서, 학교까지 자전거에 태워 데려다 준 적이 있다. 학교가 조금 언덕진 곳에 있기 때문에, 마지막 200미터 정도는 경사진 길을 올라가지 않으면 안 된다. 끙끙거리며 페달을 밟아 언덕을 오르고 있는데, "여기서부턴 걸어가도 돼요" 하고는 자전거에서 내렸다. 아빠가 힘들어하는 것이 어린 마음에도 안쓰러웠던 모양이었다. 자가용이었다면 결코 그런 일은 없다. 설령 자동차를 사고, 연료비를 벌기 위해 더 많은 시간을 일한다고 해도, 부모의 그 노고가 아이들에게 전달되지는 않을 것이다.

생활에서 편리함을 배제함으로써 소비와 행복의 관계를 탐구하고자 하는 이 르포를 통해, 쌀이나 채소를 재배하고 된장이나 매실장아찌를 직접 만들어 먹는 등, 가능한 것은 자급자족 하도록 하려는 것은, 비슷하게나마 가정에서의 노동과 생산을 실천해보고자 하는 의도에서였다. 그렇게 함으로써 뭔가 깨닫는 게 있지 않을까 하는 기대가 있었다.

이 르포를 시작한 지 7개월 하고 반이 지난 지금, 그 '뭔가'가 어렴풋이 보이기 시작한 것 같은 느낌이다.

예를 들면 채소가 그렇다. 농업이라면 완전 초보자인 내가 무농약 무화학비료로, 그것도 주말만을 이용해서 짓는 것인 만큼, 시장에 나와 있는 것들처럼 잘 생기고 예쁘지는 않다. 오이도 가지도 토마토도 상처투성인데다, 모양새도 볼품없는 것들이 대부분이다. 전부 30킬로그램 가까이 캔 감자도 크기가 제 각각으로, 같은 크기를 찾기가 하늘의 별따기다. 그 래도 먹어보면, 생협에서 사다 먹는 것보다 훨씬 맛있다. 내 착각일까?

이달에 여섯 살이 된 둘째는, 자기가 딴 피망이나 방울토마토를 "음, 특별히 맛있어!"라며 눈을 가늘게 뜨고는 감정사 시늉을 해 보이기도 했다. 옥수수는 극성스러운 까마귀들 때문에 결국 다섯 개밖에는 따지 못했지만, 생협에서 사온 것과 비교해본 큰애가 "우리집에서 딴 것이 훨씬 달고 맛있는데요!"라는 품평과 함께 판사처럼 탕! 탕! 탕! 식탁을 두드린 통에 한바탕 웃음바다!

분명 자신이 직접 생산에 참여했다는 감회가, 맛을 느끼는 미각에도 영향을 미친 것이리라.

된장은 유전자조작 작물을 일절 사용하지 않고, 무농약 재배로 생산한 국산 콩과 누룩, 그리고 천연소금만으로 만들었다. 이 정도로 재료의 질을 고집하는 것도, 집에서 만들고 내 가족이 먹을 것이기 때문이다. 뿐만 아니라 하루 꼬박 걸려 대두를 삶고 찧고, 몇 개월에 걸쳐 직접 숙성시킨 것인 만큼, 매일 아침 먹는 된장국 맛이 매일같이 천하일품인 것도 당연하다. 5월에 사내결혼을 한 동료커플에게 내가 만든 된장이라며 축하선물로 보냈더니, 그렇게 좋아할 수 없었다.

장모님께 만드는 방법을 배워서 처음으로 만들어본 매실장아찌도, 차조기를 맨손으로 주무르다 보니 손톱이 새까맣게 물들어 지우느라 혼나기는 했지만, 그 덕분에 완성된 매실장아찌는 다른 어떤 것보다 맛좋게 느껴졌다.

인간은 참으로 이상한 동물이다. 자기가 고생해서 만들었거나 특정한 누군가가 나를 위해 만들어 주었다고 생각하면, 보다 깊은 만족감을 느낀다. 그것은 사랑하는 사람이 직접 뜬 스웨터를 선물로 받았을 때를 상상해보면 쉽게 알 수 있다. 그 물건 때문이 아니라, 그 물건에 담겨 있는 '사랑과 정성' 때문에 인간은 특별히 만족하고 행복을 느낀다.

그렇다면 '노동과 생산'을 가정에서 분리해냄으로써 성립하게 된 대량생산·대량소비 시스템의 발전은, 인간에게서 그러한 '사랑과 정성' 그리고 '소중함'을 빼앗아가는 과정이었다고 말할 수 있지 않을까?

한때 무엇이든 손으로 만들어 사용했던 시대에는 사방에 손으로 만든 물건이나 서비스가 넘쳤기 때문에, 돈으로 구입한 그것들한테서 굳이 정성이나 소중함을 충족시키려 할 필요가 없었다. 사람들이 상품에서 추구했던 것은 단순히 기능과 편리함이었다. 그랬기 때문에 균등한 기능을 가진 상품을 싸게 공급할 수 있는 대량생산이 유효했다.

하지만 어느 정도 상품이 보급되자 사정은 달라졌다. 인간은 없을 때는 남들 만큼만이라도 갖기를 원하지만, 일단 남들과 같은 것을 갖게 되면 이번에는 그들과는 다른 뭔가를 원하게 된다. 그것은 남들과 같은 것으로는 만족하지 못하기 때문이다. 이런 소비자의 무한한 욕구에 대한 해결책을 현대의 자본주의는 디자인의 변화로 유행을 만들기도 하고, 특정상품을 소유하는 것이 사회적 지위의 상징인듯 착각하게 하는 것으로 대체해왔다.

빈번하게 반복되는 자동차 모델바꿈, 작년에 산 옷을 올해 또 입으면 창피할 만큼 눈이 돌아갈 정도로 자주 바뀌는 패션 유행. 기능으로 보면 경차(輕車)로도 충분하건만, 타고 있는 자동차의 크기나 호화로움으로 자신의 가치가 판단되는 것 같아, 보다 비싸고 고급스러운 자동차를 사고 싶어지는 것도 그 때문이다.

자전거 통근을 시작하고 얼마 지나지 않았을 무렵, 아주 재미있는 경험을 했다. 비가 오는 날이어서 고무장화를 신고 출근을 했는데, 동료들이 너나없이 "아주 잘 어울리는데!"라며 비웃듯 한마디씩 던지는 것이었다.

엄마에게 배워가면서 찢어진 의자를 바느질하는 큰딸. 누덕누덕 기운 만큼
정성이 가득 담겼다.

비가 오는 날이면 가죽이나 천으로 된 신발은 물이 스며들기 때문에, 아무리 생각해도 적당하지 못하다 싶었다. 고무장화가 훨씬 비 오는 날에 적합하다. 그럼에도 불구하고 그것을 신으면 비웃음의 대상이 되는 아이러니. 자가용이나 전철 등 지붕이 있는 교통수단이 발달하고 도로가 포장되면서, 비가 오는 날에도 가죽구두를 신고 다녀야만 사회적 체면을 유지하는 상징처럼 되었다. 그리고 어느 틈엔가 고무장화는 블루칼라의 상징으로 전락하게 되었고, 설령 비가 오는 날이라도 사무실이 많은 거리에서 장화를 신기를 꺼리는 현상이 생겨났다. 고무장화는 창피하다는 가치관이 지금은 아이들 사이에도 만연하여, 비가 와도 장화를 신지 않고 흠뻑 젖은 운동화를 신고 학교를 오가는 아이들이 많아졌다. 이처럼 사회가 소비화되어감에 따라, 상품이 단순히 사용가치만으로 쓰이는 것이 아니라, 사회적 권위나 남하고 차이를 과시하는 '기호'로 작용하게 된 것을 지적한 사람은 프랑스의 사상가인 장 보드리야르였다. 소비사회의 고전이라 일컬어지는 『소비사회의 신화와 구조』에서 그는 이렇게 기록하고 있다.

"사람들은 결코 물질 자체를 '그 사용가치로' 소비하지 않는다. 이상적인 준거집단이라고 생각하는 자기 집단에의 소속을 과시하기 위해, 혹은 보다 높은 지위의 집단을 지향하고 현재의 자기집단에서 벗어나기 위해, 자신을 남과 구별짓는 기호로써 (보다 넓은 의미에서의) 물질소비를 항상 조작하고 있다."

다만 물질을 통해 자신을 타인과 차별화한다는 이 방법은, 심각한 모순에 빠질 수밖에 없다. 즉, 사회에 유포되는 풍요나 행복의 모델에 자기 자신을 맞춤으로써 개성을 조장하려는 것이기 때문에, 자기 자신을 개성화하고자 하면 할수록 진정한 자신의 색깔은 사라지고 오히려 몰개성화 되어간다는 모순이다.

소비재가 거의 대부분의 사람들 사이로 전파된 데다 소득의 격차도 사라지고, 물질을 통한 자기차별화가 갈수록 어려워지고 있는 요즘, 이 모순은 어느 때보다 분명하게 나타나고 있다. 더이상 사고 싶은 것이 없다는 현상은 그 단적인 표상이다. 이런 소비사회의 모순을 자각한 순간에 사람들이 되돌아갈 곳은 역시 '정성'과 '소중함' 밖에 없지 않을까 하는 생각이 든다.

기호화된 물질에 인간이 조종당하고 있는 현상에서 벗어나, 인간이 물질을 사용하는 본래의 모습을 되찾기 위해서라도, 진정한 만족감과 행복감은 과연 무엇을 통해 얻어지는가를 다시 한번 생각해볼 필요가 있지 않을까?

논둑에서 넘어져 머리를 두 바늘이나 꿰매야 했던 대형사고(?)를 당했으면서도, 둘째 아이는 오늘 아침에도 엄마를 졸라 논으로 오리들한테 모이를 주기 위해 폴짝폴짝 집을 나섰다.

고생 끝에 알게 되는 고마움

밭을 빌려 시작한 채소재배를 보고하면서, '잡초들과는 그런대로 잘 지낼 수 있을 것 같다'고 썼던 적이 있다. 사실 5월 정도까지만 해도 우리는 사이좋게 잘 지낸 편이었다. 그런데 비 오는 날이 많아지고 기온이 올라가자, 나의 그런 생각이 얼마나 세상물정 모르는 철없는 꿈이었는가를 뼈저리게 깨닫게 되었다.

무엇보다 여름철 잡초의 성장속도에 놀랐다. 비가 온 다음날이면, 자라는게 눈에 보이는 듯했다! 며칠째 비가 계속되어 오랜만에 밭에 나가보면, 온통 잡초 바다가 되어 있었다. 오이나 가지, 피망, 토마토의 가지는 마치 바다 위에 떠있는 섬처럼 간신히 고개만 내밀고 있었고, 호박이나 고구마 등은 완전히 바다 밑으로 에 잠수한 상태였다. 땅속의 영양분은 잡초들에게 빼앗기고, 무성한 그들 때문에 햇빛도 제대로 받지 못하니 제대로 자랄 리가 없다. 이런 상황이니 어쩔 수 없이, 잡초퇴치 작업에 돌입할 수밖에!

그런데 이 잡초퇴치 작업이라는 것이, 날은 덥지 벌레는 물지 옷은 더러워지고 허리는 아프지, 진짜 울고 싶은 마음이 절로 들 정도로 힘든 작업이다. 그런데다 밭 왼쪽 고랑부터 매일 조금씩 잡초를 뽑아가다, 오른쪽 마지막 고랑에 이르러 '겨우 다 뽑았다!' 싶으면 어느새 왼쪽 고랑은 또다시 잡초들에게 점령되어 있다. 간신히 어찌어찌 버텨내고는 있었지만 '에잇! 제초제를 확 뿌려버릴까 보다!' 하는 생각을 몇 번이나 했는지 모른다.

이 이야기를 오리농법을 가르쳐 주고 계신 후루노 씨에게 했더니 웃으면서 축하까지 해주는 것이었다.

"제초제를 사용하고 있는 사람들은 오리의 고마움을 알 리가 없지요. 여름 제초작업을 해본 사람만이 알 수 있지요. 그러니 축하할 일 아닙니까?"

참고로 오리를 풀어 키우고 있는 우리 논은 한번도 풀을 뽑아준 적이 없다. 그래도 나락이 여물어 고개를 숙이기 시작한 8월에 들어서도 잡초 한 포기 구경할 수 없다. 만일 밭뿐만 아니라 논까지 풀을 매야 하는 상황이었다면……

생각만으로도 허리가 부러질 것처럼 아찔하다!

오리들이 있어 얼마나 다행인지!

무더운 여름을 이겨내고

진정한 쾌락은 어디에 있는가?

실행 중인 불편

- 자전거 통근
- 제철채소나 과일이 아닌 것, 수입과일, 컵라면, 쇠고기, 돼지고기를 먹지 않는다
- 커피, 홍차를 마시지 않는다
- 된장, 매실장아찌를 집에서 만들어 먹는다
- 자동판매기 물건을 사지 않는다
- 엘리베이터, 이불건조기, 다리미, 티슈, 샴푸, 린스, 식기용 세제를 쓰지 않는다
- 도시락과 물통 갖고 다니기
- 사용한 알루미늄 호일은 씻어서 재활용한다
- 목욕하고 남은 물은 대야로 세탁기에 퍼 담는다
- 목욕은 원칙적으로 격일제
- 병, 우유팩, 일회용 접시는 버리지 않고 재활용한다
- 음식찌꺼기는 퇴비로
- 열아홉 가지의 채소와 두 가지의 과일, 쌀을 무농약으로 재배
- 고장이 나면 수리해서 쓴다
- 원칙적으로 잔업을 하지 않는다
- 자기 전에 에어컨을 켜지 않는다

더웠다!

올 여름을 되돌아본 솔직한 심정이다.

여름이 더운 것이야 당연하지 않느냐 하겠지만, 그리고 그말이 원칙적으로 틀린 말은 아니지만, 요즘 시대에는 그것이 그다지 당연한 일이 아니게 되었으니 이상한 일이 아닐 수 없다. 직장이나 가게, 전철, 자동차 등, 실내라고 할 만한 곳은 어디나 에어컨이 빵빵하게 틀어져 있어, 여름에 오히려 춥다고 옷깃을 여미는 때가 많을 정도이기 때문이다. 내가 다니는 직장인 《마이니치 신문》 후쿠오카 총국도 예외는 아니어서, 반팔 차림으로 한나절이라도 보낼라치면 어김없이 감기에 걸릴 정도로 춥다. 그러니 한여름에도 재킷을 두르고 일을 하지 않으면 안 될 지경이다.

작년까지는 나도 전철로 출퇴근을 하고, 늦은 밤까지 회사에서 지내고, 집에 돌아가 잘 때도 에어컨을 틀어놓았다. 그러니 덥다고 느낄 때는 집에서 역, 역에서 회사, 회사와 거래처를 걸어서 왕복하는 동안의 짧은 시간뿐이었다. 더운 것이 여름이라고 한다면, 제대로 된 여름을 느껴본 적이 거의 없다고 해도 과언은 아니다.

올해는 다자이후 시의 집에서 후쿠오카 시에 있는 직장까지 편도 1시간 거리를 자전거로 갔다가, 되도록 잔업을 하지 않고 역시 자전거로 퇴근했으며, 잘 때도 에어컨을 켜지 않았다. 거기다 틈만 나면 논으로 밭으로 다니면서, 말 그대로 동분서주 땀을 뻘뻘 흘리면서 일했기 때문에 '덥다'고 느끼는 시간이 상당히 많았다. 다시 말하면 제대로 된 여름을 일상생활 속에서 충분히 맛볼 수 있었다.

찌는 듯한 더위 아래서 자전거 페달을 밟아 1시간 가량 걸리는 거리를 오가는 것이 결코 쉬운 일은 아닐 거라고 각오하고 있었지만, 달리는 동안은 불어오는 바람 덕분에 견딜 수 없을 정도는 아니었다. 다만 신호등 앞에서 잠시 서기라도 할라치면, 숨었던 땀들이 일시에 봇물 터지듯 넘쳤다. 그래서 신호대기 중에 마실 수 있도록 얼린 물통을 갖고 다니기로 했다. 땀을 흘리면서 시원한 물을 꿀꺽꿀꺽 마신다. 이것은 그야말로 '쾌락'이라는 말 말고는 달리 표현할 길 없는 경험이다. 들에서 땀 흘려 일을 끝내고 돌아와, 아내가 시원하게 끼얹어주는 등목도 마찬가지다.

올 여름은, 전반에 비가 자주 내리고 후반에는 대체적으로 맑은 날들이 계속되었기 때문에 물도 일조시간도 충분했다. 덕분에 밭에서 기르던 여름 채소는 어느 것 하나 풍작 아닌 것이 없었다. 특히 피망은 우리 가족이 다 먹을 수 없을 만큼 많이 열렸다. 그 때문에 최근 한 달 반 동안, 도시락 반찬은 쭈욱 피망 메뉴! 이러다 피망이라면 꼴도 보기 싫어지는 게 아닐까 걱정도 되었다. 그렇지만 이른 아침 논으로 나가 한바퀴 휘 둘러보고, 출근 전에 다시 밭에 들러 바가지로 채소에 물을 준 뒤에야 자전거로 출근하는 식으로, 오전 내내 쉬지 않고 몸을 움직이니 점심시간만 되면 배에서는 자연 꼬르륵 합창이 야단이다. 그런 판국이니 매일 같은 반찬이라도 꿀맛처럼 맛있을 수밖에! 시장이 반찬이라는 말은 진리다!

그러고 보면 진정한 쾌락이란, 사실 불쾌(不快)와의 경계선에 존재한다는 것을 깨닫게 된다. 현대인은 평소에 지나치게 쾌적하고 편리한 생활을 영위하고 있기 때문에, 쾌락을 느끼지 못하게 된 것은 아닐까? 이는 일종의 불감증이라고 할 수도 있다.

설령 불편을 즐기고 싶어도 환경이 허락하지 않는 경우도 있다.

이런 기획을 시작한 이상, 올 여름은 우리집 에어컨 사용을 전면 금지하려고 했다. 결국 그 계획은 실패로 끝나고 말았는데, 그것은 우리집이 후쿠오카 공항의 소음방지대책으로 에어컨과 환풍기 설치를 지원하는 지역에 있다는 환경 때문이다. 그러니 낮 동안 창문을 열어놓는다는 것은 비행기의 소음을 감내하지 않으면 안 된다는 것을 뜻한다.

거기다 인구급증 현상이 두드러지는 지역이면 나타나기 마련인 변태들이 빈번하게 출몰하고 있다는 현실. 이번 여름에도 큰애가 다니는 초등학교의 보호구역내에서 몇 번이나 불미스런 사건이 터져 긴급 학무모회의가 열렸을 정도다. 우리집 큰애도 작년에 두 번이나 변태의 외설스런 행동에 크게 놀란 적이 있었다. 그 중 한 사람은 흙 묻은 발로 집 안까지 쳐들어오기도 했다. 나를 빼고는 여자들뿐인 우리집에서 내가 없을 때면 위험해서 문은 고사하고 창문조차도 제대로 열어놓을 수 없는 것이 현실이다. 문과 창문을 꼭꼭 닫아놓고 에어컨도 틀지 못하게 한다는 것은 무더운 여름에 사랑하는 가족을 찜통 속으로 몰아넣는 것이나 다를 바 없는 일이다. 그래서 비행기의 이착륙이 없고, 또 내가 집에 있는 밤 동안에만 에어컨을 켜지 않고 창문을 열어두기로 했다.

달걀과 식초와 식용유를 이용해서 7월까지 집에서 직접 만들어 먹었던 마요네즈를 8월부터는 생협에서 사먹도록 했다.

최근, 생 달걀의 살모넬라균 오염과 식중독이 문제가 되었다. 특히 미국의 경우 많은 가정에서 생 달걀을 이용해 마요네즈나 밀크쉐이크를 만들어 먹기 때문에 그 발생률이 높다고 한다. 공장에서 생산되는 마요네즈는 달걀의 노른자를 풀어 만든 액란(液卵)을 저온에서 살균 사용하므로 안전하지만, 집에서는 저온살균이 불가능하기 때문에 아무래도 균이 침투할 가능성이 높다.

달걀 하나에 함유된 균은 미세하다고 해도, 마요네즈는 한번 만들어다 먹기까지 적어도 한 달은 걸리기 때문에, 그동안에 균이 증식할 가능성이 있다. 균에 오염되지 않은 달걀을 얻으려면 감염되지 않은 닭을 집에서 키우는 수밖에 없는데, 그것까지는 아무래도 불가능한 일이다. 결국 가족의 안전을 위해 집에서 마요네즈를 만들어 먹는 일은 단념할 수밖에 없었다.

문득 깨달은 바가 있다. 불과 몇 년 전까지만 해도 에어컨을 가지고 있

여름, 맑고 깨끗한 강에서 맘껏 물놀이를 즐긴다. 지금은 대단한 사치가 되어버렸다.

던 집은 극소수에 불과했기 때문에, 에어컨을 갖게 된다는 것은 그야말로 호사스런 일이었다. 그랬던 것이 지금은 어디를 가나 에어컨이 없는 곳이 없다. 그런가 하면 도시화의 급진전으로 예전에는 흔해빠졌던 '정숙이나 안전'이라는 것이 이제는 희소가치를 갖게 되었다. 그래서 여름에 에어컨을 트는 대신 창문을 열어둘 수 있을 만큼 조용하고 치안에 문제가 없고, 게다가 시원한 바람까지 불어오는 녹지가 펼쳐진 곳에 집을 짓는 것이 지금에 와서는 오히려 사치고 호사가 되었다.

마요네즈도 그렇다. 파는 것을 사면 아무런 희소가치도 없다. 반면 마요네즈를 집에서 만든다면, 여러 가지 종류의 식초나 기름을 섞어 세상에 단 하나밖에 없는 우리집만의 맛을 만들 수 있다. 하지만 살모넬라균 오염이 전세계를 위협하는 지금, 식중독에 대한 불안 없이 손수 만들어 먹을 수 있는 환경을 잃어버리면서 그것 또한 하나의 사치가 되고 말았다.

정숙이나 안전, 그리고 녹지 …… 옛날에는 넘칠 만큼 많아서 아무 수고 없이도 구할 수 있던 것이 지금에 와서 하늘의 별 따기가 된 것은, 그밖에도 깨끗한 물과 공기, 넓은 공간, 헤엄칠 수 있는 강, 하늘의 별 등이 있다. 어쩌면 무더운 여름 같은 계절감도 그 중의 하나일지 모르겠다.

물만 보더라도 수돗물은 말할 것도 없고, 깨끗하고 맛있다고 믿었던 지하수마저 발암성 유기용제나 화학비료에 의한 초산염 등이 함유되어 있어, 더이상 음료수로는 적합하지 않게 되어가고 있다. 그리고 깨끗하고 맛있고 안전한 물이 희소가치를 갖게 되자, '○○의 맛있는 물' '○○천연 미네랄워터' 같은 페트병에 들어 있는 물이 상품으로 유통되기 시작했다. 수도꼭지에 다는 가정용 정수기도 놀랄 정도로 보급되어 있다.

마찬가지로, 수영할 수 있는 강이 주변에서 사라지기를 기다렸다는 듯이 여기저기 유료 수영장이 출현했고, 여름에도 창문을 열어둘 수 없게 되고 창문을 열어도 조금도 시원하지 않은 환경이 되자, 에어컨이 일반가정에 보급되어 갔다.

사회가 소비화되어 간다는 것은 이런 것이다. 수영장 출현으로 사람들은 강이 오염되어도 아무런 위험을 느끼지 못하게 되었고, 에어컨의 보급으로 조용함이나 치안, 녹지 등의 환경은 더이상 필수품이 아니게 되었다. 그로 인해 소비화는 한층 더 속도를 더해가고 있다.

이렇게 가다가는 자칫, 꽃가루나 실내 먼지 등의 알레르겐이나 배기가스 등의 유해물질이 함유되지 않은 '○○의 맛있는 공기'나, 땅에서가 아니라 공장에서 생산해 다이옥신 오염의 걱정이 없는 채소와 과일, 유기 농어 등 환경호르몬을 함유하지 않은 인공해수에서 양식된 '안전한 생선'이 상품화될 날이 언젠가는 오게 될지도 모를 일이다.

실제 오존층 파괴로 유해 자외선의 증가해, 여름 햇볕에 조금만 그을려도 피부암에 걸릴지 모른다는 우려하지 않으면 안 되게 된 오늘날, 노출된 피부의 자외선 양을 측정하는 기구가 일반 슈퍼마켓에서도 팔리기 시작했다. 기계로 안전하고 아름답게 피부를 태워준다는 뷰티크도 성행하고 있다.

공짜 아니면 값싸게 얻을 수 있었던 것들이 상품으로 둔갑하면서 값비싸게 거래되고 있기 때문에, GNP나 GDP가 증가하는 것은 당연하다. 이 통계수치만 보면, 확실히 인간은 풍요롭다. 그런데 그것이 과연 진짜 풍요로운 생활일까?

지금까지처럼 사회의 소비화를 지속시킬 것인가, 아니면 현대에 와서 희소가치를 갖게 된 것들을 다시 이전으로 되돌릴 것인가? 어느 쪽이 진정한 풍요로움을 위한 길일까를, 신중하게 생각해야 할 갈림길에 우리는 서 있다. 무더운 여름을 이겨낸 올 여름의 끝 자락에 서서, 가을 바람이 그 어느 때보다 간절히 기다려진다.

냉장고는 위대했다!

"얼음이 녹아서 냉동실이 물난리가 났어요!"

8월 22일 아침, 사건현장을 발견한 큰애가 놀라 소리쳤다.

누가 문을 제대로 닫지 않았나 보다고 생각하고, 온도조절기를 강으로 돌리고는 얼마 동안 문을 열지 못하도록 가족들에게 주의를 주었다.

그리고 저녁 무렵, 이제 괜찮겠거니 하고 냉동실 문을 열었는데, 글쎄 아침보다 더한 참상이라니! 거기다 냉장실과 채소 보관실까지도 미지근한 공기에 점령된 상태였다. 그때서야 냉장고가 고장이 났다는 것을 알았다.

단골 전기수리상에 왕진을 부탁한 결과, "공기압축기가 맛이 갔는데요!

수리는 무리일 것 같습니다"라는 진단. 공사와 수리가 전문이라 달리 점 포를 가지고 있지 않은 그는, "제가 주문을 하게 되면 4~5일은 걸리게 될 테니, 판매점에서 사시는 게 좋을 것 같은데요"했다.

그는 지금까지 나의 무리한 부탁으로, 폐기처분 직전에 처한 우리집 가전 제품을 여러 번 수리해 준 은인이다. 그런 은혜(!)에 보답하는 의미에서 그에 게 주문을 해두고, 며칠 동안 냉장고 없는 불편을 즐겨볼까 하는 생각을 안 한 것은 아니다. 하지만 아내가 새파랗게 질린 얼굴로 "지금 당장 냉장고 사 러 가요!" 하는 데야 나도 어쩔 수 없는 일이었다.

우리집에서는 이 기획을 시작하면서부터, 매주 한번씩 생협에서 공동구 매로 식료품의 대부분을 일주일 분씩 배달해 먹고 있다. 공교롭게도 냉 장고가 고장 난 바로 전날이 그 배달하는 날로, 냉장고에는 일주일 분의 채소와 과일 등이 가득 들어 있었다. 때는 한여름! 이대로 두었다가는 일 주일 분의 양식이 쓰레기가 돼버리고 말 것이다. 아내가 내 생각에 질겁 하는 것도 당연하다!

결국 그날 에너지 절약형 냉장고를 사기는 했지만, 문닫을 시간이라 배달 은 다음날로 미뤄졌고, 배달시간도 확신할 수 없다고 한다. 그때까지 어 떻게든 식품이 상하지 않도록 보관하지 않으면 안 된다.

일단 슈퍼마켓에서 얼음을 잔뜩 사다가, 고장 난 냉장고에 넣었다. 그 리고 생선과 도시락용 냉동식품 등을 튀기거나 절여두었다. 닭고기는 소 금과 후추를 뿌려 구워두고, 두부와 우유에는 열을 한번 가해두고……

이 무더운 날 한바탕 씨름을 끝내고 시계를 보니, 시계바늘은 밤 11시를 갓 지나고 있었다.

자, 수확의 계절이다
농민의 피가 들끓는다!

실행 중인 불편

- 자전거 통근
- 제철채소나 과일이 아닌 것, 수입과일, 컵라면, 쇠고기, 돼지고기를 먹지 않는다
- 커피, 홍차를 마시지 않는다
- 된장, 매실장아찌를 집에서 만들어 먹는다
- 자동판매기 물건을 사지 않는다
- 엘리베이터, 이불건조기, 다리미, 무선전화기, 티슈, 샴푸, 린스, 식기용 세제를 쓰지 않는다
- 도시락과 물통 갖고 다니기
- 사용한 알루미늄 호일은 씻어서 재활용한다
- 목욕하고 남은 물은 대야로 세탁기에 퍼 담는다
- 목욕은 원칙적으로 격일제
- 병, 우유팩, 일회용 접시는 버리지 않고 재활용한다
- 음식찌꺼기는 퇴비로
- 열아홉 가지의 채소와 두 가지의 과일을 무농약으로 재배
- 쌀을 무농약으로 자급한다
- 고장이 나면 수리해서 쓴다
- 원칙적으로 잔업을 하지 않는다

유월에 모내기를 하고 오리새끼 열 마리를 풀어놓았던 우리 논 100평은, 태풍과 땡볕에도 불구하고 별 탈 없이 잘 자라주었다. 오리들의 효과는 예상 보다 커서 농약을 일절 사용하지 않았음에도 불구하고 잡초 하나 자라지 않았고, 병충해도 혹명나방 때문에 벼 잎의 끝자락이 조금 탄 것 말고는 별다른 피해는 없었다.

초등학교 5학년인 큰딸이 여름방학 숙제인 자유연구를 위해, 오리농법을 하는 우리 논과 그 아래 농약과 제초제를 사용했던 보통 논의 물을 현미경으로 비교 관찰한 적이 있다. 나도 한번 들여다본 적이 있는데, 오리농법의 논에는 잠자리 유충이나 물벼룩, 짚신벌레, 윤충류, 연두벌레 등 다양한 생물들이 말 그대로 무수하게 꿈틀거리고 있었다. 반면 보통 논의 물에는 극소수의 식물 플랑크톤이 떠 있을 뿐이었다. 너무나 큰 차이에 눈이 다 휘둥그래질 정도였다. 농약을 사용하지 않는 무논이 얼마나 튼튼한 기초생산력을 가지고 있는지 판명되는 순간이었다. 왜 유독 우리 논에서만 그렇게 많은 잠자리들이 난무했었는지, 그 이유를 알 것 같았다.

벼 베기 2주 전쯤에 논의 물을 빼는데, 배수구 근처에서 몸길이 20센티미터 정도는 됨직한 붕어가 여러 마리 폴짝거리고 있는 것을 발견했다. 용수로를 통해 들어온 치어들이, 우리 논의 풍부한 미생물을 잡아먹으면서 그만큼 성장한 것이다. 팔짝팔짝 날뛰는 붕어들의 빛나는 비늘의 감촉을 음미하면서, 농약이 등장하기 전 농지 생태계의 넉넉함을 그려보았다.

농약은 확실히 노동절약적이고 수확량의 증가도 가져다주었다. 하지만, 그것과 맞바꾼 대가로 농촌이 잃어버리게 된 것은 이루 헤아릴 수 없을 정도다. 농약을 일절 사용하지 않고도, 나 같은 아마추어 농사꾼이 프로 못지 않은 수확량을 얻을 수 있는 오리농법이야말로, 잃어버린 것을 되돌려줄 유력한 수단이라는 확신이 들었다. 물론 오리 돌보기나 전기 철조망 치기 같은 수고가 농약을 치는 것보다 더 힘든 작업일 수도 있다. 그러나 살아 있는 생물을 위한 그러한 노동은 상당한 즐거움이다. 이 즐거움이 고되고 힘들기만 한 농약살포 작업과 결정적으로 다른 점이다. 노동이 여가가 될 수도 있다!

벼 베기는 가을비 전선이 잠시 소강상태에 들어간 틈을 타서, 9월 27일에 하기로 했다.

도와준 분들은 일곱 분. 장인 장모님과 회사동료인 후루카와, 큰딸의 친구인 하마시마 양이 모내기에 이어 이번에도 어김없이 도와주러 와주었다. 이 네 명 말고 카고시마에 사는 카누이스트인 노다 토모스케 씨와 그의 사무실에서 일하는 타케우치 타카코 씨, 거기에 이 르포의 애독자로 후쿠오카 현 쿠루메 시에서 사법연수 중인 예비 변호사 오오타 요시히코 씨, 이렇게 세 분이 새롭게 동참했다. 노다 씨는 그 전날 밤 열렸던 카나가와 사가미댐 건설의 반대집회에 참가했다가, 이날 아침 일찍 비행기로 날아와 주었다. 그는 집회 참가자들과 새벽 4시까지 얘기를 나누느라 거의 잠을 못 잤노라고, 벼 베기를 끝낸 후에야 빨개지고 움푹 들어간 눈으로 말했다.

열흘 전쯤, 전화로 벼 베기 예정일을 말하자 노다 씨는,

"27일? 좋아, 좋아! 낫으로 벼 베기라, 재미있을 거 같은데! 꼭 가도록 할게요. 소풍가는 마음으로 놀러 가면 되겠죠?" 하고 흔쾌히 말했다. 그래서 나도 "그럼 기다리겠습니다!"라고 가볍게 대답했는데 사정을 알면 내가 미안해할까 싶어 일부러 말하지 않았던 것이다. 그제서야 고개를 들지 못할 정도로 미안해하는 나에게 그는 웃으면서 이렇게 말했다.

"우리 두 세대 전까지만 해도 모두가 농부였잖아요? 그래서 이러이러한 농사일을 한다 하면, 모두 팔을 걷어붙이지 않고는 못 배기지! 아마도

몸 속에 흐르는 농부의 피가 들끓는 거겠지."

이런 분들과 함께 떠들썩하게 웃으면서 일을 한다는 것은, 몸도 마음도 더없이 상쾌한 일이다.

낫으로 한 주먹씩 벼를 베는 작업은 오전 11시 경에 끝나고, 내친김이라고 볏단을 묶는 작업에 들어갔다. 햇볕에 말리는 것이 건조기로 말리는 것보다 훨씬 맛이 좋다는 이야기를 들은 터라, 나락은 처음부터 햇볕에 말릴 생각이었다.

자연건조는 세 개의 대나무를 삼각대 모양으로 엮어 만든 양쪽 버팀대에 긴 장대를 걸치고 그 위에 볏단의 이삭 부분이 밑으로 향하게 걸어놓는 것이 일반적인 방법이다. 하지만 그렇게 하려면 대나무가 경운기 한 대 분량은 있어야 한다. 대나무 밭이 없는 나로서는 그만큼의 대나무를 구하기가 쉬운 일이 아니다. 고민하고 연구한 끝에 볏단을 묶을 때 이삭 바로 밑부분을 묶어, 인디언들의 티피처럼 원추형으로 밑단 부분을 넓게 벌려 땅에 세워서 말리기로 했다.

"정말 괜찮을까?"

거기 있던 모든 사람들이 한결같이 근심스러운 듯 물었다. 그래도 나는 자신이 있었다. 그건, 그런 식으로 탈곡 후의 볏짚을 논에 세워둔 것을 본 적이 있었기 때문이었다. 하지만 탈곡 후의 볏짚과는 달리, 이삭이 그대로 달려 있는 벼는 당연히 머리가 무겁다. 그런데 나는 그것을 계산에 넣을 생각을 하지 못했다.

볏단을 세우고 있는 동안에도 조금씩 모양이 무너지기 시작했기 때문에 불길한 예감이 없었던 것은 아니었다. 그런데 그날 밤 11시가 지날 무렵, 셔츠를 논에 두고 왔다는 걸 알고 가지러 나갔다가, 나는 그만 기절할 뻔했다. 세워두었던 볏단들이 하나같이 허망하게 쓰러져 있는 것이 아닌가? 설상가상으로 뚝! 뚝! 비까지 내리기 시작했다. 이삭이 물에 잠겨버

벼 베기에 동참한 사람들.

리면 금세 싹이 나고 말 것이다. 나는 쓰러진 볏단을 한데 모아 원형으로 스크럼을 짜듯이 쓰러지지 않게 세워둔 후, 자정이 한참 넘어서야 흠뻑 젖은 몸을 이끌고 집으로 돌아왔다.

비가 그친 다음날 아침, 나는 다시 논으로 나갔다. 볏단들을 그렇게 한데 밀집시켜 두었다가는 벼가 마르기는커녕 썩어버릴 것이 뻔하기 때문에, 볏단을 한 단 한 단 다시 세워둘 필요가 있었다. 볏단과 악전고투를 벌이고 있는데, 노다 씨와 타케우치 씨가 수십 개의 가는 대나무를 차에 싣고 찾아왔다.

실은 전날 벼 베기를 마치고 돌아가는 길에 노다 씨는 "내일 형 집에 가니까, 한 30개 정도 가는 댓가지라도 잘라가지고 올게요. 그거라도 땅에 꽂아 버팀목으로 쓰면 더 낫지 않을까?"라고 말했다. 안 그래도 바쁜 그에게 거기까지 폐를 끼칠 수는 없다는 생각에 "괜찮습니다. 제가 어떻게든 해 볼게요"라고 말렸건만, 요령이라고는 영 없는 나의 천성을 잘 알고 있는 그로서는, 어쩌면 지금의 내 모습을 이미 예상하고 있었는지 모른다.

"지난 밤 장대비 때문에, 한숨도 못 잤죠?" 웃으며 차에서 내리는 타케우치 씨. 어떻게 그렇게 잘 알고 계실까!

그 두 분 덕분에, 반나절 만에 볏단을 다시 단단히 묶어 인디언 티피 모양으로 세우고, 그 볏단 가운데 부분을 가는 댓가지로 받쳐두는 작업을 마칠 수 있었다.

그런데 이것으로 이제 안심이라고 좋아한 것도 잠시! 이틀 뒤 큐슈로 접근해온 태풍으로 절반이 넘는 볏단이 쓰러지고, 다시 쫓기듯 세우는 작업을 하지 않으면 안 되었다.

이렇게나 고생을 했건만! 벼 베기 후 처음으로 맑은 가을하늘이 펼쳐졌던 10월 2일 아침, 논에 나가 벼 이삭을 만져보니 볏단 안 쪽의 이삭이 습기가 차서 눅눅해져 있는 게 아닌가?

정말이지 하늘이 무너지는 것 같았다. 역시 땅에 세워서 말리는 것은 무리였다. 이대로 방치해둘 수도 없는 일, 그렇다고 어디 가서 경운기 한 대 분량의 대나무를 구한단 말인가?

머리를 쥐어짜고 짜도 뾰족한 수를 찾지 못해 고심하고 있는데, 다시 도움의 손길이 나를 향해 뻗어왔다. 논 앞에 있는 배관공사업자가 다 쓴 파이프라면 얼마든지 사용해도 좋다고 허락해준 것이다. 그 즉시 대나무 대신 염화비닐의 파이프로 삼각대를 짜고, 그 위에 길이 5~7미터 가량의 두꺼운 파이프를 양쪽으로 걸치고 볏단을 거꾸로 매다는 작업에 돌입했다. 벼 이삭이 아래로 향하도록 걸어두어야 했기 때문에, 이삭 바로 밑부분을 묶어두었던(나의 어리석은 아이디어로!) 묶음을 풀고, 이번에는 밑단을 묶는 작업을 하는데 애를 먹었다. (제 꾀에 제가 넘어간다는 말은 바로 이런 경우를 두고 하는 말인가?)

아침부터 거의 쉬지도 않고 계속 일했건만, 이 작업이 끝난 것은 밤 아홉 시 반. 사용한 파이프는 총 84개. 기운이 다 빠져서, 집에 돌아오자마자 쓰러져 잠이 들었다. 다음날 아침에 일어나니, 왼손의 새끼손가락이 굽어지지 않을 지경이었다.

고생은 그것으로 끝나지 않았다. 6일 아침, 열두 쌍의 건조대 중 일곱 쌍이 무너져버렸다. 전날 밤에 불었던 돌풍 짓이었다. 다음날인 7일도 두 쌍의 건조대가 쓰러졌다. 노다 씨가 가져다 준 가는 댓가지를 짧게 잘라서, 쐐기 대신으로 땅에 박아 건조대의 다리부분을 노끈으로 묶어 고정했다. 그때서야 비바람과의 오랜 싸움에 종지부를 찍을 수 있었다.

물에 잠긴 볏단을 파이프에 옮겨 걸면서, 나는 하마터면 엉엉 울어버릴 뻔했다. 내 어리석고 안이한 생각이 한심하고 비참하게 느껴졌던 때문이다. 기계화 빈곤이라고 놀림을 당하면서도, 농가들이 빠짐없이 콤바인이나 건조기를 구입하는 이유를 알 것 같았다. 기상조건에 따라 한해 농사가 좌우되는 농가에서는, 적어도 비바람의 피해만이라도 피하고 싶은 바람은 당연한 것이다. 그런 소박한 바람을 그 누가 비난하고 부정할 수 있다는 말인가? 주말쯤, 초대형 태풍이 닥쳐올 확률이 높다는 일기예보를 듣고, 논밭을 빌려주고 있는 이토 영감님께 무리한 부탁을 드려서, 14일 서둘러 탈곡을 했다.

수확량은 나락이 240킬로그램, 즉 세 가마다. 방아를 찧더라도 두 가마 정도는 될 것이라는 말씀! 100평이 못 되는 논에서 세 가마의 수확이라면, 300평이면 아홉 가마. 쌀 재배에 난생 처음으로 도전한 내가, 단번에 아홉 가마 수확에 성공한 것이다. 쌀을 무농약으로 자급한다는 목표도 완벽하게 달성했다.

크크크 쿡! 하하하! 하하하 하하하 …… 한번 터진 웃음은 좀처럼 가라앉을 줄 몰랐다.

마지막 시련에 몸부림치며 고생했던 것이, 그 기쁨을 몇 배로 키워주었다는 것은 의심할 여지가 없었다. 9회 말 투아웃 상황에서 역전 만루홈런! 고생 끝에 맛보는 이 기쁨과, 앞에서 말한 농부들의 소박한 바람이 균형 있게 양립하는 것. 그것이 바로 가장 이상적인 농촌의 모습이 아닐까 싶다.

무농약 재배와 자연 건조로 자급자족하게 된 쌀이, 우리집 식탁에 오를 날도 머지 않았다!

도시락 싸기의 쾌감

스포츠의 계절 가을, 수확의 계절 가을, 독서의 계절 가을 …… 가을 하면 여러 가지 수식어가 떠오르지만, 그 무엇을 하든 빠지지 않는 것은 도시락. 더구나 가을에는 또 하나의 빼놓을 수 없는 수식어가 있다. 바로 '식탐의 계절 가을'이다. 이 계절에 인간의 위의 용량은 고무풍선처럼 늘어나니 불가사의다! 그래서 또 가을은 '도시락의 계절'이기도 하다.

유치원에 다니는 둘째와 나의 도시락을 거의 매일 아침 싸고 있기 때문에, 한두 사람의 도시락이라면 말 그대로 뚝딱할 사이에 끝낼 수 있다. 하지만 수량이 많아지면 그렇게 간단하게 끝낼 수 있는 문제가 아니다. 9월 23일에 있었던 둘째 아이의 운동회를 시작으로, 27일이 벼 베는 날, 10월 4일은 큰아이의 운동회. 그러니 나로서는 자연, 휴일마다 대량 도시락 싸기 행사를 치러야 했던 셈이다. 학부모회의의 지역위원까지 맡고 있어서, 운동회 당일은 이른 아침부터 지역별 텐트 치는 것을 돕지 않으면 안 되었기 때문에, 느긋하게 도시락을 싸고 있을 시간적 여유가 없었다. 그래서 어쩔 수 없이 그날은 새벽 세 시부터 아내와 둘이서 도시락 싸기 합동작전을 벌여야만 했다.

가장 큰 도시락 싸기 행사는 27일의 벼 베는 날이었다. 인원만도 무려 어른 여덟 명에 초등학생 두 명, 거기다 유치원생 한 명까지, 총 열한 명의 배를 채워줄 도시락을 만들지 않으면 안 되었다. 어른은 텐트 안에 앉아 구경하기만 하면 되는 운동회와는 달리, 벼 베기는 여간한 중노동 못지않게 에너지 소비를 필요로 하는 일이다. 그런 노동 후의 식사인 것이다. 어느 정도의 식사를 준비해야 할지, 도저히 감이 잡히지 않았다. 남길 각오로 넉넉하게 밥을 하고, 초밥과 고모쿠메시(五目飯, 생선이나 야채를 넣어 지은 밥)를 만들어 그것으로 주먹밥을 만들기로 했다. 우리집 밥솥이 작은 탓에, 결국 세 번으로 나누어서 밥을 지어야 했다. 완성된 주먹밥은 총 50개. 국물로는 7리터짜리 냄비 가득 된장국을, 반찬으로는 밭에서 딴 애호박으로 만든 호박볶음, 생선튀김, 역시 밭에서 딴 오이를 소금에 버무린 오이무침 등. 그리고 3리터짜리 주전자로 세 번이나 끓여 만든 8리터 분량의 보리차.

"뭐가 이렇게 많아? 이걸 언제 다 하냐?"

아내와 둘이서 이렇게 투덜거리며 만든 도시락이지만, 말과는 달리 왠지 가슴이 뭉클한 설렘 같은 뭔가가 있었다.

그리고 드디어 점심시간. 주먹밥은 꽤 남았지만, 된장국은 그날 최고의 인기 메뉴로, 냄비가 거의 바닥을 드러낼 정도였다. 이만하면 도시락 싸기 성공!

11월 불황도 나쁘지 않지?
갖고 싶은 것이 사라졌다!

실행 중인 불편

- 자전거 통근
- 제철채소나 과일이 아닌 것, 수입과일, 컵라면, 쇠고기, 돼지고기를 먹지 않는다
- 커피, 홍차를 마시지 않는다
- 된장, 매실장아찌를 집에서 만들어 먹는다
- 자동판매기 물건을 사지 않는다
- 엘리베이터, 이불건조기, 다리미, 무선전화기, 티슈, 샴푸, 린스, 식기용 세제를 쓰지 않는다
- 도시락과 물통 갖고 다니기
- 사용한 알루미늄 호일은 씻어서 재활용한다
- 목욕하고 남은 물은 대야로 세탁기에 퍼 담는다
- 목욕은 원칙적으로 격일제
- 병, 우유팩, 일회용 접시는 버리지 않고 재활용한다
- 음식찌꺼기는 퇴비로
- 열일곱 가지의 채소와 두 가지의 과일을 무농약으로 재배
- 쌀을 무농약으로 자급한다
- 고장이 나면 수리해서 쓴다
- 원칙적으로 잔업을 하지 않는다

10월 16일, 그때까지 건강했던 여섯 살짜리 둘째가 아침부터 잦은 기침을 했다. 탈곡을 끝낸 이틀 후, 태풍 10호가 중국 동쪽의 태평양 연안으로 북상하면서, 천천히 큐슈 부근으로 다가오고 있다던 날의 일이다.

아동천식이라는 지병을 가진 둘째는, 지금까지 태풍이 오면 '반드시'라고 해도 좋을 만큼 매번 발작을 일으켰다. 폭풍이 휘몰아치는 어둠 속을 아이를 업고 뛰어가, 그대로 입원을 시킨 적도 있다. 이번에도 불길한 예감은 그대로 적중했다. 약을 먹여도 기관지 확장제를 흡입하게 해도 기침은 멈추지를 않더니, 결국 그날 밤 입원까지 하게 되었다. 천식뿐만 아니라 폐렴까지 겹쳤다고 했다.

둘째 아이의 입원은 이번이 여덟 번째다. 채소를 무농약으로 직접 재배하고, 생협의 공동구매로 제철 식품만을 사용하는 불편한 생활 덕분에, 잘하면 아이의 천식이 좋아져서 올해는 입원하지 않아도 되지 않을까 하는 기대를 내심 하고 있었는데, 현실은 그렇게 만만하지 않았다. 다만 이번에 아이가 입원하면서 다른 뜻에서 불편의 장점을 맛볼 수 있었다.

코에는 산소호흡관, 팔에는 링거 주사기를 꽂은 둘째 아이는 의식을 잃은 듯 잠들어 있는 시간이 많았기 때문에, 부모 중 한 사람이 아이 곁을 지키고 있지 않으면 안 되었다. 집이 직장이기도 하고 사원은 한 사람뿐인 히토요시 통신부에 근무하던 삼 년 전만 해도 비교적 시간을 자유롭게 활용할 수 있었기 때문에, 낮 동안 아이를 지키는 아내와 교대해 밤 동안은 내가 아이 곁을 지킬 수 있었다. 그런데 지금의 직장으로 옮기면서부터는 일 때문에 거의 모두를 아내에게 맡기는 형편이었다. 겨우 주말에나 아내를 대신해서 아이 곁에 있어주는 것이 고작이었다. 그런데 '가능하면 잔업을 하지 않는다'는 '즐거운 불편'의 항목 덕분에 매일 저녁 일곱 시쯤이면 퇴근을 해 여유롭게 아내와 교대할 수 있었다.

8일 동안 입원이었는데, 토요일과 일요일은 하루 종일 아이와 함께 보

딸아이들과 고군분투한 결과, 20킬로그램 이상의 고구마를 캐낼 수 있었다.

내고, 평일에도 밤시간은 아내를 대신해 내가 아이 곁을 지켜줄 수 있었다. 그 사이 아내는 집에서 열한 살짜리 큰딸과 함께 지내는데, 그러면서 피곤도 풀고 큰애의 욕구불만도 어느 정도 풀어줄 수 있었다. 둘째 딸도 매일 아빠 엄마가 돌아가며 간호를 해주니 기분은 좋은 모양이다. 내가 조금 잠이 부족해진 것만 빼면, 상당히 이상적인 간호를 할 수 있었다.

전날 도서관에서 빌려와 읽은 『모계소비─만족의 경계 그 미래』(츠지나카 토시키 지음)라는 책에 흥미로운 데이터가 실려 있었다. 1985년경까지는 경제성장과 국민 생활의 만족도는 정비례 관계에 있었는데, 1989년 이후로는 1인당 실질 GDP의 성장이 커지면서 생활만족도가 떨어지고, GDP의 성장이 둔해질 때 오히려 만족도가 상승하는 경향을 띠게 되었다는 것이다. 즉 생산활동이 왕성하고 소득이 증가했을 때 만족도가 높아지는 것이 아니라, 생산활동은 침체되더라도 노동시간에 여유가 생겼을 때 만족도가 상승한다는 말이다.

물질이 국민전체에게 이미 충분하게 보급되자, 이제는 물질을 사기 위한 돈보다 자유롭게 사용할 수 있는 시간을 더 절실하게 요구하게 되었다는 뜻일 것이다. 4년쯤 전, 어느 강연회에서 미즈마타 병의 연구로 잘 알려진 당시 쿠마모토 대학의 하라다 마사즈미 씨와 자리를 같이할 기회가 있었다. 그때 버블경기 붕괴 이후의 불황이 대기실에서 화제거리로 떠올랐다. 그때 하라다 씨는 아주 만족스러운 얼굴로 이렇게 말했다.

"나는 이번 불황이 아무래도 지금까지와는 질이 다른 불황이라는 생각이 듭니다. 국민의 의식이 바뀌고 있으니까요. 이미 이전과 같은 호황기는 다시 오지 않을 것 같단 말입니다!"

아마도 사람들의 지향하는 바가 물질이나 돈에서 마음의 여유로 바뀌었다는 것을, 그때 하라다 씨는 이미 알고 있었던 게 아닐까? 그 이후 그의 말처럼, 경기는 회복될 기미는커녕 오히려 후퇴를 계속해오고 있는 실정이고, 아직도 그 출구를 찾지 못하고 있다.

이 대불황을 어떻게 극복할 것인가? 이것이 현재 사람들의 최대 관심사다. 그런데 한 가지, 불황이라는 것이 그렇게 나쁘기만 한 것일까? 나라가 빚을 내서까지 지역진흥권(1999년 소비 확대를 통해 경기를 활성화시켜 보겠다는 복안으로 일본 정부가 15세 미만 65세 이상의 국민들에게 공짜로 나눠준 3만 엔 상당의 상품권. 결과는 실패였다. — 옮긴이)이라는 이름의 상품권을 뿌려가면서 국민들의 소비를 부추기도록 하려는, 정상궤도를 벗어난 정책으로 치닫기 전에 먼저 신중하게 생각해볼 필요가 있었던 건 아닐까?

원래 불황이란 물건이 팔리지 않는 상황을 말한다. 왜 물건이 팔리지 않게 되었을까? 당연한 얘기지만 그것은 사람들이 물건을 사지 않기 때문이다. 그렇다면 왜 사람들은 물건을 사지 않게 되었을까? 그것은 살 필요가 없고, 사고 싶은 것이 없기 때문이다. 그렇다면 왜 살 필요가 없고, 사고 싶은 것이 없을까? 그것은 이미 충분히 가지고 있기 때문이다.

내구소비재가 모든 가정에 전파되어 더는 필요한 것, 갖고 싶은 것이 없어졌다는 현상은 결코 나쁜 일이 아니다. 오랜 세월의 경제성장 결과, 드디어 사람들이 그 정도의 풍요로움을 누릴 수 있게 되었다는 뜻이기 때문에, 오히려 기뻐해야 마땅한 일이 아닐까? 지구 환경시스템의 허용량을 고려해 보더라도 이것은 환영해 마땅한 일이다. 다만 이런 성숙사회에서는 이전처럼은 물질이 팔리지 않을 것이기 때문에, 필연적으로 경제는 저(低)성장, 마이너스 성장이 되지 않을 수 없다.

이 시점에서 반드시 짚고 넘어가야 할 것은, 물질이 팔리지 않으면 당연히 만들 필요도 없다는 점이다. 만들 필요가 없으면, 또 일하지 않아도 좋다는 결론이 된다.

경제성장 과정에서 일시적 불황이 오면 이러한 잉여노동시간은 인원삭감 등으로 일부 사람들의 노동을 모두 없애는 형태로 해소하곤 했다.

국민총체적인 면에서 보면, 아직 갖고 싶은데 갖지 못한 것들이 많이 남아 있어서 노동자의 소득을 낮출 수 없었기 때문이다. 그런데 일시적으로 실업자가 된 사람들의 노동시간은 사람들이 아직 손에 넣지 못한 물건의 생산이 확대됨에 따라, 결과적으로 그곳에 흡수되었다. 그러한 의미에서 그런 부당한 잉여노동의 해소법도 정당화될 수 있었던 것이다.

하지만 성숙사회에서는 상황이 다르다. 이미 더이상 원하는 물건이 없기 때문에, 실업자를 받아줄 구원의 손길을 이제는 기대할 수 없다. 이런 상태에서 지금까지와 같은 잉여노동의 해소법을 취한다면 조직이 살아남을 수나 있을지. 말 그대로 사활이 걸린 문제가 될 것이고, 조직에 대한 헌신경쟁이 지금 이상으로 격심해질 것이다. 그 결과, 조직에서 내던져진 사람뿐만 아니라, 남아 있는 사람도 분골쇄신 일에만 매달려 살아야 할 운명으로, 인간적인 생활과는 동떨어진 생활을 어쩔 수 없이 하게 된다.

지금 국민들이 불안해하는 것도, 사회전체가 그런 살벌한 방향으로 내달리고 있음을 자각하고 있기 때문이다. 만일 이러한 상황을 지금까지와 같은 방법으로 타개하려 한다면, 남은 길은 불을 보듯 뻔하다. 아마도 전쟁과 같은 인위적인 파괴행위로 인간은 최악의 결핍상태에 빠지게 될 것이다. 그것만큼은 무슨 일이 있어도 막아야 한다. 그러기 위해서 대담한 발상의 전환이 필요하다.

이 시점에서 다시 한번 왜 물질이 팔리지 않는지를 생각해 보자. 물질이 팔리지 않는 것은 살 필요가 없고 사고 싶은 물건이 없기 때문이었다. 즉 사지 않아도 되니까 물건이 팔리지 않는 것이다. 사지 않아도 된다는 것은 돈은 이제 그다지 필요 없다는 것이다. 돈이 그다지 필요치 않게 되었다면, 억척같이 일하지 않아도 됨을 의미한다.

즉, 지금까지처럼 잉여노동 시간을 일부 사람에게 모든 희생을 감당케 함으로써 해소할 것이 아니라, 집단이 함께 넓고 얇게 흡수하자는 것이다. 당연히 1인당 수입은 감소하겠지만, 그만큼 자유롭게 사용할 수 있는 시간이 증가한다. 그 시간을 가족과의 친목이나 지역활동과 봉사활동에 활용할 수 있다. 아니면 나처럼, 쌀이나 채소를 자급자족해도 좋을 것이다. 물질이 충분하게 보급된 것과는 대조적으로, 경쟁과 이윤추구라는 경제원리와는 무관한 노인 간병이나 환자의 간호, 인력개발이나 국토안전과 같은 분야의 인력부족이 심각하고, 그것이 또 다른 여러 가지 사회문제를 낳고 있는 것이 현실이다.

사람들이 노동시간을 줄임으로써 늘어난 자유시간을 그런 공생을 위한 활동으로 돌린다면, 그러한 문제들을 해결할 수 있지 않을까? 그와 더불어 인간관계의 폭도 넓힐 수 있고 삶의 보람도 찾을 수 있다.

임금인하를 감내해야 하는 고통을 노동조합은 받아들이지 않으면 안되지만, 그 대신 고용을 사수한다는 조합 최대의 목적을 성취할 수 있다.

기업이나 경제의 시스템을 단번에 바꾸기는 어려울지 모른다. 다만, 수입이 줄더라도 노동시간을 줄이겠다는 선택을, 사람들이 자신의 자유의사로 선택할 수 있게 하는 제도를 만드는 정도는 조금만 노력한다면 가능한 일이 아닐까? 수입의 높고 낮음보다도 휴일의 많고 적음으로 직장을 결정하는 젊은이들이 늘어가고 있는 현실이나, 소득의 상승보다 노동시간의 단축에 의해 생활만족도가 상승한다는 앞의 통계를 보더라도, 그런 형태의 일을 선택할 사람은 의외로 많을 거라는 생각이 든다. 결국 다섯명이 각자의 수입과 노동시간의 20% 감소를 선택한다면, 그로 인해 한 사람의 고용이 보장된다.

지난 일요일, 두 딸과 밭에서 고구마를 캤다. 무더운 여름 동안 흘렸던 땀은 땅속으로 스며들어 20킬로그램 이상의 고구마로 결실을 맺었다. 한 개에 2킬로그램 이상 되는 특대 고구마를 캐내고 환호성을 지르는 딸들을 보면서, 내 가슴 가득 들어와 있는 초가을의 정취를 만끽할 수 있었다.

1+2 = 세 바늘

이번 일주일 동안은 자전거 통근을 일시 중단하고 전철을 이용해 출퇴근을 했다. 사실은 자전거를 타고 가던 중에 자동차와 부딪칠 뻔해서 피하다가 가드레일에 왼손을 긁혔는데, 그만 중지를 세 바늘이나 꿰매야 하는 상처를 입고 말았다. 그렇다고 자전거를 아예 못 탈 정도는 아니지만, 뒷 브레이크를 제대로 잡을 수 없기 때문에 조심하기로 했다.

올 들어 우리집에서 상처 때문에 신체 일부를 꿰맨 사람은 세 명. 이 세 명의 상처는 모두, 이 기획 '즐거운 불편'과 연관된 것들이다. 불편은 '즐거운 것'이기는 하지만, 상당히 '아픈 것'이기도 하다!

첫 희생자는 큰딸이었다. 6월 4일 이른 아침, 나와 함께 밭에서 채소수확을 즐기고 집으로 돌아가려던 찰나 자신이 들고 있던 정원용 가위로 그만 허벅지를 찌르고 말았다. 상처의 크기는 1센티미터 정도였는데, 꽤 깊게 찔린 바람에 병원에서 한 바늘을 꿰매야 했다.

둘째 딸이 머리를 다친 것은 그로부터 두 달 후. 역시 이른 아침이었는데, 나와 함께 논으로 오리에게 먹이를 주러 갔다가, 그만 발을 헛디뎌 깊이 1미터 남짓 되는 콘크리트로 된 개울로 머리를 박고 떨어지고 말았다. 구급차를 불러 병원으로 급히 옮겼는데, 결국 뒤통수의 찢겨진 부분을 두 바늘이나 꿰매야 했다.

정확히 따지자면 세 사건 모두 나의 주의부족이 원인이었다. 다만 이번만큼은 상처를 입은 사람이 나 자신이라서 좀 마음이 편하다. 공교롭게도, 두 딸의 몸에 새겨진 바늘자국을 합한 수만큼, 나도 꿰매게 된 것이다.

"하하! 1+2=3, 아빠도 세 바늘 꿰맸으니까, 아빠는 이제 빚진 거 없다!"

웃으면서 그렇게 말했더니, 두 딸아이가 이구동성으로 외쳤다.

"그거하고 이거하고는 다른 거죠!"

생명과 마주 서다

오리야, 고마웠다!

실행 중인 불편

- 자전거 통근
- 제철채소나 과일이 아닌 것, 컵라면, 쇠고기, 돼지고기를 먹지 않는다
- 커피, 홍차를 마시지 않는다
- 된장, 매실장아찌를 집에서 만들어 먹는다
- 자동판매기 물건을 사지 않는다
- 엘리베이터, 이불건조기, 다리미, 무선전화기, 티슈, 샴푸, 린스, 식기용 세제를 쓰지 않는다
- 도시락 갖고 다니기
- 사용한 알루미늄 호일은 씻어서 재활용한다
- 목욕하고 남은 물은 대야로 세탁기에 퍼 담는다
- 목욕은 원칙적으로 격일제
- 식기는 물로 씻는다
- 병, 우유팩, 일회용 접시는 버리지 않고 재활용한다
- 음식찌꺼기는 퇴비로
- 열일곱 가지의 채소와 두 가지의 과일을 무농약으로 재배
- 쌀을 무농약으로 자급한다
- 고장이 나면 수리해서 쓴다
- 원칙적으로 잔업을 하지 않는다
- 전기밥솥으로 보온은 하지 않는다

논에 풀어 키웠던 오리새끼 열 마리 중, 전기철조망을 빠져나갔다가 뭔가에 물려 죽어버린 한 마리를 빼고는 모두 건강하게 잘 자라서, 이제는 완연한 어른 오리가 되었다. 수컷의 깃털은 색색의 단풍과 경쟁이라도 하듯이 멋지게 색깔을 갈아 입었고, 청색 머리에 한 줄 그어진 하얀 선이 선명하고 늠름한 것이, 한눈에 반할 만큼 멋진 무사의 모습 같다. 성적으로도 성숙해진 것일까, 최근에 와서는 자주 암컷 등에 올라타 교미하는 모습을 보게 된다.

지난 8월 19일 오리들이 이삭을 쪼아먹기 시작했을때, 논 한 쪽에 벼를 심지 않은 열 평 정도의 공간을 그물로 막아 이사를 시켰는데, 그날부터 매일 아침 거르지 않고 집 옆으로 흐르는 미카사 강에서 수초를 베어다가 먹이로 주어왔다. 그 때문일까, 오리들은 이미 나를 자신들의 주인으로 인정해준 듯하다. 내 모습을 발견하면 곧장 휴게소 지붕 위에서 날개를 퍼덕이며 활공의 묘기까지 보이며 반기는 것이다. 샐쭉하게 위로 삐쳐 올라간 꼬리털을 촐랑촐랑 흔들면서 물 위를 헤엄치는 모습을 보고 있노라면, 시간 가는 줄도 모른다.

나도 딸아이들도 워낙에 동물을 좋아하기 때문에 그런 오리들을 보고 있으면 귀여워서 어쩔 줄을 모른다. 둘째는 급기야, 토끼와 고양이 다음으로 "가장 좋아하는 동물은 남자 오리!"라고 말하게까지 되었다. 정이 너무 들어버린 나머지, 이대로 늪이나 강에 풀어줄까도 생각했지만, 야생에 존재하지 않는 가축을 제멋대로 방조(放鳥)했다가는 자연생태계를 해치고 만다. 그렇다고 해서 빌린 논에서 언제까지 오리들을 키울 수도 없는 노릇이다. 역시 처음 계획했던 대로, 오리들을 고기로 잡아먹을 수밖에 없다는 결론을 내렸다. 원래, 한 마지기 논에서 무농약의 쌀과 양질의 고기를 동시에 수확할 수 있다는 점이 오리농법의 가장 큰 이점이기 때문에……

그래서 우선, 아홉 마리 중 네 마리를 잡기로 했다. 물론 누군가에게 부탁해서가 아니라, 내 손으로 직접! 지금까지 오리들을 그토록 귀여워했던 딸들에게도 오리들 운명의 시작과 끝을 지켜보도록 하고 싶어서 "함께 갈래?" 하고, 오리도살 결행 전날인 11월 21일 밤에 물었다. 자신들이 키우면서 정들었던 동물을 아빠가 죽인다는데 충격을 받기는 하겠지만, 매일 고기를 먹으면서 살고 있는 이상, 그것이 어떤 과정을 거쳐 식탁에 오르게 되는가를 자기들 눈으로 확인하고 마음에 새겨두는 것이 앞으로 살아가는 데 있어 무의미한 일은 아닐 거라고 생각했기 때문이다.

아직 어린 탓에 생물을 죽인다는 의미를 잘 알지 못하는 둘째는 내 말에 "같이 가요!"라며 아무런 거부감도 없다. 그에 비해 초등학교 5학년인 큰애는 "난 죽이고 하는 거 절대 안 볼 거예요!" 역시 예상했던 대로의 반응이었다. 강요한다고 해서 될 일이 아님을 알기에 설득은 하지 않았다. 그런데 다음날 아침, 둘째와 둘이서 "그럼 다녀올게요!" 인사를 하고 현관을 나서려는데, 그렇게 질색을 하던 큰애가 " 저도 갈래요!" 하며 따라나섰다. 자신에게는 오리들의 마지막 순간까지 지켜봐 줄 책임이 있다고 생각한 것일까, 하룻밤 사이 얼마나 많은 심경의 변화가 있었는지는 모르겠으나, 그 뒤로는 전혀 망설이는 기색이 없었다.

도살방법으로는 오리를 눕히고 폐가 있는 가슴부분을 위에서 눌러 질식사 시키는 프랑스식 방법을 택했다. 오리농법 책에는 잠시 동안 누르고 있으면 축 늘어져 죽는다고 씌여 있었다. 그런데, 처음 한 마리는 내 경험부족(솔직히 말하면 첫경험이다!) 탓에 폐의 위치를 정확히 짚어내지 못했는지 쉽게 죽지 않았다. 처음에는 다리와 머리를 흔들며 발버둥치던 오리가 드디어 단념했는지 움직임을 딱 멈췄다. 그리고는 당혹한 듯한 눈빛으로 내 눈을 바라보는 것이었다. 심장의 고동이 내 손바닥으로 생생하게 전해져 왔다.

"미안하구나, 고맙게 먹을게."

그렇게 사과하면서 두 팔에 체중을 실었다. 그 모습을 딸들은 바로 옆에서 지켜보고 있었다.

"숨막힐 거야!" "괴롭겠지?" 하고 말하면서도 눈을 돌리거나 하지는 않았다.

10분 이상 걸려서 겨우 한 마리가 죽었다. 힘이 빠져서 축 늘어진 오리에게 "고마웠다!"는 진심어린 한마디를 고개 숙여 말했다. 그것을 보고 있던 큰애도 안도의 한숨을 쉬고는 "겨우 편안해졌구나!"라며 오리를 향해 말했다. 양손이 저려서 감각이 없었다. 첫 번째 오리가 제법 고생을 했기 때문에 두 마리째는 좀 편안하게 죽도록 하고 싶어서, 나일론 끈으로 목을 조이기로 했다. 그런데, 아무리 힘껏 조여도 힘이 빠지는 기미조차 보이지 않았다. 거기다 너무 심하게 버둥거리는 바람에 오른쪽 날개가 찢어져 피까지 흘리고 말았다. 별 수 없이 다시 처음 프랑스식 방법으로 가슴을 양손으로 힘껏 눌렀다. 처음 오리 때보다 약간 낮은 부위를 누르자 이번에는 2~3분 만에 절명했다.

"기도해줘야지!" 큰애가 작은 애에게 말하는 소리를 듣고 올려다보니, 푹 고개를 떨군 오리 앞에서 둘이 합장을 하고 있었다.

세 번째부터는 방법을 터득한 만큼 그다지 오래 고통스럽게 하지 않고 짧은 시간에 죽일 수 있었다.

"처음 두 마리는 꽤 괴로워하긴 했지만, 게들 덕분에 심장 위치가 어딘지 알게 돼서, 다음 오리가 편하게 죽을 수 있었던 거죠? 그러니까 제들이 받았던 고통도 헛된 건 아니죠?"

죽은 네 마리의 오리를 상자에 담고 있는데 큰애가 옆에 와서 말했다. 집에 돌아와 큰 솥에 물을 끓이고, 오리를 통째로 1분 정도 담가두었다가 털을 뽑고 고기를 부위별로 잘라냈다. 털을 벗어 벌거숭이가 된 오리의 오톨도톨한 피부를 본 딸들 하는 말, "아! 이래서 닭살이라고 하는 거구나! 몰랐네!" 슈퍼마켓에서 팔고 있는 팩에 포장된 고기만 보아왔던 아이들이기 때문에 어쩌면 모르는 게 당연할지도 모른다. 그렇다면 이건 어떠냐? 모래주머니를 뱃속에서 꺼내 칼로 한 가운데를 자르고 진짜 모래가 들어있는 것을 보여주었다.

"새는 이빨이 없거든. 그래서 위 안에 채워둔 모래로 먹은 것을 갈아서 소화시키는 거야. 그래서 새의 위를 모래주머니라고 하는 거지!"

그렇게 가르쳐 주자 닭고기 꼬치구이를 좋아하는 딸들은 "음~, 그런 거구나!"라며 고개를 끄덕끄덕!

세 마리는 털을 벗기고 내장을 꺼낸 상태로 본가와 처갓댁, 그리고 논을 빌려주신 이토 영감님 댁으로 보내드렸다. 남은 한 마리는 고기를 발라낸 후, 남은 뼈를 큼직큼직하게 토막을 내서 야채와 함께 푹 삶아 국을 끓여 먹었다. 이 맛이 또 일품이다! 뼈에 아직 남아 있는 고기를 솎아 먹으면서 가족 모두가 "맛있다!" "진짜 맛있네!"라고 감탄사 연발!

그때 큰애가 진지한 얼굴로 말했다.

"이렇게 맛있다, 맛있다 하면서 먹어주면, 오리도 기뻐하겠지?"

아이들이란 정말이지, 어떻게 그렇게 유연하게 상황을 받아들일 수 있는 것일까? 나는 놀랐다. 동물을 잡아먹는다는 사실을 정면으로 받아들이고, 희생된 생명에 대한 감사와 위로의 마음까지를 배우고 있으니 말이다. 울거나 먹는 것을 거부하지 않을까 걱정했는데, 필요 없는 걱정이었다.

농가 사람들이 애정을 가지고 키웠던 동물을 죽임으로써 비로소 고기를 얻을 수 있다. 산다고 하는 것은, 다른 생물의 생명을 빼앗는 것이다. 그것을 자기 눈으로 직접 보고 마음으로 이해한 것인 만큼, 앞으로 우리 딸들은 음식을 함부로 다루거나 버리는 일에는 조심하게 될 것이다. 어려운 일을 함께 해내길 잘했다는 생각이, 뜨겁고 진한 국물 맛과 함께 내

속으로 퍼져갔다.

돌이켜보면, 일년에 걸친 이 르포를 통해 내가 해왔던 일은 '산다는 것'의 실감을 되살리기 위한 작업이 아니었나 하는 생각이 든다.

엘리베이터에 올라타서 버튼을 누르기만 하면 아무리 높은 빌딩도 순식간에 오를 수 있다. 표를 사서 전철에 오르기만 하면 꾸벅꾸벅 졸면서도 목적지에 갈 수 있다. 돈만 내면, 세계 어느 곳, 어떤 계절의 과일이나 채소도 그 자리에서 얻을 수 있다. 쓰레기는 규격봉투에 넣어 대문 밖에 내두기만 하면 누군가가 치워준다. 에어컨 스위치 하나로 여름도 춥게, 겨울도 덥게 보낼 수 있다. 그런 현실감 없는 세계를 우리는 살고 있다.

그런 서비스를 제공하기 위해 얼마나 많은 에너지가 소비되고, 얼마나 많은 사람들의 노력과 생물의 생명을 쏟아 붓고 있는지, 평범하게 지금까지의 생활을 유지하기만 해서는 결코 실감할 수 없다. 나 자신도, 내 주변에서 편리함을 제거해감으로써 소비와 행복의 관계를 탐구하자는 이 기획을 시작하면서, 그런 서비스에 의존하지 않고 내 힘으로 직접 경험해봄으로써 비로소 깨닫게 되었다.

먹을 양식을 만든다는 것은 상당한 고생이 따랐으며, 고층빌딩을 계단을 이용해 오르고, 비 오는 날 왕복 두 시간이나 걸리는 거리를 자전거로 오가는 것은 정말 힘든 일이었다. 여름은 무덥고, 겨울은 춥다. 산다는 것은 이 정도로 시간과 수고를 필요로 한다. 현대인이 지금처럼 불손해진 것은 아마 그것을 실감하지 못하기 때문일 것이다.

무엇보다 그런 작업이 힘들지만은 않다는 것. 그런대로 아니, 그 이상으로 즐겁기도 하다는 것. 사람들과 몸으로 부딪혀가며 이웃이 되기도 하고, 오감을 다 동원하기 때문에 살아 있다는 걸 보다 선명하게 실감할 수도 있다.

자전거 출퇴근을 시작하고 얼마 지나지 않았을 때였다. 그때는 "오늘은 55분 걸렸다!" "오늘은 45분!" 이렇게 시간을 단축시키는데 온 정열을 쏟았다. 자가용이면 30분이면 갈 수 있기 때문에, 그 시간과의 차이를 단축시키려고 급급했다. 그러니 당연히 경치를 즐길 여유도 없고, 몸도 힘들기만 했다. 그런데 어느 순간, 내가 얼마나 어리석은가를 깨닫게 되었다. 빨리 가고 싶으면 자가용이나 전철을 이용하면 된다. 자전거를 타면서까지 시간단축에 연연할 정도로 나는 그동안 속도 중독에 빠져 있었던 것이다. 그 뒤로는 시간 재는 짓을 그만두었다. 그리고 조금 돌아가는 길이라도 좋다고 생각하고, 가능한 한 계절이나 자연을 많이 만끽할 수 있는 길을 찾아보기로 했다. 그러자 매일 출퇴근길이 그렇게 즐거워질 수가 없었다. 결과가 아니라 과정을 즐긴다. 그것이 불편을 쾌락으로 연결시켜주는 비결이었다.

같은 일을 하더라도, 마음속에 어떤 문장을 새겨두느냐에 따라 사람의 감정은 크게 달라진다. 그리고 그 후의 행동도 변하게 된다. 마음에 문장을 새길 때의 문법과 같은 것이, 실은 문화일지도 모른다. 우리는 지금 미디어를 통해 '소비가 행복을 가져다준다'는 주문을 24시간 내내 반복해서 듣고 있다. 그러니 누구나 그런 문법으로만 마음에 문장을 새기게 되는 것은 아닐까? 왜 온 세계가 소비문화일색으로 물들어가고 있는지도, 그렇게 생각하면 이해할 수 있을 것도 같다.

편리함이나 안락을 주는 새로운 소비가 몸에 배면, 그것을 끊을 때는 안락의 몇 배만큼 고통을 겪어야 한다. 그러므로 소비를 어떻게든 유지하려고 하고, 그 비용을 벌기 위해서 시간에 쫓기게 된다. 그렇게 해서 뒤집어쓰게 된 버거운 굴레가 현대의 '풍요로움'의 실체가 아닐까? '풍요로움'이 강요되고 있다는 느낌이 드는 것은 그 때문일 것이다.

그렇지만 올 한 해 내가 실천한 소비 이탈 정도라면, 실제로 그렇게 많은 인내력과 정신력을 동원하지 않아도 실행할 수 있다. 금단현상도 예

다 자라서 어엿한 어른이 된 오리들. 그 생명에 감사하는 마음으로 그들의 고
기를 먹었다.

상 했던 만큼은 아니었다. 시간을 자기 손 안으로 되돌리기만 하면, 오히려 그 불편을 즐길 수도 있다. 그것을 깨달음으로써 정신적으로 상당히 자유로워진 듯한 느낌이 든다. 무슨 일이 있어도 가족이 힘을 합치면 살아갈 수는 있다. 그런 자신감이 들었기 때문이다.

노동이나 생활 자체가 즐거움이었던 시절이 있었다. 그때를 현대에 적합한 형태로 부활시키는 것이야말로, 금욕주의에 의지할 것 없이 지구환경과 조화를 이루는 사회를 실현하기 위한 방법일 것이다. 그 성패는 각자가 '시간'을 자기 손 안으로 되찾을 수 있느냐 없느냐에 달려 있다고 생각한다.

인내하는 힘을 빼앗아간 것은?

아소에 사는 일흔네 살의 여성한테서 반가운 편지를 받았다. 이 르포를 읽으면서 옛날 생활들이 떠올라 직접 실천해봤더니, 전기요금과 가스요금이 평년보다 절반이나 줄었다고 한다.

이전에 그런 생활을 해본 경험이 있는 사람은 불편을 즐기는 기술(!)을 몸으로 기억하고 있다. 하고자 하는 의지만 있다면 이렇게 간단하게 해낼 수 있다. 경의를 표하는 바이다!

이 기획을 시작했던 처음에는 언젠가 세탁기도 냉장고도 사용하지 않고, 화장지 대신에 헌 신문으로 엉덩이를 닦았던 시절까지 시간의 바늘을 돌려볼까도 생각했다. 그 계획에 비하면 반도 달성하지 못했다. 고도 성장기에 자란 세대의 인간이 현대사회의 시스템 안에 살면서 '즐겁게' 할 수 있는 것이란 이 정도의 것이 아닐까?

쌀이나 채소를 재배하는 것조차도, 그런 것들을 경험해왔던 세대에게 가르침을 구하면서 겨우 해낼 수 있었던 게 사실이다.

조금이라도 수고를 덜고 싶어서, 조금이라도 편하게, 일분 일초라도 빨리 등등, 우리가 끝없이 편리함을 추구해왔던 결과, 환경호르몬의 문제에서 알 수 있듯이 차세대의 생존 기반조차 흔들리고 있는 실정이다. 그것을 알고 있으면서도 우리는 그런 생활습관을 바꾸려고 하지 않는다.

가해자는 두말할 것 없이 어른이고, 앞으로 태어나게 될 아기들을 포함한 어린이들은 피해자다. 옛날 사람들은 자손에게 아름다운 자연을 남겨주고자 했는데, 지금의 어른들은 후손들에게 환경파괴를 떠넘기려 하고 있다.

어른들이 제멋대로 늘려만 놓은 빚을, 자신들이 대신 갚지 않으면 안 된다는 것을 민감하게 감지하고 있는 아이들에게, 그 당사자인 어른들이 인내와 성실을 가르친다고 한들 아이들 마음에 가 닿을 리가 없다. 지금이 위기의 절정으로, 이제부터는 나빠지기밖에 더하겠냐는 어두운 미래상밖에 갖지 못한 요즘의 아이들에게, 찰나적인 행복에 유혹되지 말라고 설교하는 것은 무리가 아닐까?

걸핏하면 폭력을 휘두르는 청소년들의 급증은 인류의 미래를 위협하고 있는 우리 어른들에게 차세대가 보내는 경고다. 유일한 처방책은 그들이 미래를 긍정적으로 바라볼 수 있는 상황을 만들어주는 일이다. 향락적인 지금의 생활을 반성하고, 편리함이 조금 뒤떨어지더라도 즐겁게 살아갈 수 있는 모습을 어른들이 몸소 보여주는 것은, 그런 의미에서도 유효할지 모른다.

일단 시작해보는 게 어떨는지? 부담 없이! 즐겁게! 할 수 있는 것부터!

2

소비문명의
빛과 그림자

《대화편》

편리함은
오가는 인정을
빼앗는다

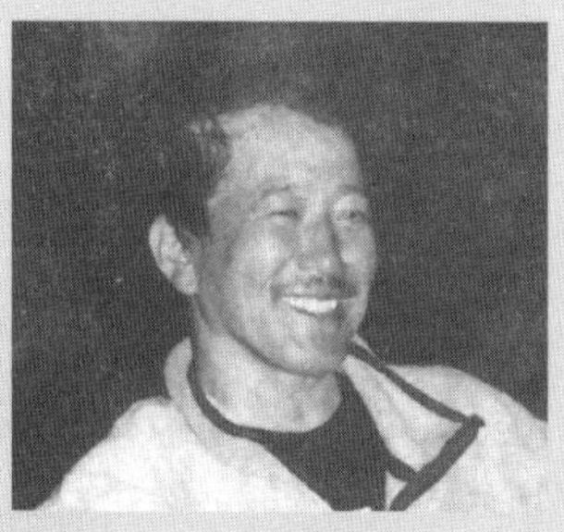

노다 토모스케

1938년 구마모토 현에서 태어남. 고등학교 교사와 잡지기자를 거쳐 현재는 프리랜서 작가로 활동 중. 국내외의 강을 혼자 카누를 타고 여행하면서, 그곳에서 만난 사람들과의 교류를 엮은 경쾌한 에세이로 유명하다. 그는 모순투성이의 개발행정이나 생활감각을 잃어버린 소비사회의 부패를 강을 통해 보는 시점에서 고발해왔다. 1998년에는 그런 그의 활동을 기려 마이니치스포츠인상 문화상을 수상 했다. 저서로는 『일본의 강을 여행하다』 『천천히 가자』 『신(新) 방랑기』 『흔들흔들 유콘 강』 『북극해를 향해』 『유콘 강 표류』 『소년기』 등이 있다.

주변생활에서 편리함을 줄임으로써, 소비와 행복의 관계를 탐구한다는 동시진행형 르포를 일년 동안 실천해 보았다. 당초 생각했던 것만큼 많은 편리함을 줄이지는 못했지만, 그래도 실천했던 불편의 하나하나에서 많은 가르침을 얻었다.

이제껏 당연하다고 생각했던 것이, 그와는 다르게 진행되어 가는 과정을 경험하는 것은 긴장되고 스릴 있는 일이었다. 이것을 보다 깊이 있게 조명해보기 위해서, 현대의 소비사회에 대해 생각하고 발언하고 행동으로 옮기고 있는 분들과의 대화를 시도해보고자 한다. 첫 번째 대화자는 지금 카고시마에 살고 있으며 우리집 벼 베기를 도와주기도 했던 카누이스트, 노다 토모스케 씨이다.

│후쿠오카 그때는 정말 여러 모로 감사했습니다.

│노다 아니, 별 말씀을. 그 뒤로 대나무 숲만 보면 벼 말리기에 좋겠다는 생각이 절로 든다니까. 아주 반응도 좋고 파급효과도 큰 것 같던데!

│후쿠오카 덕분에 좋은 쌀을 거뒀습니다. 일년간 이것저것 해보면서, 제 나름대로 생각해 본 것입니다만, 노다 씨가 카누로 강을 여행하는 것과 뭔가 일맥상통한다는 생각이 들었습니다.

│노다 그래요. 특히 물질이나 돈에 의지하지 않는다면 인간끼리의 연대감이 강해진다는 거! 캐나다의 매켄지 강이나 유콘 강을 표류할 때는 돈을 쓸 필요가 없었지. 어려움을 함께하는 동안 마음을 나누다 보면 어느새 친구가 되어버리니까, 먹을 것도 그냥 얻어먹게 되고 하지. 마지막 지점에

도착하고 스테이크 집에서 돈을 지불하는데 기분이 얼마나 이상하던지!

후쿠오카 맞아요, 『유콘 강 표류』의 마지막에서 한 말씀이 생각납니다. "화폐경제는 이렇게 사회로부터 '인간의 오가는 인정'을 빼앗아간다"

노다 돈이 개입하면 마음의 연대가 없이도 너무 쉽게 물질의 거래가 이루어지죠. 하지만 돈이 없다고 생각해봐요. 마음을 통해 서로에게 호의를 갖지 못하고는 그런 일이 성립될 수 없지요. 수고와 시간은 걸릴지 모르지만, 그것이 이뤄졌을 때의 행복감이란 이루 말로 다할 수 없는 거거든.

후쿠오카 옳은 말씀입니다. 생활 속에서 그것이 점차 사라지고 있으니 안타까운 일이지요.

노다 음, 그것을 편리라고 하죠. '즐거운 불편'은 필시 독자들에게 여러 가지를 생각하게 하는 계기가 됐을 거예요. 일종의 문명론이니까. 특히 아이들의 반응이 좋았어. 가위를 사용하다 다치기도 했죠? 그것이 좋아. 요즘은 위험하다는 이유로 그런 건 가까이 하지도 못하게 하잖아요? 그러다 간 영원히 만져보지도 못하고 말지.

후쿠오카 딸 둘 다 허벅지하고 머리를 꿰맸죠! 하지만 아이들은 금방 잊어버리거든요. 그날은 두 번 다시 밭에나 논에는 안 가겠다고 울먹거리다가도, 사흘만 지나면 "나도 갈 거야" 하고 따라나서요.

노다 그런 것을 지금은 부모들이 시키지 않으니까, 생활의 원점 같은 것이 보이지 않게 된 거야. 생물을 죽인다는 것을 가르치는 것도 좋았어요. 우리 인간은 다른 생물을 죽이면서 살아가고 있으니까. 들에서 아이들과 만나보면, 그들은 금방 '가엾어라!' 하지만, 생물을 죽이는 것을 무조건 잘못된 일이라고 치부하는 건 잘못된 거라고 보거든!

후쿠오카 논에서 오리를 키우다 보니 많은 사람들이 귀여워해주었어요. 그리고 "오리가 크면 어떻게 할 건가요?" 묻고는 하죠. "물론 잡아먹어야죠!"라고 대답하면 모두 깜짝 놀랍니다. 그리고는 "가엾게도"라고 말하죠. 한때 닭도 잡아봤을 법한 어른들까지 그런 말을 한다니까요.

│ 노다 어이가 없다니까. 역시 현대인은 약해졌다는 말이 맞나 봐.

│ 후쿠오카 노다 씨께서는 항상, 아이들에게는 가능한 한 빠른 시기에 생물을 잡아먹는다는 것을 가르치는 것이 좋다고 말씀하시잖아요. 저도 그렇게 생각하고 있으면서도, 막상 아이들 앞에서 오리를 죽이자니, 충격을 받지는 않을까 걱정이 되더군요.

│ 노다 그래도 애들 반응은 아주 좋았잖아요? 자기들 나름대로 받아들이고 이해했으니까.

│ 후쿠오카 맞아요. 놀랐다니까요! 어른이 걱정할 필요가 없어요.

│ 노다 너무 귀여워하다 보면 도저히 잡아먹을 수 없게 되는 것이 지금의 상식이잖아요? 하지만 귀엽게 키우다가 고맙게 잡아먹다! 나도 그거 읽고 맞다 싶더라니까. 어른이 쓸데없는 신경까지 쓸 필요는 없다 싶어요.

│ 후쿠오카 저에게 오리농법을 지도해주셨던 후루노 타카오 씨는 자녀가 네 명인데, 그 중 가장 동물을 좋아하고 오리를 귀여워하는 아이가 가장 잘 죽인다는군요. 책임을 가지고 마지막까지 지켜주고 싶은 거겠죠. 옛날에는 모두가 감사하는 마음으로 생물을 죽여 일용할 양식으로 먹었겠죠. 3년 전에 노다 씨 일행과 함께 캐나다 빅섀먼 강을 표류했을 때, 가이드를 해준 스코트가 고기를 떠낸 뒤 산토끼 두개골에 대고, "고맙다, 토끼야!" 하고 말하고는 강으로 버리던 것이 기억나더군요.

│ 노다 요즘 엄마들은 걸핏하면 "가엾어라!" 하거든. 홋카이도에서 '컴백 섀먼(Salmon) 운동(일본의 자연보호운동의 일환)'을 취재했을 때, 어머니들이 열심히 운동을 벌이고 있더군요. 그런데 돌아온 연어의 머리를 곤봉으로 쳐서 죽이는 것을 보고, 그 어머니들이 잔인하다고 난리가 아녜요! 그러면서 자기들은 프라이드 치킨을 잘도 먹는단 말이야! 이런 사람들하고는 안 되겠다 싶더라고.

후쿠오카 그러면서 자기가 하기 싫은 것은 남들에게 떠미는 거 아니겠어요? 고기를 얻기 위해서는 누군가가 생물을 죽이지 않으면 안 되잖아요. 그건 어쩌면 차별을 낳게 하는 원점 같다는 생각이 듭니다. 자신은 손 하나 까딱하지 않고, 이익만 가로채는 거요. 지금 현대인의 생활상을 보면, 그런 생생한 삶의 근원과 관련된 작업을 모두 가정 밖으로 몰아내서, 눈에 보이지 않게 하고 있잖아요? 출산도 사람이 죽는 것도 병원에서 하고, 고기도 생물을 죽임으로써 비로소 얻어진다는 흔적도 찾아볼 수 없게, 포장돼서 진열냉장고에 깨끗하게 장식되죠. 그것을 들고 계산대에 가서 돈만 내면 내 것이 되니……

노다 살아 있다는 것을 실감하기 어려우니까, 적어도 뭔가 불편한 것을 느껴보자는 것이 아웃도어 붐 아니겠어요? 뭐라도 살아 있음을 실감하고 싶은 거지. 불편한 생활이 아이들 교육에도 참 좋을 것 같은데 말야.

후쿠오카 자녀교육이 제대로 안 되는 것은, 너무 편해져서가 아닐까 하는 생각을 저도 했습니다. 저희 딸들은 몸이 찬 편이라서, 겨울이면 발이 얼음덩어리 같거든요. 그래서 잘 때는 꼭 전기각로를 사용했는데, 그것을 탕파로 바꿨죠. 작은 애는 전기각로 같으면 전기만 꽂으면 되니까 혼자서도 할 수 있거든요. 하지만 탕파는 아무래도 혼자는 무리라서 아빠나 엄마가 해주지 않으면 안 돼요. 그런데 그 녀석, 아빠 엄마가 해주니까 얼마나 좋아하는지요!

그래도 그 탕파보다는, 제가 함께 이불 속에 들어가서 종아리 사이에 아이의 작은 발을 넣고 체온으로 따뜻하게 해주는 걸 더 좋아해요. "아이 차가워!" 하면서 말이죠. 이걸 아이는 '인간탕파'라고 부르는데, 밤이면 "아빠, 인간탕파 해줘!"하고는 해요, 하하.

그렇다고 매번 해줄 수는 없지요. 바쁠 때면 인간탕파 대신, 그냥 탕파를 따뜻하게 해서 넣어주는데, 어린 마음에도 아빠가 바쁜 걸 아는지 그것만으로도 기뻐하는 겁니다.

저로서도 전기각로가 가장 반갑지 않죠. 발이 따뜻해진다는 결과만 본다면 어느 것이나 다 마찬가지지만, 전기요금을 들여 각로를 데우기보다, 좀 귀찮더라도 탕파를 준비해주는 것이 더 기쁘고, 시간이나 사랑을 담아서 몸으로 따뜻하게 해주는 것이 가장 기쁩니다. 부모의 따뜻한 사랑이 직접 전달되는 거잖아요? 그래서 돈으로 아이들을 키우는 게 아니구나 하는 생각을 했습니다. 돈이 아니라, 수고와 시간이 필요한 거라고.

지금은 교육비가 많이 들어간다며, 부모는 돈을 벌기 위해 정신없이 바쁘게 살지만, 우리 아이들은 실제 돈보다는 부모님의 시간과 정성을 더 바라고 있는 것이 아닐까 하는 생각이 들더군요. 그런데도 부모들은 어긋난 간섭만 하려고 하죠.

❙ 노다 좋은 말이에요! 그 밖에도 발견한 게 많았겠죠?

❙ 후쿠오카 비가 오는 날이었는데, 큰애를 친구들하고 만나기로 한 약속장소까지 자전거로 태워다 준 적이 있어요. 둘이서 비옷을 입구요. 친구 아버지가 자가용으로 태우러 오기로 했다는 장소에 거의 다 와가는데, 딸이 갑자기 거기서부터 걸어가겠다고 하는 거예요. 부끄러웠던 거겠죠. 그래도 인사 정도는 해야지 하면서 따라갔더니, 글쎄 기다리는 차가 벤츠 아니겠어요! 저도 순간 기가 죽더라고요! 그런 비싼 차를 타는 사람은 훌륭하고, 자전거에 비옷을 걸친 사람은 하류라는 식의 의식이 내게도 있었구나 하는 것을 그때 알았습니다. 왜, 그런 통념 같은 것 있잖아요?

❙ 노다 그것이 세상을 이상하게 만든다니까.

❙ 후쿠오카 그래도 앞으로는 그것이 역전될 가능성이 있다고 생각합니다. 물질은 이미 넘칠 만큼 많아진 시대니까, 더이상 소유하고 있는 물건이 그 사람의 능력을 보여주는 것이라고 하기는 어렵지 않겠어요? 반대로, 그런 물질에 의존하지 않고 생활하는 것이, 자기 힘으로 뭐든지 할 수 있다는

능력을 보여주는 기회가 될 수 있지 않을까 생각해요.

지금까지는 자기 능력을 증명하기 위해서는 좋은 학교를 나오고, 좋은 회사에 들어가 출세를 하거나, 경제적으로 성공을 해서 부자가 되거나, 유명인사가 되거나 하는 방법밖에는 없었잖아요. 그래서 모두 고향을 버리고 도시로 나갔고, 저도 그런 흐름에 휩쓸렸던 종류의 인간입니다만, 그것이 지금 무너지고 있단 말입니다. 노다 씨는 그런 흐름에 휩쓸렸던 사람이 아니기 때문에, 처음부터 알고 계셨겠지만.

┃ 노다 아니, 아니야! 나도 대학 들어가기 전까진 그 부류의 선두주자였죠. 삼수까지 했던 것도, 좋은 대학, 아니 좋은 대학이 아니라 유명한 대학이었지. 유명한 대학에 들어가고 싶어서였으니까.

┃ 후쿠오카 그럼 어느 시점에서 바뀐 거죠?

┃ 노다 일종의 탈진현상 같은 거죠. 시험에 두 번이나 실패하고, 겨우 대학에 들어가니 멍해져서는 도저히 공부할 기력이 안 생기는 거야. 그때 보트부에 들어가서 보트만 타고 다녔죠. 대개 3~4학년이 되면 인생 설계니 뭐니 생각하게 되잖아요? 나는 그것도 하지 않고 그저 멍하게 있다가, 4년으로는 도저히 안 되겠다 싶어 한 학년 남겨두고 휴학을 해버렸지. 하지만 5년이 지났다고 그때까지 몰랐던 게 순식간에 알아지나? 그냥 놀러다니고, 여행만 다니는 생활이었지.

지금 같은 생활에 내가 자신감을 갖게 된 것은 캐나다, 알래스카에 다니면서부터에요. 거기서는 학교에 가질 않아요, 학교가 없으니까. 하하! 그래서 통신교육을 하는데, 선생님이 한 달에 딱 한번 수상비행기를 타고 와서, 책 읽는 법이나 사고하는 방법을 가르쳐주고 돌아가는 거야. 그런 사람들 중에서 알래스카 대학을 수석으로 들어간 사람이 나오기도 하는 걸 보면 신기해요. 또 대학을 졸업하면 돌아와서 다시 그때까지의 생활을 지속한다고. 대사회로 나가는 것이 아니라, 싱글벙글 돌아와서 똑같은 생활을 반복하는 거야. 산 속에 사는 아저씨가 산처럼 쌓인 책 더미에 싸여서 생활하고 있기도 하고. 그런 사람이 얼마든지 있어요! 만능이 아니고는 살아갈 수가 없거든. 차의 정비에서 발전(發電), 비행기까지 만들어 띄울 수 있는 사람도 있을 정도니! 유능하지. 모르는 게 없이 다 알고 있고. 기상학이면 기상학, 기계면 기계, 삼림학, 동물학 등등, 정말 모르는 게 없는 사람들이라니까.

│후쿠오카 그들에 비하면 우리는 정말 하찮은 존재란 생각이 드는군요. 하지만 하고자 하는 의욕만 있다면, 그래도 할 수 있지 않을까 하는 생각을, 이번 경험을 통해 하게 되었습니다.

│노다 대도시에 근접해 살면서, 그만큼의 성과를 거뒀으니까……

│후쿠오카 자전거 통근도 어느 정도 시간이 걸릴지 예상하기가 힘들었죠. 그런데 일단 해보니까 의외로, 빨리 달리기만 하면 45분 정도면 도착할 수 있다는 것을 알았어요. 전철을 타더라도 집에서 회사까지 30분은 걸리니까, 그다지 차이도 없잖아요.

르포 12월에도 잠깐 썼습니다만, 빨리 도착하는 데만 급급해서 필사적으로 페달만 밟고 있으면 지루하고 힘들지만, 경치를 즐기면서 철새가 날아왔구나, 꽃이 피었구나 예쁘기도 하지, 여름 풀 냄새가 좋구나 하는 생각을 하면서 달리다 보면, 출근시간이 너무 편하고 즐거워지는 거예요. 밤이면 박쥐들이 의외로 많이 날아다닌다는 것도 알았고, 강변을 달리다 보면 들쥐가 획! 하고 내 앞을 지나가기도 하고. 도시 속의 야생이라고 할까, 그런 게 존재한다는 걸 알게 되었죠. 요즘은 갈매기들이 많이 날아와서, 강가 난간에 그것들이 한 줄로 앉아 있으면, 손을 뻗어 날려보내는 재미로 지나다니고 있습니다. 노다 씨가 자주 하는 말이죠? 자동차로 10분이면 갈 수 있는 거리를 카누로 가면 꼬박 이틀을 놀 수 있다고.

돈으로는 환산할 수 없는 것을 '즐기는 정신'이라고 할까, '과정을 즐기는 여유'라고 할까, 그런 것이 지금은 가장 결여되어 있고, 또 필요한 것이 아닐까 생각합니다.

┃노다 지금, 막다른 골목이라고들 하지만 앞으로의 방향은 그쪽인 것 같네요. 그쪽이라면 어떻게든 살아갈 수 있으리라는 생각이 들어요, 우리 인간도.

┃후쿠오카 정말 그럴지도 모르죠. 불황이라고 모두들 불안해하고 있습니다만, 지금의 생활을 어떻게든 유지하지 않으면 안 된다는 강박관념을 가지고 있기 때문에 불안해지는 것이 아닐까요? 지금의 생활을 유지하기 위해서는, 적어도 지금과 같은 수입이 필요할 거고, 또 그 수입을 위해서는 다른 사람을 짓밟아서라도 자신만은 살아남도록 일하지 않으면 안 되고. 경제의 고도성장 이래, 노동생산성의 증가가 대단했잖아요? 생산성이 절반 정도였던 당시의 생활로 돌아가게 된다면, 지금 같은 시대에서는 반 년 일하고 반 년은 쉬어도 될 겁니다. 아니면 휴일은 그대로 두고 하루 4시간만 일해도 되지요. 그 정도의 시간만 있다면, 대부분의 불편은 충분히 즐길 수 있어요. 그런데도 실제로 보면 옛날보다 지금이 더 바빠서 여유가 없으니! 이것이 다 시간보다 돈을 선택한 결괍니다.

┃노다 도시 스타일의 소비생활이 전국을 석권하고 있지만, 거기서 한 발짝만 물러서서 보면 뭔가 정답이 보일 법도 한데! 가까운 예로 내가 살고 있는 카고시마는 오리농법이 성행하고 있는데, 그 덕분에 강가를 날아다니는 반딧불이를 다시 볼 수 있게 되었잖아요! 그리고 원시 반딧불이가 날 정도로 깨끗한 강이라고 해서, 그 주변 땅값이 올랐다고 하는 걸 보면, 얼마나 이미지가 좋아진 건지 알 수 있겠죠?

┃후쿠오카 그것이 가치로서 취급되는 시대가 된 거죠.

┃노다 나이 드신 어른들이 팔을 걷고 나섰는데, 반딧불이 관광이라고 해서, 반딧불이를 구경 온 사람들 가이드를 해주고 하신다니까. 마치 삶의 의미를 되찾은 것처럼 기뻐하세요. 오리농법을 하고 있는 사람들은 마을

사람들에게 직접 판매하기도 하고 그러더군. 쌀을 수확한 다음에는 오리고기로 만든 요리로 마을 파티를 열기도 하고…… 그런 풍경이 얼마나 보기 좋은지! 쌀을 사는 사람도 파는 사람도 행복하지 않겠어요? 모두 싱글벙글 웃고 즐기면서, 맛있는 오리고기를 나눠먹으면서 정도 나누고 하는 거죠. 일종의 문화혁명이랄 수 있지. 그게 더 확산된다면 정말 재미있을 거예요. 무엇보다 강이 먼저 되살아나겠죠?

내가 강에서 가장 관심을 갖고 보는 것은 모래무진데, 전에 살던 관동(關東)지방에서는 5센티미터 이상의 모래무지를 본 적이 없어요. 그 이상 되는 놈은 등허리가 굽거나 지느러미가 녹아 없어졌거나 하는 놈들이고. 그런데 우리 동네 강에는 15센티미터 이상 되는 놈들이 많거든! 그 녀석들이 살고 있는 강이 나는 참 좋아요! 무엇보다 맛있으니까! 하하. 내장이 작기 때문에 거의가 고깃덩어리야. 그런 놈들이 강바닥 여기저기를 헤엄치고 다닌다고 생각해봐요! 보기만 해도 군침이 돌지. 그물을 던져서 잡기만 하면……

내가 카고시마에 집을 구한 건, 강에 둘러싸여 있는 데다 모래무지가 아주 많은 강을 발견했기 때문이었어요. 처음에는 따뜻하기만 하면 어디라도 상관없다고 생각했는데, 그 모래무지를 보는 순간 홀딱 반해버렸죠, 허허! 참, 그러고 보니 후쿠오카 씨 논에서도 붕어가 나왔다고 했죠? 대단해!

┃ 후쿠오카 20센티미터 정도 되는 게, 여러 마리 있었죠. 물을 빼버린 뒤라, 논바닥에 딱 달라붙어서 미동도 하지 않길래 처음에는 죽은 줄 알았죠. 그래서 그냥 손으로 집어 들려는데, 갑자기 팔딱팔딱 뛰는데 얼마나 놀랐겠어요?

┃ 노다 쌀과 오리뿐만 아니라, 붕어나 잉어도 함께 논에서 키울 수 있는 거 아닌가?

┃ 후쿠오카 분명 가능할 겁니다. 후루노 씨는 미꾸라지를 오리들과 함께 키우면서 수산과 축산 그리고 농업까지, 한 논에서 한꺼번에 병행하고

있는 걸요. 미꾸라지도 자기 손으로 인공 부화시켜 방류하는데 그게 생각보다 간단하대요. 후루노 씨가 쓴 책에 그 노하우가 소개되어 있더군요.

┃노다 소년시절, 논가에 있는 개울을 조금 깊게 파서 사과상자에 말똥을 담아서 묻어두는 거예요. 개울 바닥에 닿을 듯 말 듯하게. 그것도 벼 베기 전에. 그럼 가을이 돼서 물을 빼고 나서 보면, 그 안에 미꾸라지들이 우글우글 했죠! 냄새에 끌려서 모여든 거지. 늘 가득 찼었는데……

┃후쿠오카 그걸 응용할 수 있지 않을까요? 참, 요즘은 말똥 구하기가 힘들겠죠?

┃노다 말 구경하기도 힘들지, 지금은.

┃후쿠오카 제가 직접 해보니까, 오리농법이라는 게 얼마나 훌륭한 기술인가를 알겠더군요. 저 같은 아마추어도 무농약으로, 프로 농사꾼이라고 해도 손색이 없을 만큼의 수확을 올릴 수 있었으니 말입니다. 전기철조망을 사용한다는 것이 이 기획과는 좀 취지가 어긋난 게 아닌가 생각했습니다만, 사실 거의 전기가 들어가지 않더라고요! 배터리는 전기상에서 버리려는 중고를 가져다 썼는데, 모 심고 오리새끼를 풀어놓았던 6월 말에 한번 충전시켰을 뿐인데, 지금도 돌아간다니까요. 물론 논이 좁았다는 이유도 있겠지만. 전류를 계속 흘려보내는 것도 아니고, 전압을 간헐적으로 공급해줄 뿐이니까, 전력소모가 거의 없었죠.

노다 씨께도 제가 전에 보여드린 적이 있죠? 오리농법으로 농사를 지은 우리 논하고 바로 그 아래 보통 논의 물이 얼마나 다른지. 오리농법 논에는 잠자리 유충이나 물벼룩 같은 게 무수하게 많은데 비해, 아래 보통 논에는 거의 생물의 그림자도 찾아볼 수가 없었어요. 그 현격한 차이에 입이 다 벌어질 정도였죠.

┃노다 그건 거의 죽은 물이나 마찬가지야.

┃후쿠오카 그 관찰에서 큰애가 사용했던 현미경 말인데요, 그게 사실

제가 어릴 때 사용했던 거거든요. 초등학교 4학년 땐가 어머닐 졸라서 샀던 건데, 잠시 동안은 얼마나 열심히 들여다봤던지…… 그리고는 저도 잊어버리고 있던 건데 아버지가 깨끗하게 청소해서 보관하고 계셨던 거예요, 30년 가까이나. 정말 절로 머리가 숙여지더군요!

│노다 지금 시대에 있을 수 없는 이야기네요!

│후쿠오카 딸이 현미경을 사고 싶다고 해서 카탈로그를 보고 있는데, 문득 나도 어릴 때 현미경에 심취한 적이 있다는 걸 기억해냈죠. 설마 하면서도 일단 전화로 아직 있는지 여쭤봤는데, "어디 있을 게다" 하시는 거예요. 저는 또, 그래도 설마 아직까지 쓸 수 있을라고 하는 생각에 별 기대를 하지 않았어요. 그런데 본체는 물론이고 렌즈도 멀쩡! 건전지를 넣으니까 램프에 불까지 들어오더라구요! 결국 현미경 표본만 사면 되었죠. 정말 얼마 전까지만 해도 우리는, 이렇게 물건을 소중하게 다루고 아낄 줄 알았었는데…… 어디 그뿐입니까? 옛날 물건들은 또 고장도 잘 안 나잖아요!

│노다 외국을 다니면서 항상 감탄하는 것이 "이 릴은 내 할아버지로부터 물려받은 것"이라며, 한 백 년 전의 릴을 사용하는 것을 볼 때에요. 일전에도 화이트호스에 있는 친구가 "이 칼은 내가 열세 살 때, 아버지가 생일 선물로 사주신 겁니다" 하면서, 오래된 칼을 보여주더군요. 내가 그런 것에 감탄하는 것은 우리에게는 이미 사라지고 없기 때문일 겁니다.

│후쿠오카 태풍 때문에 결국 벌채해야 했던, 수령 천 년에 가까운 삼나무의 입찰광경을 취재하러 갔을 땐데, 이전에 만난 적이 있던 목공 어른께서 오셔서 하신 말씀이, "나는 도저히 살 수 없겠지만, 천 년 세월을 살아온 나무를 한 번만이라도 보고 싶어서"라고 하시는 거예요. 그러면서 마치 나무하고 이야기라도 나누듯 어루만지고 계시더군요. 그리고는 "천 년을 살아온 나무를 잘랐으니, 천 년은 사용할 수 있는 것으로 만들어줘야지" 하시는 겁니다. 그 말을 듣고는 '우리 선조들은 천 년의 생명에는 천 년의 사용

으로 보답한다'는 감각으로 물건을 만들어 왔구나 하는 생각에 가슴이 찡해지는 거 있죠?

옛 분들이 물건을 소중히 여기고, 또 물건이 튼튼하고 잘 고장이 안 나는 이유를 알 것 같더군요. 내구성과 저장성을 중시했던 거죠. 지금처럼 쓸만한 물건도 버려가면서 새로운 것을 사들이지 않으면, 경제가 제대로 돌아가지 않는 시스템과는 대조적이죠.

참! 다른 얘깁니다만, 노다 씨 친구분이신 엔도 케이 씨라는 분은 정말 자급자족하시는 기술이 대단하세요!

┃노다 그래, 그 사람은 도구를 자기가 직접 만들어 쓰죠. 테이블부터, 의자부터, 모든 것이 다 손으로 만든 것. 목욕탕도 드럼통을 자기가 용접해서 만들고, 만돌린이나 기타 같은 악기도 만들고. 낫이나 칼도 풀무를 이용해서 자기가 풀무질 망치질 다 하고, 대나무로 칼집도 만들어서 사용하고!

┃후쿠오카 집도요?

┃노다 네! 삼나무를 통째로 잘라서 껍질을 벗겨 가지고. 《마이니치신문》에서 책으로 냈던데…… 그 사람은 집에 결코 화장실을 만들지 않죠. 삽이 세 개 정도 있는데, 그 주변 산에 구덩이를 파서 이용하는 거예요. 뒤에 사용한 종이는 태우고 오고. 그 아름다운 부인이 그런 것을 재미있어 하면서 따라 하거든, 허허! 여자 편집자가 와도 사정을 안 봐주니까, 어쩔 수 없죠, 그대로 하는 수밖에. 그럼 또 다들 재미있어 하더라고!

┃후쿠오카 비 오면 우산 쓰고 산으로 들어가야겠군요?

┃노다 그렇죠. 그런 날은 물에 쓸려 내려가니까 수세식이라나? 하하하!

한번은 그 사람하고 같이 산에 갔을 땐데, 대나무로 발을 만들길래 뭐 하려고 그러나 봤더니, 그것을 망으로 삼아서 개울에다 받쳐두고, 발로 첨벙첨벙 몰아서 둑중개를 잡지 않겠어요! 그리고는 잡은 둑중개를 불을 피워

굽고, 이번에는 그 주변 있는 통이 굵은 대나무를 잘라서 그릇을 만드는
거 있죠? 거기에 물을 떠서, 구워진 돌맹이를 넣으니까 순식간에 물이 끓
어요. 신기하대! 거기다 마지막으로 구운 둑중개를 넣고, 된장으로 맛을
내면 그대로 맛있는 국 완성! 그 사람하고 같이 있으면 그런 신기한 일이
수도 없이 많아요! 재미있고 신기하고 그렇지. 꼭 옛날 사람을 보는 것 같
기도 하고. 그 사람이 없었다면 그런 것들도 다 사라지고 없어지지 않았
을까 싶어요.

후쿠오카 우리 할아버지, 할머니 세대까지겠죠, 자급자족으로 의식주
를 조달했던 시대는. 그 분들은 할 마음만 있다면, 지금도 충분히 할 수 있
는 능력을 가지고 있다고 생각하지만, 그 아래 세대는 아무래도 무리겠죠?
우리 같은 사람은 아무것도 배운 게 없으니 할 수 있는 게 아무것도 없잖아
요. 지금 시점에서 뭔가 대책을 세우지 않으면, 앞으로 더 큰 문제가 되지
않을까 걱정입니다.

노다 걱정할 거 없어요! 자급자족을 한다거나 정성이 담긴 물질에 대
한 배고픔 같은 것이, 지금 그것이 조금씩 폭발하고 있잖아요, 여기저기
서. 그러니까 앞으로 더 흥미로워지지 않겠어요? 여러 가지 도전을 하는
사람들이 출현할 거니까. 괜찮을 거예요. 🐌

운전을 즐기는 마음이 없다면 안전운전을 할 수 없는 것처럼, 우리에게 가장 부족한 것이 즐기는 마음이 아닐까? 노다 씨가 책을 통해 강조해왔던 것이 그런 게 아니었을까 하는 생각이 든다. 거친 들을 가로질러 흐르는 강을 홀로 표류해야 하는 여행을 그가 계속할 수 있었던 것은, 그것을 '놀이'라는 감각으로 즐겨왔기 때문일 것이다. 어깨 힘을 빼고, 낙관적으로 생각하고 행동하기. 그러면서 고난과 역경이 '즐거움'으로 바뀌는 것이다. 작년의 르포에서 내가 독선과 옹졸함에 빠졌을 때, 거기에서 벗어날 수 있었던 것은 불편을 놀이로 받아들이고 즐길 수 있었기 때문이었다.

물론 사람에 따라서 즐길 수 있는 것은 가지각색이다. 거칠고 힘든 강타기나 불편한 생활을 모든 사람이 놀이라고 생각할 수는 없다. 그래도, 돈이나 물질에 의존하지 않고 즐겁게 '놀 수 있는' 방법은 여러 가지가 있다. 노다 씨는, 도시 스타일의 소비생활에서 한발 물러나 보면 그것이 보일 거라고 했다. 그의 말대로 해서 사람들이 저마다 인생을 즐길 수 있게 된다면, 사회는 질적으로 향상하게 될 것이다.

언제 딸들에게도 시켜보겠다던 대담에서 노다 씨에게 했던 약속을 지난주에 드디어 지킬 수 있게 되었다.

남아 있던 네 마리의 오리를 잡으려고 하는데 딸들이 먼저 "나도 해 볼래요!" 하는 것이었다. 둘째는 내가 거들었지만 큰애는 오리의 마지막 분비물을 뒤집어 쓰고 울먹이면서도, 마침내 한 마리의 숨을 편하게 거두어 줄 수 있었다.

이날, 오리가 처음으로 알을 낳았었다. 어리기 때문인지, 그때까지 오리를 죽이는 것에 대해 아무런 거부감도 보이지 않던 작은애가, "가엾어라! 이렇게 알까지 낳았는데"라며 오리의 죽음을 동정하기 시작했다. 생물을 죽이는 것은 부모로부터 자식에게 이어지는 생명의 연쇄고리를 끊는 것임을 감각적으로나마 이해하게 된 것이리라. 그 생명을 먹음으로써 우리 인간은 생명을 연장시키고 있다. 먹히는 것의 생명이 우리의 생명이 된다.

그날, 저녁상에 차려진 음식 앞에서 둘째가 이렇게 말했다.

"오리에게 고맙다고 말하고 먹어야지!"

아이들에게는 가능한 한 빠른 시기에 살아 있는 생물을 잡아먹는다는 것을 가르쳐 주어야 한다. 노다 씨의 주장이 옳다는 것을 다시 실감했다.

자기 존재의
긍정에서
공생이 이루어진다

시게마츠 히로아키

1950년 후쿠오카 현에서 태어남. 고교 졸업 후, 큐슈 대학 공학부에 진학했지만 '새롭게 다시 살아보고 싶다'며 1974년 중퇴. 중학시절의 동급생이었던 부인과 함께 후쿠오카 현 야마다 시에 혼자 힘으로 집을 짓고 이주. 그 이후, 양계와 채소재배를 주로 한 복합농업으로 자급자족적인 생활을 계속해오고 있다. 저서로는 『산양과 살았다』가 있다.

이미 끝이 보이는 소비사회를 어떻게 바꿀 것인가? 그 방법을 생각하기 위한 대화의 두 번째 주인공으로, 후쿠오카 현 야마다 시의 **시게마츠** 히로아키 씨를 만났다. 손수 지은 집에서 폐품으로 만든 가재도구를 사용하면서, 농사로 자급자족하고 있다. 소비사회와는 정반대되는 생활을 25년 가깝게 해오고 있는 만큼, 그런 그의 경험을 빌어 뭔가 힌트를 얻어보고자 하는 마음으로 만났다.

후쿠오카 대학을 중퇴하고 야마다로 옮겨오셨을 때의 기억을 『산양과 살았다』라는 책에 자세히 쓰셨습니다만, 그 책을 읽다 보면 죄송한 말씀이지만 실패의 연속이잖아요? 집에 불이 나고 병아리들이 떼죽음하고.

시게마츠 거의 뭐 계획 같은 것도 없이 이런 생활이 시작되었기 때문에 실패의 연속도 당연했죠. 나는 어릴 때 병약해서 그다지 놀아보지 못했거든요. 초등학교 고학년이 되어서야 보통 아이들처럼 건강하게 뛰어 놀 수 있었는데, 그때도 놀지 않고 건강해졌으니까 열심히 공부해야지 하는 생각에 우등생이라는 뭐 그런 학생이 되었으니까. 야구부에서 부장이 되기도 하였지만, 어쨌든 조용하고 착한 학생이었죠. 결국, 부모님이나 선생님들 기대에 따라 대학에도 들어가게 되었습니다. 하지만 내가 무엇을 위해서 공부를 하고 있는지 전혀 알지 못하겠더군요. 이대로 공부하고 졸업하면 회사에 들어가겠지, 그리고 집에 돌아가 차려진 음식을 먹겠지. 그런데 그런 생활이 꼭 동물원의 사자 같다는 생각이 들더라고요! 살아 있다는 실감을 할 수 있는 곳에서 다시 한번 내 의지대로 살아보고 싶어졌죠. 솔직히 말하면 다시 한번 소년시절로 돌아가서 놀아보자, 그때 못했던 것들을 해보자 싶었던 겁니다. 그러니까, 그런 실패를 하기 위해서 여기 온 거나 다름없는 거죠.

　후쿠오카 실패하던 당시에도 그렇게 달관하실 수 있었어요?

　시게마츠 물론 그런 건 아니었지만, 그렇게 큰 실패가 아닌 다음에야 어떻게든 해결되게 되어 있으니까. 진짜 절망스러웠던 건 아내가 병으로 죽을 뻔했을 때뿐이었습니다. 생활이 힘든 건 아니었어요. 비가 새도 싫기는 하지만 원인을 찾아서 대처하면 되고, 태풍에 날아가 버리면 다시 세우면 되니까요. 족제비가 병아리를 다 잡아먹었다고 내가 죽은 것도 아니잖아요? 하하. 다만, 아이들이 학교에서 놀림을 당할까, 그것이 좀 걱정이 되기는 했지만.

　후쿠오카 그런 일들이 있었나요?

　시게마츠 나중에야 들은 이야깁니다만, 큰딸이 따돌림을 당하고 있었던가 봐요. 아내가 그러는데, 큰아들도 "현미! 현미!" 하면서 놀림을 받고는 했답니다. 도시락 먹는 게 그렇게 빠른 건, 손으로 가리고 서둘러 먹던 그때 버릇 때문이라는 거예요.

　후쿠오카 음식이나 교육에는 상당히 신경이 쓰이셨던 거 같은데.

　시게마츠 여기 처음 왔을 때, 나 자신이 이런 생활을 하고 싶어했으니까, 아이들도 이렇게 하지 않으면 안 된다는 고집 같은 게 있었죠. 내가 만든 것을 먹고, 여기서 뛰놀며 자라고, 생활하는 것이 행복이다는 생각이 상당히 강했어요. 하지만 집에 불이 나고, 아내가 병에 걸리면서, 그 생각이 멋지게 깨졌죠. 아이들은 내가 원하는 대로 돼주지 않는다는 걸 알게 된 거예요.

그것을 절실히 느꼈던 때는 불이 난 뒤에 가족들끼리 공원에 갔을 때입니다. 보육원생들이 단체로 놀고 있는 것을 우리 아이들이 부러운 눈으로 보고 있는 거예요. 그렇게 부러워 하는 눈길을 예전엔 본 적이 없을 정도였죠. 아이들은 집에서 키워야 한다고 생각하고 있었는데, 역시 집단에서 함께 어우러져 자라야 하는 걸까, 하는 생각. 또 한번은 처음으로 50엔짜리 동전을 주고 뭐든 먹고 싶은 거나 가지고 싶은 것을 사오라고 시켰을 때의 기뻐하는 모습이라니! 표정을 보면 알 수 있잖아요. 화재에, 집사람 병에, 나는 보잘것없고 아무것도 할 수 없는 무능한 존재라는 것을 절실하게 깨닫게 하는 일들이 연발하면서, 나만 훌륭한 일을 하고 있는 것 같은 자기 착각에서 깨어나기 시작했어요. 사회를 거부할 것이 아니라, 이 사회 속에서 인내하면서 더불어 살아가야 한다고 생각하게 되었어요. 그 덕분에 나름대로 아이들을 제대로 키울 수 있지 않았을까, 아니 잘 자라준 것이 아닐까 생각합니다.

후쿠오카 사회와의 연결고리나 화폐에 의한 교환을 전면 부정하게 된다면, 캄보디아의 폴포트파나 옴진리교와 같이 자폐적 집단이 될 수밖에 없으니까요. 인간다움마저 잃어버리는 결과를 초래하게 될지도 모르죠. 그런 점을 감안한 상태에서, 어떻게 살아갈 것이냐가 문제죠. 그런데, 좀 어리석은 질문처럼 들리겠지만 이런 생활이 즐거우신가요?

시게마츠 물론 즐겁습니다. 그러니까 25년이나 계속해오고 있는 거고요. 돈이 없으면 없는 대로 돈을 들이지 않고 즐기는 방법, 그런 것도 있으니까요. 우리집은 도서관을 많이 활용하고 있어요. 영화 비디오나 책도 빌릴 수 있고. 물론 공짜니까요. 그렇게 훌륭하게 준비해놓고 사용하지 않는다는 것은 아깝잖아요. 그런데 이용률은 상당히 낮다고 하더군요. 모두 돈 버느라 바쁘기 때문이겠죠.

후쿠오카 알란 더닝(Alan Durning)의 『얼마나 소비해야 만족할까?』라는 책에 아주 재미있는 사례가 실려 있었는데, 세계공황 때 켈로그 사가 하루 노동시간을 8시간에서 6시간으로 줄였다고 합니다. 그러자 도서관을 이용하는 사람이 늘어나는가 하면, 지역 미화활동이나 스포츠 등 취미활동이 왕성해져서 노동자의 지적 소양이 높아졌다는 거예요.

｜시게마츠 물질을 아무리 많이 가져도, 성취감도 만족감도 얻지 못했다는 그런 경험을 토대로 앞으로 어떻게 해야 할지 생각해야 한다고 봐요.

｜후쿠오카 이런 생활의 어떤 점이 가장 마음에 드시나요?

｜시게마츠 내가 모든 것을 만들어간다는 점일까요? 처음부터 스스로 생각하고 마지막 정리까지 내 스스로 한다, 그 전체성이 마음을 편안하게 해주니까요. 예를 들면 배설물도 비료로 만들어서 땅으로 돌려보내는 형식으로 내 스스로 끝을 정리하죠. 누군가에게 그걸 대신하게 하면, 왠지 뿌리가 잘려나간 것처럼 안정이 안 되거든요. 사람들이 기피하기 쉬운 배설물이나 쓰레기 들을 포함해서, 생명과 총괄적으로 연관되어 있는 것이 훨씬 마음이 안정됩니다. 나 자신도 연약하고 더러운 존재니까. 현대문명이라고 하는 것은 좋은 것만 좋아하고, 더러운 것 싫은 것은 전부 외면해버리고 있잖아요? 하지만, 그런 더럽고 싫은 것 안에도 뭔가 구원이, 인간을 안심시켜주는 뭔가가 반드시 담겨 있다고 생각해요. 쓰레기나 배설물 같은 것, 더럽기 때문에 더욱 그렇죠!

｜후쿠오카 더러운 것, 싫은 것을 생활에서 배제시킬 것이 아니라 순순히 받아들이고 자연순환의 구성원으로 인정함으로써, 자기 자신도 더러워도 좋다, 흠이 있어도 좋다고 생각하게 된다, 즉 자신을 긍정할 수 있게 된다는 말씀이시죠? 저도 키우고 있던 오리를 제 손으로 죽였을 때, 내 스스로가 너무 잔인하다고 생각했는데, 잔인하지만 그렇게 해서 살아가는 것이라고 생각하게 되니까, 그제서야 마음이 편해지고 뭔가 마음에 중심이 선 듯한 기분이 들더군요.

┃시게마츠 좋은 것만 취하고 산다면, 인간의 정신은 정화되지 않을 것 같아요. 이것은 좋은데 저것은 아니라고 부분적으로 평가된다면, 인간은 결국 분열되고 말 테니까요. 나는 이대로 좋다, 더러움이나 흠집까지 포함한 이대로의 나라도 좋다고 생각할 수 있어야지요.

┃후쿠오카 소비사회에서는 그런 자기긍정적인 사고를 갖기가 힘들지요. 인간 자체가 시장에 내던져진 상품처럼 언제나 타인과 비교되고 있으니까요. 이 사람은 컴퓨터를 다룰 줄 아니까 얼마, 이 사람은 미인이니까 얼마, 모두가 가격표를 달고 있는 거나 마찬가지. 그리고 자기가 없어진다고 해도 다른 누군가가 그 자리를 대신하게 될 것이고, 조직은 여전히 그대로 돌아가겠죠. 상품이고, 교환이 얼마든지 가능한 도구에 지나지 않으니까, 자기 자신이 둘도 없이 소중한 존재라는 것을 모르고 살죠.

┃시게마츠 명확하게 선을 그으면 돼요. 나는 회사에서는 어디까지나 톱니바퀴고 시장에서는 상품에 불과하다. 하지만 뭔가가 있어요. 톱니바퀴도 상품도 아닌, 그런 걸로는 평가할 수 없는 어떤 부분이! 바로 '자기 자신'일 겁니다. 내가 이곳 생활에서 가장 좋았던 것은, 바로 그 '자신'을 받아들이고, 나는 지금 이대로 좋다고 진심으로 생각할 수 있게 되었다는 겁니다.

┃후쿠오카 자기 자신을 있는 그대로 긍정할 수 있게 되면서 비로소, 타인도 존재 그대로 좋다고 긍정할 수 있게 되겠죠? 자기 자신을 소중한 존재라고 생각하지 못한다면, 타인 또한 그 당사자에게는 그런 소중한 존재라는 것을 알지 못할 테니까요.

┃시게마츠 타인이라고 하는 것은 인간에만 한정되는 게 아닙니다. 닭장에 침입한 너구리가 닭을 잡아먹어도, 제대로 관리를 하지 못한 내 책임이지, 너구리가 먹이를 얻기 위해 닭을 죽인 것은 당연한 것이지 나쁜 일이라고 할 수 없죠. 그렇게 생각하면 화낼 일도 없거든요. 그 부분이 앞으로 문명의 열쇠가 되지 않을까 생각합니다. 자기 자신을 그대로 인정하는 것,

그럼으로써 타인 또한 그대로 인정하는 것.

후쿠오카 근본 생태학(Deep Ecology)의 제창자인 아르네 네스(Arne Naess)가 이런 말을 했더군요. "산 정상에 헬리콥터를 타고 올라가서 그곳 레스토랑에서 음식을 먹는다면, 음식이 맛없다고 불평을 하고 싶어진다. 하지만 한 발 한 발 걸어서 정상에 올랐다면, 모래나 스키에 칠하는 기름이 들어 있는 샌드위치라도 무한한 기쁨을 가지고 먹을 수 있다"고요. 정말 맞는 말입니다만, 그것도 어쩌면 자기 힘으로 올랐다는 자기긍정이 가져다준 만족감 때문일지도 모른다는 생각이 드는군요. 헬리콥터로 올랐다면 자기긍정감도 없기 때문에 타인에 대한 이해나 배려도 없어지는 거겠죠?

시게마츠 그런데도 인간이 안락한 것, 안락한 생활만 하려고 하는 것은 생명력의 쇠퇴를 의미하는 것이 아닐까요?

후쿠오카 안락이라고 하는 것은 습관성이 있으니까요.

시게마츠 마약처럼 한번 빠지면 헤어나지 못하게 되는.

후쿠오카 다만, 인간은 지루해 하는 속성을 가진 동물이잖아요? 거기에 희망을 걸어보는 거죠.

시게마츠 나는 워낙 평범한 사람이라, 도시에서 샐러리맨 생활을 하는 것보다 재미있을 것 같아서 이런 생활을 하고 있는 거예요. 그렇기 때문에 인류의 미래도 아직 가능성이 있지 않나 생각하는데…… 이 생활이 훨씬 더 재미있으니까요. 🐌

신념을 관철시킨 고고한 사람. 그런 선입관이, 이야기를 시작한 지 5분도 안돼서 오간데 없이 사라지고 말았다. 정말 유연하고 자연스러운 사람이다.

"더러움과 연약함까지 한데 뭉뚱그린 자신을 있는 그대로 인정하고 받아들이게 되었다"는 말처럼, 자기 자신을 꾸미거나 크게 보이도록 과장하려는 것이 전혀 느껴지지 않는 분이다. 그래서 말 한마디 한마디가 순순히 가슴으로 와 닿는다.

50엔짜리 동전에 시게마츠 씨네 아이들이 눈이 빛나더라는 일화를 보더라도, 화폐나 소비의 기쁨을 부정할 수는 없다. 하지만 인간의 가치를 모두 화폐로 환산하려고 하는 현대사회 속에서, 인간은 '자신'을 둘도 없이 소중한 존재라고 긍정하기가 힘들다. 왕따나 원조교제 문제, 지나친 환락을 추구하는 오늘날의 풍조도 거기서 유인된 것은 아닐까?

중요한 것은 화폐나 소비를 부정하는 것이 아니라, 그것도 인정하면서 화폐로는 환산할 수 없는 가치도 있다는 것을 깨달을 수 있느냐 없느냐일 것이다. 시게마츠 씨는, 더러움과 연약함도 한데 묶은 그 가치가 바로 자기 자신이고, 자연의 순환 속에 생명을 의탁함으로써 그 자신을 받아들일 수 있었다고 말한다. 그리고 자기의 있는 그대로를 인정하는 것이, 타인의 삶을 긍정하고 존중하는 것과도 연관된다고.

개인주의를 비난하고, 전체의 이익을 거론하기 시작하면 파쇼는 바로 눈앞에 있다. 그 함정에 빠지지 않고 타인과 공생하기 위한 사상의 핵이, 바로 이것이 아닌가 한다.

순환하는
시간을
되돌리다

야마오 산세이

1938년 동경에서 태어남. 와세다 대학 서양철학과 중퇴. 1967년에 공동체 '부족'에 참가, 대안문화공동체운동을 했다. 1973년부터 가족들과 함께 일년 간, 인도와 네팔의 성지를 순례. 1975년 도쿄에서 무농약 채소 재배와 판매를 했다. 1977년에 가족이 야쿠 섬의 버려진 마을로 이주, 농작물을 재배하면서 시와 글을 발표.

저서로는 『성(聖)노인』『야쿠 섬의 우파니샤드』『여기에 사는 즐거움』『더 바랄 게 없는 삶』,『애니미즘이라는 희망』시집으로 『삼광조(三光鳥)』『숲 속 집에서』 등이 있다. (야마오 선생은 대담이 있고 다음해인 2001년 8월에 돌아가셨다.)

가장 가깝다는 마을에서 차로 20분, 야쿠 섬의 깊은 산 속에서 자급자족하는 농사를 지으면서 문필 활동을 하고 있는 시인 **야마오** 산세이 선생께 세 번째 대화를 청했다. 동서양 철학에 대해 조예가 깊은 만큼, 실천 속에서 소비문명을 초월하기 위한 성찰의 길을 걷고 있는 그의 지혜를 듣고 싶었다.

후쿠오카 소비사회가 직면하고 있는 환경문제 등의 위기를 골똘히 생각하다 보면, 개인 혹은 자아라고 하는 것과 전체를 어떻게 융화시켜가야 할까 하는 어려운 문제에 부딪히게 됩니다. 지난달 시게마츠 히로아키 씨와의 대담에서는 자기 자신을 긍정함으로써 비로소 타인과의 공생도 시작될 수 있다는 말씀을 들었습니다. 그것은 선생님께서 자주 인용하는 인도의 『우파니샤드』가 말하는 '아트만(我) 즉 브라만(梵), 브라만 즉 아트만', 자신이 그대로 우주이며, 우주가 그대로 자기 자신이라는 사상과 어딘가 닮아 있다는 생각을 했습니다.

자기 자신은 세계의 주변에 있으며, 어딘가에 있을 중심을 향해 다가감으로써 구제된다는 발상은, 자기 자신을 버리지 않으면 안 되기 때문에 자유를 잃게 됩니다. 옴진리교에 매료되었던 젊은이들 역시 그랬습니다. 종교에서, 다른 종파와의 사이에서 신자끼리 분쟁이 종종 발생하는 것도, 그것이 큰 요인으로 작용하기 때문이 아닐까 생각합니다. 자기 자신을 버릴 것이 아니라, 자신을 긍정함으로써 타인도 긍정한다. 그것이 대립을 넘어서 공생하기 위한 커다란 사상의 핵이 아닐까 하는 확신이 들었습니다만……

┃아마오 가장 중요한 문제겠죠. 나처럼 60년대 안보의 시대에 청년 시절을 보냈던 인간에게, 주체 혹은 개인은 빼놓을 수 없는 하나의 가치관이니까. 그렇지만 개인 혹은 자기 자신, 주체라고 하는 것은 무엇인가 생각해 볼 때, 생물학적으로 말하는 개체가 나인가 하면, 결코 그렇지는 않아요. 그럼 도대체 뭐냐, 일종의 자기 편력이라고 하나, 개인의 편력, 주체의 편력 속에서, 나의 경우는 신(神)이라고 하는 문제와 부딪히게 되었죠. 하지만 종교란, 그 개인이 주체를 방기하고 신 앞에서 무(無)가 된다고 하는 형태의 신앙이 전통적인 종교의 형태란 말입니다.

┃후쿠오카 귀의(歸依)라는 말이 있죠.

┃아마오 그 말이 단적으로 표현하고 있는데, 영어에서는 'Surrender'라고 하죠. 몸을 내던진다, 항복한다는 의미로 지금도 뉴에이지(New-age) 사람들은 자주 사용하고 있어요. 하지만 나의 경우는 내가 나이면서 동시에 성스러운 것을 접할 수 있는, 그런 세계를 추구해왔고 지금도 물론 찾고 있는 중이죠. 그 과정에서 만난 것이 인도철학이었죠.

인도철학의 근본에 있는 것이 '브라만 즉 아트만, 아트만 즉 브라만'입니다. 브라만은 전 우주, 전 세계를 일으킨 원인이면서 동시에 지금도 끊임없이 생성되고 있는 이 세계의 전모(全貌)이기도 한 것, 즉 원인이고 과정이면서 결과이기도 한, 그런 전 우주를 말하는 데, 그것이 즉 아트만이라는 거죠. 아트만이란 자기 자신을 말하는 것이기 때문에 자신이 세계 기원의 원인이며 현재 일어나고 있는 과정이면서, 앞으로 변화되어 갈 미래의 과정이기도 한 브라만과 완전히 일치하는 거죠. 이것을 실제로 체험하는 것이 인도철학의 가장 오래된 문헌인 『리그베다』 이래 4천년 간

변함없이 일관해온 인도철학의 테마입니다.

나는 즉 우주다, 혹은 우주는 그대로 나라고 하는 근본명제를 자신이 직접 체험하는 것. 이것이야말로 근대적 자아라고 할까, 근대적 개인 혹은 주체사상과 전체가 융화되기 위한 열쇠가 되는 철학이라고 직감했죠.

나는 민주주의나 기본적 인권이라는 사고방식은 천 년 사상이라고 생각합니다. 분명 이 사상의 열기는 천 년이 지나도 식지 않겠죠. 그런데 그 민주주의나 인권 위에 군림해서, 개인이 무슨 짓을 해도 좋다고 하는 그릇된 발상이 시장원리, 경쟁원리에 그대로 나타나고 있어요. 그것이 가져온한 것이 헤지 펀드와 같은 흉악한 금융독주사회라는 거죠. 그리고 그 발상의 결과가 산을 무너뜨리고 강을 파괴하더라도 나만 이익이면 그만이라는 식으로, 자연과의 관계에서 가장 단적으로 나타나고 있습니다.

▎후쿠오카 하지만, 그 결과가 결코 자신을 위한 것이 아님을 사람들도 이제는 깨닫기 시작하고 있는 게 아닐까요? 개인주의가 폭주하려고 하는 것을 윤리나 규제로 억제하려고 했지만, 지금까지 성공한 곳은 없었어요. 그것은 금욕을 전제로 했기 때문이라고 봅니다. 그러니까 지금 이대로는 결코 자신을 위한 것이 아니라는 것을 깨닫고, 스스로 다른 방향으로 전환해 가는 것, 그 방법밖에는 길이 없다는 생각이 듭니다. 힘으로 억압하고 강요할 것이 아니라, 스스로가 원해서 방향을 바꾸는 것. 자신의 욕망을 긍정하면서, 욕망의 질을 향상시킨다고 할까……

▎야마오 강요해서는 안 되지요. 그렇지만 어느 정도 자기규제를 하지 않으면 안 되는 것도 있어요. 삶의 방식이 바뀌면 그곳에 기쁨이 있다는 것을 알게 되지만, 삶의 방식이 바뀌지 않으면 언제까지나 알 수 없는 게 있으니까. 그러니까 항상 '잘못된 게 아닌가?'라는 문제제기를 하지 않으면 안 되는 거예요. 나는 규제나 윤리가 인간이 욕망의 동물이라는 점을 고려할 때, 도저히 배제할 수 없는 것이라고 생각해요. 윤리 본연의

역할이 있고, 규제의 필요도 있다고 봅니다. 하지만 지금 우리들의 사회 감정으로 보면, 윤리나 규제를 통해 사회를 변화시킨다는 것은 어째 무리가 있는 것 같거든요.

그렇다면 우리는 과연 무엇부터 자신을 바꿔가야 할 것인가, 그건 새로운 기쁨부터 찾아야 한다고 생각해요. 지금까지 우리들이 레저를 포함한 새로운 상품을 통해 발견해왔던 그런 기쁨이 아닌 다른 기쁨. 물론 상품에 의한 기쁨을 좀더 철저하게 느끼고 싶다는 사람은 그렇게 하면 될 것이고. 하지만 거기서 기쁨을 느낄 수 없다면 그 사람은 다른 기쁨을 찾아나서면 어떨까 하는 거죠. 그 기쁨에 의해 세계가 변하고, 자신도 변한다고 생각하는 거죠.

후쿠오카 우리는 자신의 행복을 위해서 필사적으로 살아왔습니다만, '지금 행복한가' 하는 질문에는 자신 있게 대답하지 못하죠. 많은 사람들이 일상과 다른 뭔가, 즉 비일상을 끊임없이 추구하고 있습니다. 일상에서의 일탈을 이 정도로 갈망한다는 것은, 바꿔 말하면 일상을 무미건조하다고 느낀다는 얘깁니다. 일상이 행복하지 않다는 것을 비일상을 추구하는 행위로 증명하고 있는 게 아닌가 싶습니다.

그에 대해서 선생님께선, 최근 출간하신 『여기에 사는 즐거움』에서 일상에야 말로 즐거움이 있다는 말씀을 하셨습니다. 만일 일상에서 즐거움을 찾아내고, 그것을 긍정할 수 있다면, 그 편이 당연히 행복하다고 생각합니다. 일상이 압도적으로 기니까요, 시간적으로는.

야마오 상품은 돈만 내면 누구에게나 간단하게 기쁨을 가져다줍니다. 그런 세계는 배제할 수도 없고, 배제하려는 발상을 한다 하더라도 전략적으로 실패하고 말 겁니다. 역시 양립이 최우선이 아닐까 생각해요. 일상을 즐긴다고 해서, 살고 있는 지역에 틀어박혀 금욕적인 생활을 하라는 것이 아닙니다. 여행을 해도 좋죠. 하지만 맘먹고 한 장소에 뿌리를 내리고 살기 시작하면, 사방 1킬로미터 안에도 자기의 한 평생을 걸어도 다 맛보지 못할 정도의 기쁨들이 숨쉬고 있다는 것, 이것만큼은 자신 있 게 말할 수 있어요.

후쿠오카 선생님의 책에서 보면, 들이나 산에서의 작업을 즐길 수 있는 비결로, '서두르지 않을 것'과 '집중할 것', 그렇게 하면 생명의 충족 과 평온함을 동시에 얻을 수 있다고 했습니다. 그 말씀에는 정말 동감입 니다. 시간에 쫓겨서는 아무런 즐거움도 느끼지 못하거든요! 현대인들은 모두 너무 바쁘게만 삽니다. 일하느라 바쁘고, 노느라 바쁘고.

야마오 시간에는 두 가지가 있어요. 그 중 하나가 앞으로 직선적으 로 흘러서 미래로 가는 진보하는 시간입니다. 이것은 산업문명의 시간이 죠. 산업문명은 과학을 토대로 하기 때문에 절대로 후퇴하지 않거든.

후쿠오카 과학은 과거의 식견을 근거로, 그 위에 새로운 것을 축적 해가는 블록과 같은 거니까요.

야마오 그래요. 그러니까 이 산업문명의 시간은 미래를 향해 진보 할 뿐이지. 이것을 부정할 수는 없어요. 한때는 나도 이것을 부정했죠. 이 런 것은 안 된다고! 하지만 곧 이것은 부정할 수 없는 것임을 알았지.

야쿠 섬의 시라카와 산이라는 마을에는 현재 열여덟 세대가 살고 있는 데, 그 중 원주민은 딱 한 세대뿐입니다. 나머지는 섬 밖에서 도시생활을 버리고 이주해온 사람들이죠. 그런 의식적인 사람들조차도, 10년, 20년 살다 보면 결국 무시할 수 없는 뭔가가 있게 마련이에요. 내가 22년 전 거 의 버려진 이 마을로 처음 이주해왔을 당시부터 얼마간은, 난방기구라고 는 이로리(圍爐, 마룻바닥을 사각으로 파서 난방용으로 불을 피우게 하는 장치-옮긴 이)가 다였어요. 난로니 코타츠(火燵, 일본의 난방기구의 일종으로 이불 속에 넣 는 화로, 각로—옮긴이)도 없었지. 장작은 재생 가능한 에너지라는 이유로 사 용을 제한하고 있었고. 그러니 유일한 난방도구라고는 이로리가 다였어요. 그런데 이게 또 연기가 오죽 대단해야지! 가구고 책이고 다 까맣게 그을리지! 그런 상황이다 보니, 먼저 코타츠가 들어오고, 다음으로 석유스토브가 들어오게 되더군요.

| 후쿠오카 재미있네요.

| 야마오 이웃의 한 집도, 몇 년간은 난방기구 없이 지냈죠. 마을을 이루고 살다 보면, 일종의 규제 같은 것이 있게 마련인데 부끄러운 거죠, 코타츠를 들이고 난방기구를 사고 하는 것이. 그런데 그 집 부인이 어느 날 "특별한 인생, 인내심 대회하는 것도 아니고, 난 이대로는 더 못 산다!" 하고 나서는 바람에 이 동네에서 처음으로 스토브를 들여오게 되었죠. 그 한마디로 그때까지 참아왔던 규제가 일시에 무너지더니, 어느 틈엔가 이제는 스토브나 코타츠가 없는 집이 없게 되더라고요. 어찌 보면 그냥 보통 집인 셈이지만! 그러다가 여름이 되니까, 이번에는 선풍기를 사들이는 집이 생기기 시작했죠. 한번 부정했던 문화가 다시 돌아오게 된 셈이죠.

그런 반면, 타니가와 골짜기에서 각 집으로 파이프를 연결해 자연수를 끌어다 식수로 사용하는 것은 완전히 정착되어 있습니다. 큰비가 와서 파이프가 막히거나 떠내려가거나 하면, 일일이 자기 손으로 수리해야 하고, 가는 모래 때문에 세탁기나 온수기가 고장 나는 등, 불편한 점이 한두 가지가 아녜요. 행정부는 소독한 물을 먹이고 싶어서 수도를 개설해주겠다고 하지만, 그걸 원하는 사람은 한 명도 없죠. 자연수를 마신다고 하는 것은 '즐거운 불편'이니까요.

그것과 마찬가지로 목욕물을 장작불을 피워 데우는 일은 불편하기는 하지만, 가스나 전기로 데워서 하는 목욕과는 비교가 안 되는 색다른 맛, 기쁨 같은 게 있거든요. 그 때문에 나는 20년 넘게 계속 해왔고, 또 앞으로도 계속 장작불을 피우겠지! 바로 후쿠오카 씨가 이번 르포에서 일년 간에 걸쳐 해왔던 검증을 우리는 좀더 시간을 들여, 별다른 의식도 없이 자연스러운 선택 속에서 해왔던 거죠.

│후쿠오카 선생님 같은 분이 그렇게 말씀해주시면, 많은 사람들이 용기를 얻지 않을까 싶습니다. 저도 이 르포를 시작하고 얼마 동안은 시야 협착에 빠져서, 머릿속에는 이상만 가득 세워두고 '여기서 벗어나면 악이다'는 식으로 제 자신에게 규제를 강요하고 있었어요. 가족에게는 불편을 강요하지 않겠다고 그럴 듯하게 말했으면서도 태도로는 강요하고 있었으니까요. 결국엔 그래서는 하나도 즐겁지 않다는 걸 알았지만……

│야마오 그 르포가 좋았던 것은, 그래도 빠른 단계에서 그 부분에 대한 기사가 나왔다는 거예요. 처음 그대로 계속됐더라면 읽는 독자들도 힘들었을 거예요. 빠른 단계에서 그 규제가 풀렸기 때문에 르포를 읽는 것이 즐겁고 편했던 거죠.

│후쿠오카 야마다 시의 시게마츠 씨도 처음에 그런 경험을 하셨다고 하더라고요.

│야마오 맞아요. 그 함정에는 너나 할 것 없이 한번쯤은 빠지게 되어 있어요. 나는 한두 번도 아니고 여러 번 그랬습니다. 그 때문에 나 자신 힘들기도 했지만, 무엇보다 주변 사람들에게 폐를 많이 끼쳤지요.

│후쿠오카 확실히 진보하는 산업문명의 시간을 부정하고 거역하는 것은 불가능하다는 것. 그것은 충분히 실감할 수 있겠습니다. 그리고 말씀하신 또 하나의 시간은?

│야마오 개인이 태어나서 성장하고 늙고 죽는다, 그리고 자손이 또 태어난다고 하는 인생의 고리는 4천 년 전이나 지금이나 하나도 변하지 않았습니다. 인류가 존속하는 한, 앞으로도 생노병사의 변하지 않는 시간을 살아가겠죠. 그리고 태양계가 안정되어 있는 동안은 하루 24시간, 일년 365일, 온대의 경우 춘하추동의 반복. 자연계의 시간이라는 것은 이렇게 순환하는 시간입니다. 우리는 어느 순간부턴가 인간이 만들어낸 진보

하는 시간만이 시간이라는 착각에 빠지고 말았습니다.

개인의 삶에서 보자면 가족이라는 시간은 순환하는 시간입니다. 근무 시간은 진보하는 시간. 산업에서는 진보라는 것을 가장 중요하게 생각하니까요. 진보하는 근무공간에서 집으로 돌아옵니다. 그럼 집에는 순환하는 시간이 기다리고 있기 때문에 안도할 수 있는 거죠. 지금은 텔레비전과 컴퓨터와 같은 산업의 시간을 대표하는 상품이 있어서, 가족의 순환하는 시간을 진보하는 시간으로 끌어내리려고 하고 있지만 말입니다.

지금까지 우리 사회는 진보하는 시간에 마음을 빼앗겨 버리고 있었습니다. 이제는 그와는 다른 또 하나의 시간이 있다는 것을 먼저 인식하고, 어느 정도 여유가 있는 순환하는 시간을 자기에게 되돌릴 수 있었으면 하는 바람입니다.

후쿠오카 진보하는 시간을 부정하는 것이 아니고 말이죠.

야마오 지금은 너무 그쪽으로 치우쳐 있어서 폐해가 발생하고 있는 만큼, 그 균형을 찾아서 유지하자는 말이죠.

후쿠오카 지금의 산업문명, 소비문명이라고 해도 좋을 것 같습니다만, 거기에 흐르고 있는 진보하는 시간을 지탱하는 것은 언어라는 생각이 듭니다. 언어를 통해 지식을 전달함으로써 과학이 성립되고 있으니까요. 새롭게 태어나는 것은 제로에서 시작하지 않아도 되죠. 선배들이 언어를 이용해 체계화시켜 놓은 지식의 토대 위에, 또 다른 언어로 형성된 새로운 층의 지식을 쌓아가는 거니까요. 그런 의미에서 진보의 시간을 지탱하는 것은 언어라고 할 수 있지 않을까요? 그것이 지금의 위기를 가져왔다, 그렇다면 그와 반대되는 언어의 힘이란 것도 있지 않을까, 전 그렇게 생각합니다. 지식을 쌓아 올라가는 언어의 힘 말고, 자연이나 일상 속에서 기쁨을 찾을 수 있는 언어의 힘이라고나 할까요? 저는 그것이 시(詩)라는 생각이 드는데요. 언어가 초래한 위기인 만큼, 그것을 극복하기 위해서는 또 다른 종류의 언어의 힘이 필요하지 않을까 하는.

┃야마오 그건 그래요. 지금 말씀하신 진보의 토대가 되는 언어는 기호로써의 언어를 말하는 거겠죠. 그에 대해 한자(漢字)기원학의 시라카와 시즈카 박사가 이런 말을 한 적이 있어요. "하리마(播磨, 현재 일본 효고 현의 옛 이름)의 풍토기(風土記)에 화살에 맞은 동물이 '단말마의 노래를 부르더라'는 기술이 나온다. 그것이 〈노래〉라는 말의 기원이 된 것이 틀림없다. 그러므로 '노래' 즉 시는, 절실한 바람이나 기원, 좀더 원초적으로 말하자면 화살을 맞았을 때나 병에 걸렸을 때 '아프다'고 하는 생명의 울부짖음에서 시작되었다" 그의 말처럼 그것이 '노래'의 원조라고 한다면 그것이야말로 지금의 소비사회에 결여된 것이 아닐까. 익사할 정도로 넘치는 물질과 정보의 홍수 속에서 자신이 진짜 원하는 것이 무엇인지 알 수 없게 되었다는 거죠. 자기 생명이 절실하게 원하고 있는 것이 무엇인지 구분도 하지 못하게 되었으니까요.

┃후쿠오카 꽃이 피고, 그 향기가 그윽하게 퍼지면 기쁘고 행복해지잖아요? 그런데 왜 마음이 기뻐하는지, 곰곰이 생각하다 보면 뭐가 뭔지 모르게 되거든요. 무엇을 느끼는지도 사람에 따라서 다르고요.

┃야마오 그것을 괴테는 친화력이라 했지요. 생명이 갖는 친화력.

┃후쿠오카 그것은 처음의 '브라만 즉 아트만'과 연관지어 생각해볼 수 있겠군요. 선생님께서 『야쿠 섬의 우파니샤드』라는 책에서 '아내가 소중하기 때문에 아내가 사랑스러운 것이 아니라, 자아가 소중하기 때문에 아내가 사랑스러운 것이다' '세계가 소중하기 때문에 세계가 그리운 것이 아니라, 자아가 소중하기 때문에 세계가 그리운 것이다' '재산이 소중하기 때문에 재산이 아까운 것이 아니라, 자아가 소중하기 때문에 재산이 아까운 것이다' 등, 반복적인 문구가 이어지는 『우파니샤드』의 어록을 소개하셨는데 그건 정말 옳은 말들입니다. 자기 자신이 소중하기 때

문에 물질이 아깝게 느껴지고, 사람이 사랑스럽고, 세계는 그립다. 그러므로 전 우주는 즉 자아이며, 자아는 곧 우주다라는 사상은 옳다고 생각합니다. 그 꽃을 보고 아름답다고 생각하기 때문에 그곳에 아름다운 꽃이 존재하는 것이지, 꽃을 보고 아름답다고 생각하지 않는다면 그곳에는 아름다운 꽃은 존재하지 않게 되니까요.

ㅣ아마오 문화인류학자인 이와타 케이지 선생은 이런 식으로 말했죠. "아침에 일어나 뜰로 나간다. 목련 꽃이 피어 있다. '목련아, 안녕'이라고 인사를 한다고 해서 목련 꽃이 대답해 줄 리는 없다. 하지만 목련 나무를 만져보면, 목련 나무의 거친 피부를 통해 우리에게 전해오는 뭔가가 있다. 그 뭔가를 통해, 인간의 의식은 신(神)이라는 존재를 일깨웠음에 틀림 없다." 이렇게 말입니다.

그 예에서 본받아 물을 만지거나 혹은 들풀과 꽃을 보면 바람이 어디서 왔다 어디로 가는지를 느낄 수가 있어요. 그런 모든 행위 속에서 새로운 기쁨이 샘솟는 거죠. 그것은 우리가 거리를 걸으면서 새로운 상품을 발견하고 그것에 매료되어 구매하는 형식으로 욕망을 충족시키는 것과 그다지 다를 바 없다고 생각해요.

거리를 걸으면서 바람의 흐름을 느낀다. 혹은 가로수도 좋고 화분에 심은 초목도 좋겠죠. 뭔가 자연과 눈을 마주침으로써, 그 관계로 얻는 기쁨은 무한하게 널려 있어요. 지금 시조나 단가(短歌)를 읊는 사람들이 많이 늘어나고 있는 추세라고 하더군요. 시조에는 계절을 담아내는 표현들이 많다는 점을 보더라도, 그것이 순환의 시간에 속해 있다는 것을 알 수 있죠. 이 시조나 단가가 미증유의 전성기를 맞고 있는 요즘의 현상은, 많은 사람들이 상품이 제공해주는 것과는 별개의 기쁨을 추구하고 있다는 하나의 발로가 아닐까요? 나는 여기에 상당한 기대를 걸고 있는데……

ㅣ후쿠오카 인간은 자신을 표현하고 싶어하는 동물입니다. 표현하고,

자신을 이해해주기를 바라는 욕구는 저 또한 아주 강하거든요. 작년 르포를 시작했을 때도 "당신은 신문이라는 미디어를 통해, 자신의 경험을 기록함으로써 자신을 표현하고, 그것을 사람들이 읽고 인정함으로써 기쁨을 얻을 수 있기 때문에 불편한 생활을 감수할 수 있는 것이다"라는 지적을 받기도 했습니다만, 확실히 틀린 말은 아니라는 생각이 들더군요. 그만큼 단가나 시조를 포함한, 표현이 가지는 힘은 크다는 것이겠죠.

┃야마오 표현한다고 하는 것에는 이론이나 격식을 제외한 소박한 기쁨이 있어요. 표현하는 자체에 기쁨이 있고, 그 표현에 공감해주는 사람이 있다면 기쁨은 배가 되겠죠.

┃후쿠오카 물질을 소비하는 기쁨이란 자신을 타인과 차별화 하는 기쁨이라고 할 수 있습니다. 그러므로 한 사람이 그 기쁨을 향유하게 된다면, 반면에 다른 한 사람은 불만을 가져야 한다는 결과가 되죠. 예를 들어 이웃이 벤츠를 샀을 경우, 주변의 국산 차를 타는 사람은 초라하게 느끼는 것처럼, 누군가가 떠오르면 또 누군가는 가라앉죠. 그런 점에서 보면 표현하는 기쁨이란 서로 나누어 가지는 기쁨이 아닐까 싶습니다. 공명(共鳴)함으로써 기쁨이 넘쳐나는. 기쁨의 질 자체가 다르죠.

물론 소비는 즐거운 일입니다. 하지만 그게 아닌 좀더 타인과 공유할 수 있는 기쁨도 있다는 얘기죠. 그것을 생활 속에 받아들여야지요. 그것은 순환하는 시간을 되돌리는 일과도 연관되고, 소비사회를 초월할 수 있는 단서가 돼주기도 할 테니까요.

┃야마오 그것은 지극히 작은 것에 지나지 않아요. 언어라거나 상상력이라거나 하는 그런 세계의 일이니까. 나는 전문가가 아니기 때문에 구체적으로야 말할 수 없지만, 좀더 실용적인 세계에서도 반드시 그런 기쁨이 있을 거라고 믿어요. 그런 정보를 교환해가면서 새로운 문명, 새로운 사회를 만들어갈 수 있으면 하는 바람이고, 또 그렇게 될 거라고 믿습니다. 🐌

＊ 진보를 부정할 것이 아니라, 기쁨에 의한 조화를

　산속 길을 택시를 타고 헤매다가 결국 약속 시간에 늦어버린 나를, 야마오 선생님은 집 밖까지 나와 기다려주셨다. 게다가 "난 이미 후쿠오카 씨하고는 동지라고 생각하고 있는 걸요. 내 멋대로의 혼자 생각일지 모르지만?"이라고, 과분한 말씀까지 해주셨다. 생각했던 대로 아주 부드럽고 친절하신 분이었다.

　야마오 선생은 개인이 주체를 버려두지 않고 전체, 즉 자연이라고 하는 것과 융화되어 가는 길을 일생 동안 찾아다닌 분이다. 의외였던 것은 그런 분께서 "자연 자체를 과잉평가 해서 그곳에 가면 뭐든지 있다고 생각한다면 오래 지속할 수 없다"거나, "소비사회도 결코 전면적으로 잘못된 것이라고는 생각하지 않는다"는 말이었다. 내가 한 일년 동안의 르포에 대해서도 "빠른 단계에서 자기규제를 벗어 던질 수 있었던 것은 다행한 일이었다"는, 그때까지 생각해보지 못했던 부분을 칭찬해 주시기도 했다.

　지금의 위기를 극복하자고 하면, 자칫 소비의 기쁨을 전면 부정하고 극단적인 길을 가려는 경향을 띠고는 한다. 그 함정에 빠지지 않고 소비사회를 극복한 사회를 구상하기 위해서라도, 시간에는 '진보하는 시간'과 '순환하는 시간'의 두 종류가 있다는 사고방식은 유효하다.

　진보하는 시간을 부정하는 것이 아니라 순환하는 시간으로도 눈을 돌림으로써, 진보하는 시간에만 편중된 현상을 재조명하고, 두 시간의 조화를 꾀하는 것. 그것은 인간의 욕망을 지금보다 더 깊게 만족시켜줄 방법이기도 하다.

아름다움이야말로 풍요의 지표

다타이 타다시

1944년 오사카에서 태어남. 포스트 공업사회론을 전공하고 구루메 대학 경제학부 교수로 있다. 밭을 빌려 채소를 재배하기도 하고, NGO의 네트워크인 〈키쿠고 강 유역 연대클럽〉이나 지역분권을 주장하는 〈독립 큐슈를 위한 모임〉의 대표를 역임하는 등, 이론뿐만 아닌 실천면에서도 포스트 공업사회를 감시하는 활동을 활발하게 하고 있다.

저서로는 『큐슈 독립도 꿈이 아니다 - 포스트 근대의 지역만들기』 『경제학설 역사의 모델 분석』이 있다.

선진국은 산업혁명 이후의 공업화에 의해 절대적 빈곤의 극복이라는 오랜 세월의 염원을 이뤄냈다. 하지만 공업화는 지구환경문제 등의 심각한 부작용을 낳고, 이대로 가다가는 머지않아 돌이킬 수 없는 사태에 빠질지 모를 위기에 처해 있다. 포스트 공업사회론은 공업사회를 경제발전의 최종단계가 아닌 하나의 과정으로 보고, 그 앞 단계의 사회를 구상함으로써 현재의 위기를 극복하자는 일군의 사상이다.
대화의 네 번째 주인공으로, 이 포스트 공업사회론에 근거하여 여러 가지 활동을 펼치고 있는 **다타이** 타다시 씨를 모셨다.

후쿠오카 대량생산 · 대량소비를 전제로 한 공업사회가 조만간 막다른 길에 이를 것이라는 시각은, 이미 많은 사람들의 공통인식인 듯 싶습니다. 하지만, 그럼 앞으로는 어떤 사회가 실현 가능할까, 그 전망에 대해서는 좀처럼 답이 보이지 않는 것 같은데……

다타이 공업사회의 성립은 국민국가의 성립과 궤를 같이하고 있습니다. 그러므로 공업사회를 생각할 때는 당연히 국민국가라는 것을 함께 생각해야 해요. 국민국가는 결국 임전체제, 전쟁을 하기 위한 나라의 조직을 말하죠. 일본이 메이지 이후에 공업화된 것도 공업화 하지 않으면 전쟁에 이길 수 없었기 때문이었던 거죠.

후쿠오카 근대적인 군사력은 공업에 의해 실현되는 거니까요.

다타이 러 · 일전쟁 당시 군함인 〈미카사〉는 영국제였죠. 일본에서 만든 게 아니었어요. 그러니까 동해 해전의 승리는 영국의 승리라고 할 수 있겠죠. 공업화가 전쟁을 수행하는 데 얼마나 중요한 역할을 수행하고 있는지 알 수 있어요. 그래서 나는 세계평화는 공업사회 속에서는 절대 이루어지지 않는다고 생각하는 겁니다. 탈(脫)공업화 하지 않는 한 말입니다.

후쿠오카 그럴지도 모르겠군요. 설비를 확대시켜 대량생산함으로써 생산비용을 낮춘다. 그렇게 해서 경쟁력을 키우는 것이 공업사회 기업의 기본 발판이다. 그러니까 아무래도 과잉생산이 될 수밖에 없는 거겠죠. 그리고 과잉생산의 배출구를 해외로 겨냥한 결과, 두 번의 세계대전도 일어났던 거잖아요.

다타이 전후에는 전쟁 대신 대량소비사회를 만들어냈고, 그것을 과잉생산의 배출구로 삼아왔죠. 하기야 그게 전쟁보다 백 배 낫지만!

후쿠오카 그래도 지구환경을 생각하면 전쟁보다 낫다고는 할 수 없죠.

다타이 그러니까, 물건을 만들어서 가격이 얼마다 하는 시대는 이제 막을 내려야 해요. 그리고 물건의 생산은 최소한으로 제한하지 않으면 안 된다니까요!

후쿠오카 하지만, 지금 사회가 물건을 만들어 파는 것을 생업으로 하고 있는 세력들에 의해 지배되고 있다고 할 수 있잖아요. 그리고 조직은 자신이 오래도록 유지되고 확대해갈 것을 최우선으로 삼죠.

다타이 취업자 수로 보나 GDP로 보나, 이미 3차산업이 2차산업을 웃돌고 있는 것처럼, 서비스나 소프트웨어의 비중이 높아지고 있어요. 우리 일상생활을 보더라도 물질이 늘었다고 해서 반드시 즐거운 것도, 경제학에서 말하는 효용이 증가하는 시대도 아니라는 겁니다.

역시 서비스의 수요가 높아요. 거기다 그 서비스도 점점 높은 질을 요구하기 시작했죠. 마찬가지로 물질도 단순한 기능성뿐만 아니라, 문화성이나 예술성이 존중 받는 시대가 될 겁니다. 이 경향이 진행되면, 잘 정착할 수 있지 않을까 생각하는데. 그러니까, 어떤 의미에서는 좀더 사치스럽고 매니아적인 것을 중요시해야 할 필요가 있다고 보는 거죠.

▌**후쿠오카** 사치 말씀입니까?

▌**다타이** 나는 사치에는 두 종류가 있다고 봐요. 문명적인 사치와 문화적인 사치. 문명적 사치란 비행기로 빨리 갈 수 있다거나, 한 겨울에 여름음식을 먹는다거나 하는 것이고, 문화적 사치란 이것과는 좀 다른 거죠. 거리를 감상하면서 걷는다거나, 이왕 먹는 거라면 제철에 나오는 최고의 맛을 즐긴다거나 하는 거죠. 지금까지는 거의 획일적으로 문명적인 사치를 추구하는 방향이었죠. 그 문명적 사치를 지지해왔던 것이 공업사회였고요. 하지만 앞으로는 문화적 사치가 중요하게 될 겁니다.

▌**후쿠오카** 지금까지는 물질적으로 충분하지 못했으니까, 모두들 문명적 사치를 추구해오지 않았나 생각합니다. 하지만 이제는 이미 충분하다는 감각을 상당히 많은 사람들이 느끼고 있다고 보거든요! 더이상 바라는 것이 그다지 없다. 이미 그런 사회에 도달했다고 봐야 하지 않을까요? 그것은 곧 드디어 문화적 사치를 추구할 수 있는 소양이 준비되었음을 의미하는 게 아닐까요? 19세기 경제학자 J.S 밀이 『경제학이론』에서 정지상태론이라는 것을 서술했죠. 경제성장이 정지한 상태가 되면 비로소, 정신문화나 도덕적, 사회적 진보 등 진정한 인간의 진보가 실현될 수 있다고. 드디어 경제성장이 정지단계에 접어들었고 문화적 방면의 성장이 시작될 시기가 왔는지도 모르겠습니다.

다만 문화적 사치를 향유하기 위해서는 시간이 필요하죠. 문명적 사치에는 돈이 필요하지만 그 면에서 보면 현대인은 너무 바쁘게 살고 있어요. 그 애로점을 극복하기 위해서라도 일을 나누어서 보다 많은 사람이 보다 적게 일하는 워크 셰어링(Work-Sharing)의 사고방식을 가질 필요가 있다고 봅니다. 선진국이 공통으로 안고 있는 높은 실업률 문제도 해결될 테고.

┃다타이┃ 세상에서는 출산율 저하와 고령화로 사회를 지탱해줄 인력이 부족하다고들 떠들지만, 무슨 소린가 싶을 정도로 말도 안 되는 소리죠. 컴퓨터가 보급되고, 공장만이 아니라 사무실에서도 생력화(省力化, 산업의 기계화 자동화 무인화로 노동력을 줄이는 일 - 옮긴이)가 진행되고 있는 판국인데, 앞으로는 이 때문에 확실히 노동수요가 감소될 겁니다. 물론 새로운 산업도 생겨나겠지만, 그것은 컴퓨터 주도의 소규모에다 효율적인 것일 테고, 서비스 부문의 수요는 공업부문의 토대 위에 세워지는 것이기 때문에, 그만큼의 증가로 노동시장의 축소를 해결할 수는 없죠. 실업문제, 특히 젊은 사람들의 일자리가 없다는 것이 포스트 공업사회의 최대 난점이니까요.

┃후쿠오카┃ 가장 먼저 성숙사회로 돌입했던 유럽이나 지금의 일본을 보면 절실하게 실감할 수 있죠. 실업문제를 경제성장으로 해결하고자 했던 것이 지금까지의 방법이었지만, 그것은 이미 옛날 얘기죠. 경제성장을 위해서는 설비투자가 필요하고, 설비투자는 생산성을 높이기 때문에, 그 생산물의 배출구를 전쟁이나 대량소비에서 찾지 못하는 한, 설비투자를 하면 할수록 점점 더 생력화는 진행될 것이고 그렇게 되면 실업자도 증가하죠. 새로운 상품이 태어나기 어려운 현실에서는 그런 악순환은 계속되겠죠? 역시 실업문제는 워크 셰어링으로 밖에는 해결할 수 없을 것 같은데요?

┃다타이┃ 워크 셰어링에 관해서는 노동자 쪽에서 저항이 심해요. 경영자 쪽은 하고 싶어 하는데요. 그도 그럴 것이 오랜 시간 녹초가 되도록 일하기보다 단시간 집중해서 일하면 몸이 덜 피곤한 만큼 생산성이 올라가니까요. 임금만 낮출 수 있다면 절대 필요한 조치라고 보는데 말입니다.

┃후쿠오카┃ 역시 애로점은 임금이 낮아진다는 거군요? 참, 그것에 대해서 재미있는 글을 쓰셨던데요? 실업자나 그 가족에 대해 일정한 생활보장이 이루어지고 있는 선진국에서는 일하고 있는 사람이 세금이나 사회보험료 형식으로 그 비용을 부담하고 있는데, 그 부분 만큼의 일을 워크 셰어링

으로 실업자에게 나누어주면, 명목임금은 낮아지더라도 평균적 가처분소득은 장시간 일해서 실업자들을 세금형식으로 후원해주는 경우와 별로 달라지지 않는다고.

다타이 거시적으로 볼 때 다르지 않죠. 분배는 다소 달라지겠지만. 그러니까 모두가 조금씩 일하고 여유롭게 살면 좋지 않을까 생각하게 되는 거죠. 거기다 워크 세어링으로 인해 시장경제는 다소 축소될지는 모르지만, 사람들의 자유시간이 늘어나니까 여러 가지 활동들이 가능하게 될 겁니다. 채소를 자급자족한다거나 하는 그런 의미에서, 앞으로는 소비자가 생산자이기도 한 풍조가 유행하지 않을까요? 옛날처럼.

그런 형식으로 가계의 생산활동이 는다면, 시장경제는 축소되더라도 사회전체의 생산력은 향상될 가능성이 크죠. 그리고 그것은 국제시장의 급격한 변화에 휘둘리지 않는 안전성을 확보할 수 있는 방법도 되고요. GDP는 떨어질지 모르지만 거꾸로 아주 풍요로운 사회가 될지도 모릅니다.

후쿠오카 토플러가 『제3의 물결』에서 제창했던 프로슈머(Product 와 Consumer의 조어) 말씀이죠? 작년의 르포에서도 썼습니다만, 풍요로움을 나타내는 지표로써 GNP나 GDP는 상당한 모순이 있다고 봐요. 몸이 아파서 약을 사거나 수술을 하면 플러스가 되고, 물도 안심하고 못 마시게 돼서 페트병에 든 물이나 정수기가 상품으로 팔리게 되면 플러스가 되고. 생활면에서 보면 반대로 가난해졌는데도 통계상으로는 부자가 되거든요!

다타이 가장 단적인 예는 여름이 시원하고 겨울이 따뜻한 해에는 GDP가 떨어져버린다는 거죠.

후쿠오카 옷이나 냉난방 기구, 맥주 같은 것이 안 팔리게 되니까요. 그래도 지내기는 좋잖아요! 그러니까 숫자만 보는 건 나무만 보고 숲은 못 보는 것과 마찬가지로 어리석은 짓이죠.

다타이 파출부에게 임금을 주면 GDP에 가산되지만 같은 일을 주부가 하면 가산되지 않아요. 가정에서 재배하는 자급용 채소도 가산되지 않고, 손으로 뜬 스웨터도 플러스 되지 않지요. 하지만 생산활동이라는 것에는 변함이 없죠. 물질을 소중하게 오래 사용하는 것도 넓은 의미의 유지관리 서비스의 생산이고, 건강에 관한 지식을 늘려서 병에 걸리지 않도록 하면 그것도 의료서비스의 자급이라고 볼 수 있죠. 하지만 그런 것도 전혀 GDP 대상에 포함되지 않아요. GDP는 생산의 성장을 나타내주는 숫자가 아니라, 사회를 유지하기 위해 필요한 비용이라고 하는 사고방식이 있을 정도니까요. 그러니까 같은 정도의 살기 좋은 생활이라면 GDP의 숫자가 작으면 작을수록 좋은 거예요.

후쿠오카 포스트 공업사회란 말을 처음 사용했던 사회학자 다니엘 벨(Daniel Bell)이 『자본주의의 문화적 모순』에서 이런 말을 했었죠. 지금의 대량생산·대량소비 사회에서는 생산 현장에서는 비용을 낮추기 위해 아슬아슬한 부분까지 합리성을 추구하면서, 소비 현장에서는 배포 큰 낭비자(浪費者)이기를 추구한다고.

다타이 자본축적이 기업 생존을 위한 길일 테니까요. 자본을 축적하기 위해서는 생산비용을 낮춰서 이윤을 높이지 않으면 안 되고, 동시에 잘 팔리지 않으면 안 되니까요.

후쿠오카 버리고 새로 구입하지 않으면 수요는 생산되지 않기 때문에, 빈번하게 모델을 바꾸고 매년 다른 유행을 조장해 상품의 수명을 의도적으로 단축시키는 전략을 취하죠.

다타이 소비자가 오랫동안 소중하게 사용해주면 생산자는 곤란해질 테니까요. 그렇다고는 하지만 생산자는 합리적으로 생산을 하겠으니 소비자는 비합리적인 낭비를 하라고 하는 건, 정말 엉터리가 아닐 수 없죠! 생산도 소비도 총체적으로 효율적이고 합리적이 되어야지.

후쿠오카 좋은 것을 가능한 한 오랫동안 사용하는 것이 소비자 본연의 모습이라고 생각하지만, 버리지 않으면 생산자가 곤란하다고 하지요.
하지만 점점 버릴 장소조차도 사라져가고 있잖습니까?

┃다타이 그래서 요즘에는 환경보전이 돈을 버는 길이라고 생각하는 사
람들이 많아졌어요. 환경을 보전하는 기술의 수요가 증가하고 있으니까요.

┃후쿠오카 산업폐기물이나 일반폐기물 처리장 건설에 반대하는 주민
운동을 취재하다 보면, 그 주민들은 '절대악'이라고 주장하지만, 쓰레기는
계속 나오기 때문에 역시 처리장은 필요하다, 그러니 역시 폐기물 처리장
은 '필요악'이 아닐까 하는 어딘지 개운치 않은 마음이 한구석에 남고는 해
요. 하지만 그런 운동 덕분에 처리장은 사라지고 이제는 사회가 변해야 할
차례가 된 거죠.

이건 댐 건설도 마찬가집니다. 도시에 공급할 물이 필요하니까 댐은 필
요하다고 하지만, 수몰지구 사람들의 거센 저항으로 댐이 쉽게 만들어질
수 없게 되었고, 만들어진다고 해도 상당히 높은 비용이 필요하게 되죠. 그
러니 결과는 물을 아끼고, 빗물을 이용하고, 하수처리수의 2차 이용도 하지
않으면 안 되게 되었고, 그런 기술에 대한 수요가 생겨난 거죠. 그렇게 새로
운 시장이 생성되는 겁니다.

폐기물처리장이나 댐은 대개 시골에 만들어집니다만, 지금까지는 시골
사람들이 너무 착해서 도시 사람들 멋대로 하게 내버려둔 점도 있지요.

하지만 시골에도 점점 권리의식이 생겨 더는 양보만 하진 않게 되었다는
거죠. 그러한 자기주장을 지금까지는 사회발전이나 경제성장의 족쇄라도
되는 것처럼 생각했지만, 이제는 오히려 환영해야 할 시대가 되었다고 봅
니다. 시골 사람들이 이제는 참지 않고 자신들의 생활환경을 보호하려는
목소리를 높임으로써, 사회를 움직이는 힘으로 작용할테니까요.

┃다타이 지금까지는 생산자 쪽에 서서 상품 만들기를 옹호해왔잖아
요? 만드는 사람 맘대로 하도록. 방부제가 듬뿍 들어간 빵 등, 먹는 음식조

차도 완전히 만드는 사람 멋대로잖아요!

먹는 사람이야 누가 그런 걸 먹고 싶어하겠어요? 그러니 팔리지 않는 것은 당연하죠.

후쿠오카 앞으로는 소비자, 생활자 쪽에 서서 물건을 만들어야 할 시대가 올지 모르겠네요!

다타이 인간은 정신적인 풍요로움을 추구하죠. 물질적인 것은 그것을 실현하기 위한 수단에 불과합니다. 물질적으로 풍요롭다고 해서 반드시 정신적으로도 풍요롭다고 할 수는 없으니까요.

후쿠오카 반대로 물질이 없어야 정신이 풍요로워지는 경우도 상당히 많습니다. 『월든』의 헨리 데이비드 소로우는 인간이 없어도 해결할 수 있는 것이 많을수록 풍요롭다고 했잖아요.

다타이 그건 옳은 말입니다. 그리고 정신적으로 풍요로운 사람은 무엇을 추구하게 될까, 나는 '아름다움'이 아닐까 싶어요. 무엇을 하든 아름답게 하고자 하는 것. 즉, 미를 추구하지 않는 사람은 풍요로운 사람이 아니라는 거죠. 아름다움이라고 하는 것을 추구하게 되면서 비로소 풍요로움이 실현되는 게 아닐까 생각해요.

후쿠오카 물질의 풍요로움을 부정한다는 말씀은 아니죠?

다타이 물질적 풍요와 정신적 풍요를 아름다움의 개념을 통해 통합시켜볼 수 있지 않을까요?

후쿠오카 그 아름다움의 구체적인 예를 몇 가지 소개하셨더군요. 물의 아름다움, 바람의 아름다움, 풍경의 아름다움, 거리의 아름다움, 소음의 아름다움, 정신적 여유 등등. 이런 것들을 숫자로 나타낼 수 있다면 재미있을 텐데요.

도시에 살면서 돈으로 미네랄 워터를 사 마시는 것보다, 산의 계곡물을 마시는 것이 부자가 된 기분이 들고, 겨우 고구마나 씻을 수 있을 풀에서 돈 내고 물장구를 치기보다는, 아름답고 깨끗한 강에서 헤엄치고 다리 위에서 첨벙 다이빙도 하는 것이 훨씬 아름다운 풍요임을 깨닫게 될 텐데 말입니다.

| 다타이 카페에 들어가 차를 마시기보다 데이트도 확 트이고 아름다운 자연 속에서 하는 것이 좋지 않겠어요?

| 후쿠오카 차차 인간의 기호도 그렇게 바뀌어가지 않겠습니까? 그것은 강요가 아닌 다른 형태로, 지금의 터무니없는 자유에 브레이크를 걸어줄 근거가 되어주기도 할 겁니다.

| 다타이 아름다운 것을 실현하기 위해서 인간은, 어느 정도 부자유는 참아내야 하니까요. 더러우니까 참자, 보기 싫으니까 그만두자. 그럼 아름답지 않잖아! 하면서, 말이죠.

| 후쿠오카 콘크리트 해안은 정말 보기 싫고 차들이 매연을 뿜어내면서 정체돼 있는 것도 싫죠. 유행에 휩쓸려 갈피를 못 잡고 흔들리는 것도 아름답지 않고, 긴시간 노동으로 파김치처럼 지쳐 있는 것도 아름답지 않아요.

지금의 아이들은 환경문제 등 어둡고 칙칙한 이야기들만 들으면서 자라고 있기 때문에 미래에 대한 밝은 꿈을 갖기가 어려워졌어요. 지금이 절정이고 앞으로는 내리막 길뿐이다, 앞은 깜깜하기만 하다, 아이들 맘 속에 그런 이미지밖에 안 남아 있어요. 그러니까 지금 아이들이 찰나적이 될 수밖에 없는 거죠. 아름다움을 추구하는 사회가 그런 아이들에게도 희망이 될 수 있겠다는 생각이 듭니다.

| 다타이 맞아요. 아름다움을 추구한다, 참 즐거운 일 아닙니까? 부모가 아름다움에 관심을 갖고 산다면, 아이들 역시 바뀌게 되어 있어요. ☙

연구실의 화이트 보드에 그가 직접 지은 듯한 글이 적힌 종이가 압정으로 고정되어 있었다.

'눈 쌓인 한가운데, 걸을 수 있는 차도(車道)인가'

의미를 물었더니, 집에서 대학교까지 편도 40분 거리를 걸어서 다니는데, 그때의 감상을 적어본 것이란다. 그 밖에도 채소를 손수 재배하거나 NGO활동 등, 여러 가지 실천을 통해 감각을 연마하는 것이 다타이 씨의 장점이 아닐까.

세계가 빈곤을 극복할 수 있었던 것이 공업화의 성과였던 만큼, 그런 면에서 보면 공업화의 진행과 정책을 다 나쁘다고 만은 할 수 없다. 다만 거의 모든 국가들은 이미 서비스업이 제조업의 비중을 넘어서는 포스트 공업사회에 돌입한 상태다. 그럼에도 불구하고 정치나 경제의 체제는 공업화시대 그대로다. 다타이 씨는 거기에 문제의 뿌리가 있다고 보고, 근본적인 변혁이 필요하다고 주장한다. 그것은 경제성장이나 임금인상 등, 결국에는 당연히 선(善)이라고 자부했던 것의 유효성도 의심하라는 것이다.

다타이 씨가 제창한 의견은 지역통화의 발행이나, 세금을 노동으로 납부하는 제도의 도입 등, 여기에 소개한 것 외에도 다채롭다. 단 그들 아이디어의 핵이 되는 사상은 공통된다. 그것은, 추구해야 할 것은 생산의 효율이 아니라, 생산에서 소비까지를 포함한 사회전체의 효율이며 아름다움이라는 것이다.

이것은 인간을 행동하게 만드는 동기부여, 곧 욕망이나 합리성을 부정한다는 생각이 아니다. 오히려 그것들을 철저하게 만족시키자는 주장이다. 개개의 아이디어가 엉뚱한 면이 있지만, 실현가능성이 있다고 생각되는 것은 그러한 주장을 전제로 하고 있기 때문이다.

아이들의 자아를 키우는 또래집단

마에하라 히로시

1958년 카고시마에서 태어남. 1985년부터 카고시마에 정원 60명의 보육원을 세워, 시간 표도 없고 어떤 일정한 활동을 강요하지도 않고, 아이들의 자주성을 최대한 존중하는 '해 체보육'의 교육에 도전. 그 실천과 더불어 아이들의 건강한 성장을 위해서는 사물이 아닌 마음, 부추김이 아닌 자제심이 중요하다는 어른 자신의 가치관이 변해야 할 필요가 있다고 주장. 저서로는 『착한 아이로 키워서 미안합니다!』『착한 아이로 키워서 미안합니다 실천 편』『착한 아이로 키워서 미안합니다 - 육아현장의 시행착오』공저로『보육심리학 1, 2』등 이 있다.

아이들이 이상해졌다는 말이 들리기 시작한 지 오래다. 충동적인 사건이 벌어질 때마다, 떠들썩하게 각종 처방전이 제시되기는 하지만, 문제가 해결되기는커녕 해마다 더 심각해지고 있는 것처럼 보인다.
아이들은 사회를 비추는 거울. 그러므로 거기에는 사회의 병든 모습이 그대로 비춰지고 있으며, 그 사회의 양상이 변하지 않고는 결코 아이들 문제도 해결되지 않는다.
다섯 번째 대화의 주인공은 심리학에 대한 깊은 이해와 견해에 근거하여, 철저하게 자유로운 보육을 실천하고 있는 카고시마의 보육원 원장인 마에하라 히로시 씨이다.

후쿠오카 제 자신이 자녀교육에 관여하게 되면서 여러 가지 생각을 하게 되었는데, 이 기획의 시작도 그것이 계기였습니다. 그래서 선생님의 책을 아주 흥미롭게 읽기도 했습니다. 『착한 아이로 키워서 미안합니다!』에 어른이 미래에 희망을 가지고 있지 않으면 아이들에게도 희망을 전해 줄 수 없다, 그리고 지금까지의 가치관으로는 희망을 가질 수 없다고도 쓰셨잖아요? 그 말씀에는 정말 동감입니다.

마에하라 나는 사실, 지금의 소비사회에 특별히 문제의식을 가지고 있던 건 아닙니다. 아이들에게 좋은 것이 어떤 것인가, 그것을 위해서는 어떻게 하면 좋을까를 골똘히 생각하다 보니, 그런 결론에 이르게 된 것뿐이죠.

후쿠오카 선생님의 보육원에서는 시간표도 없고 식사시간도 낮잠 시간도 자유이고, 반별로 정해진 교실도 따로 없고, 집단의 규율을 개인에게 강요하지도 않는 그런 보육을 실천하고 계시는데, 보모 선생님이나 급식을 담당하는 선생님 등 관계자 분들의 수고가 대단하시겠어요?

｜마에하라 하지만 그렇게 해서 아이들에게 충분한 수고와 시간을 들이면 다른 보육원에서 일어나는 문제는 거의 일어나지 않거든요. 예를 들면 낮잠 시간에 안자는 아이가 있어서 골치가 아프다거나, 점심 시간 때 좀처럼 정렬이 안돼 혼이 났다거나 하는 그런 일은 거의 없죠.

｜후쿠오카 그건 그렇겠군요. 처음부터 정렬시키지 않으니까.

｜마에하라 그런 의미가 아니라 아이들이 스스로 깨닫고 정렬하게 된다는 겁니다. 결국, 친구들과 함께하는 것이 좋다는 걸 알게 되는 거죠. 열심히 놀고 있는 것을 중간에 못하게 하고 강제로 모이게 하면, 욕구불만으로 기분이 상하게 되고 달래기 힘들 때도 있거든요. 하지만 "그거 끝나면 와서 밥 먹어라"하면, 친구들은 다 가버리지 않았을까 걱정이 되는 거겠죠. 자리도 자유롭게 앉게 하는데, 오늘은 누구와 함께 먹어야지, 하는 식으로 자연스럽게 정해져요. 이 모든 게 아주 자연스럽게 이뤄지죠. 그런데 그것을 전부 어른들이 결정해주고 강요하니까, 아이들은 자기가 자기생활의 주인임을 알지 못하고, 그래서 불안정감만 커지는 게 아니겠어요? 그래서 우리는 신발장도 비어 있는 곳이면 어디에 넣어도 좋도록 하고 있죠.

｜후쿠오카 그런 보육방법을 '해체보육'이라고 부르고 계신데……

｜마에하라 어른의 관념이나 가치관을 깨고 해체하는 거죠. 그리고 아이들과 더불어 생활하면서, 그에 맞는 방법과 틀을 만들어갑니다. 물론 제한하는 것들도 있지요. 예를 들어, 교문 밖으로 아이 혼자 나가는 건 곤란하니까요. 여기서부터는 절대 안돼! 하는 것은 있어요. 하지만 그런 제약은 적을수록 좋다고 생각해요.

｜후쿠오카 하지만 시작하는 데는 용기가 필요하겠죠. 아이들을 믿지 못하면 불가능한 일이니까요.

| **마에하라** 점심을 먹고 싶은 시간에 각자 알아서 먹도록 했을 때, 두 번 먹으러 오는 아이가 있으면 어떡하나 걱정이 되더라고요. 그래서 그것을 막기 위해 식권을 만들었죠. 그런데 잠깐 해보니 그게 아무 의미가 없다는 걸 알았죠. 아이들은 두 번 먹거나 하지 않아요. 아이들을 믿지 않았다는 증거죠. 어른의 틀에서 생각했던 거예요. 지금 생각하면 아이들에게 미안해요, 허허.

| **후쿠오카** 어른의 규범을 해체하고 아이들을 너무 자유롭게 한다면, 아이들이 대충 하거나 제멋대로 자라지 않겠느냐고 생각하지 않을까요?

| **마에하라** 그건 제대로 해체하지 않았기 때문이에요. 그리고 아이들 내면에서 만들어지는 것을 어른들이 제대로 도와주지 않기 때문입니다. 그것을 바로 방치한다고 하나요? 그건 안 될 말이죠. 그래서 보육자나 교육자가 있는 거 아니겠습니까?

| **후쿠오카** 그건 가정에서도 마찬가지겠죠?

| **마에하라** 가정생활이란 게 원래가 그런 거 아니었습니까? 저녁밥을 예로 들면 오늘은 좀 늦어졌으니까, 오늘은 준비를 빨리 했으니까 빨리 먹자거나, 그런 일들이 매일 반복되면서 어느 가정은 저녁을 7시쯤 먹는 경우가 많다거나, 어느 집은 대개 8시에 먹는다거나 하는 식으로 정해지게 되죠. 그랬던 것이 지금은 몇 시에 무슨 만화영화를 하니까 그 전에 먹어야 한다, 몇 시에 학원가야 하니까 하는 식으로 이상하게 변해버렸어요.

| **후쿠오카** 시간에 쫓기다 보면 자기 스스로 무엇을 해보고자 하는 의욕이 사라지죠.

| **마에하라** 정말 여유로운 시간을 가지고 있으면 아이들은 뭔가를 하게 되거든요. 그런 에너지나 힘을 가지고 있는 게 아이들이죠. 시간에 내몰리니까 에너지를 발산할 장소를 잃고, 항상 통제 받으니까 숨막혀 하는 거죠. 그러니까 진짜 여유롭게, 안심하고 무엇을 해도 좋다고 하는 상황이 주어

지면, 아이들은 반드시 뭔가를 시작하게 될 겁니다. 그 점을 믿지 못하는 어른이 상당히 많죠. 안타깝지만 말입니다. 아이가 스스로 움직이기 시작했을 때에 어른은 그때 도와주면 되는 겁니다.

후쿠오카 기다리질 못하는 거죠. 저를 포함한 많은 어른들이 자기도 모르게 손을 내밀게 되고 간섭을 하게 되거든요. 이것 가지고 놀아라, 저건 어떠냐 하는 식으로 아이가 자발적으로 움직이는 것을 참고 기다리지 못하는 거예요.

마에하라 옛날 어머니들은 항상 바쁘셨죠. 특히 농촌에서는 더욱더. 그래서 할아버지 할머니들이 논둑이나 나무 그늘에서 아이들 데리고 한가롭게 놀게 하고는 했죠. 그런데 지금은 오히려 할아버지 할머니들이 돈으로 뭔가를 사주면서 물질로 달래고 키우게 돼버렸습니다. 그러니 아이들이 스스로 움직이는 것이 아니라, 물질의 노예가 되어 휘둘리게 되는 것도 당연한 결과일지 모르죠.

후쿠오카 아이들을 데리고 놀다 보면 항상 통감하는 겁니다만 요즘 아이들은 정말 놀 줄을 모르거든요.

마에하라 밖에서 놀려고 해도 차들이 위험해서 안 된다, 나쁜 사람들이 많아서 안 된다. 아이들이 맘껏 뛰놀 수 있는 장소가 거의 없어졌다고 해도 과언이 아니에요. 그러니 또 아이들이 함께 뛰노는 모습을 볼 기회가 점점 사라지고 있는 거죠.

후쿠오카 또래집단이 사라져가는 거겠죠.

마에하라 뭔가 조치를 취하지 않으면 안 되겠지만, 초등학생에게 또래집단을 만들어 놀게 하는 것을 간단히 생각할 일은 아니라고 봐요. 그건 시켜서 될 일이 아닙니다. 아이들의 모임을 만들어 놓고 어른과 리더가 간섭하며 명령하는 것은 아이들에게 전혀 재미있는 일이 아니거든요. 어른이 관여하지 않고 아이들끼리 자발적으로 만들어가는 것에 의미가 있습니다.

하지만 그럴 장소도 없고, 시간도 없으며 제대로 이끌어줄 선배가 있는 것
도 아니고……

후쿠오카 대대로 이어져 내려왔어야 했는데요.

마에하라 유아기가 끝나갈 무렵부터 사춘기에 들어가기 전까지의 연
령대에서, 같은 성의 아이들이 뭉쳐서 움직이는 그룹은 문화나 민족과 관
계없이 보편적으로 보여지는 현상입니다. 어느 사회나 그와 비슷한 것들이
있었죠. 그런데 그것이 지금 우리 사회에서는 사라지고 없다는 겁니다. 이
건 분명히 이상 현상입니다. 결코 좋은 증상은 아니에요. 그런 상태에서 자
란 아이들이 이상해지는 것은 어쩜 당연한 결과가 아닌가 하는 생각도 듭
니다. 아이들은 대개 달리고 있거나 멈춰 있거나, 둘 중 하나지 걷고 있지는
않거든요, 보통. 그런데 지금은 어릴 때부터 어른의 통제 속에서 자라다 보
니까, 엄마 뒤를 뒷짐지고 따라 걷는 세 살짜리 아이가 있을 정도죠.

후쿠오카 부모야 편하겠죠, 우왕좌왕 방해되지는 않을 테니까요.

마에하라 오히려 우리 애는 똑똑해서 그렇다고까지 생각하죠.

후쿠오카 어른이 말하는 똑똑하다거나 착한 아이란, 어디까지나 어른
입장에서 보는 착한 아이니까요. 어른 말대로 복종하고 자신을 내세우지
않는 아이 말입니다.

마에하라 네, 맞아요. 그러니까 아이들을 착한 아이로 만들고자 하는
생각이 강하면 강할수록 아이를 숨막히게 만드는 거예요. 아이는 괴로울
뿐이죠. 그러니까 어른이 '착한 아이'에 집착하지 않는 만큼 아이는 숨통이
트이고 편안해질 수 있어요.

후쿠오카 아이들이 하는 행동을 보면 모든 것에 다 의미가 있는 것 같
아요. 울어대는 것도 의미가 있고, 이유없이 토라지는 것도 의미가 있고. 배
가 아픈 것도, 다시 어린 아기로 돌아가는 것도 의미가 있죠. 저의 경우, 이
런저런 사정으로 어쩔 수 없이 아이들 교육에 관여하게 됐습니다만, 그걸

알고 보니까 재미있어지더군요. 그 덕분에 『남자의 자녀교육 풍운록』이란, 부족하나마 책까지 내게 되었습니다만.

하지만 재미있다고 생각할 수 있는 것도 내가 시간이 있고 여유가 있을 때뿐이거든요. 예를 들어 원고 마감일이 임박했다거나 하면 다 귀찮아져 버리죠. 그리고는 아이에게 착한 아이를 요구하는 겁니다. 아이는 그런 건 모르고 이전과 같은 반응을 기대했다가 정반대의 반응이 돌아오면 당황하기도 할 겁니다.

｜마에하라 그 부분 역시, 지금 사회가 얼마나 여유가 없는지를 보여주는 거예요. 그것을 부모 탓으로만 돌릴 수는 없다고 봅니다. 부모도 그런 사회 속에 편입되어 있는 일원이니까요.

｜후쿠오카 어른이 쫓기고 있기 때문에 아이들에게마저 빨리빨리를 요구하게 되죠. 그리고 보면 시간이 없다는 것이 가장 큰 문제 같군요.

｜마에하라 시간과 마찬가지로 공간도 사라져가고 있습니다. 자연이 사라지고 인공물이 그 자리를 대신하고 있죠. 자연의 모든 것은 바로 놀이가 됩니다. 하지만 짜맞춰진 인공물은 놀이가 아니라 훈련이죠. 나무타기는 놀이가 되지만, 철봉이나 사다리 타기가 놀이가 될 수는 없죠. 힘 겨루기에 좋은 훈련일 뿐이지.

｜후쿠오카 그렇게 차츰 또래집단을 이룰 친구도 사라지게 되었죠. 시간, 공간, 친구, 이 모두가 아이들 세계에서 사라지고 있다는 생각이 드는군요.

｜마에하라 반대로 물질만 점점 늘어가고 있는 추세죠. 그것도 아이들에게는 결코 좋다고 볼 수 없는 물질들이.

｜후쿠오카 장난감만 보더라도 사흘 가지고 놀면 더이상 쳐다보지도 않는 것들뿐이죠. 그런데 또 아이들은 그것을 원하거든요. 아이들이 갖고 싶어하도록 만드는 상술이 대단하니까요.

| 마에하라 광고나 유혹이겠죠.

| 후쿠오카 그런 건 또 확실하게 연구하고 있죠. 그러면서 상품은 금방 질리게 만드는 거예요. 자꾸자꾸 새로운 것을 사도록 하기 위해서.

| 마에하라 아일랜드에서 온 유학생이 "왜 중학생이나 고등학생이 휴대폰을 가지고 있느냐?"고 묻는 거예요. 그런 건 어른이 사줘서는 안 된다는 거죠. 우리 사회가 그런 제어능력을 이제 발휘하지 못하게 된 건 아닌지 걱정스럽습니다.

| 후쿠오카 어른이 아이들과 정면으로 싸우지 못하기 때문이 아닐까요? 싸운다는 걸 귀찮아 하거든요.

| 마에하라 백화점이나 슈퍼마켓 판매대 앞에서 울며 사달라고 떼쓰면, 결국은 사주고 마는 것이 대표적인 예죠. 요즘 부모에게는 아무리 울어도 안 되는 것은 안 된다고 가르쳐줄 용기와 끈기가 없어요. 그러니 문제는 갈수록 커질 수밖에.

| 후쿠오카 또 하나 문제는, 어른이 너무 바빠서 마음껏 안아주거나 아이들 이야기에 귀기울여 들어주는 등, 아이들이 진짜 필요로 하는 시간과 노력을 기울여주지 못하고 있기 때문에 아이들 마음이 공허해지는 거라고 생각합니다. 그래서 아이들은 그 틈을 물질로 대신 채우려고 하는 경향이 있죠. 그리고 어른들 또한, 아이들에게 죄책감이나 미안한 마음도 있겠다, 그렇다고 시간 여유가 있는 것도 아니겠다 하니까 돈으로라도 대신하자는 셈인 거구요. 그 결과, 아이들의 마음은 갈수록 더 공허해지는 겁니다. 처음부터 진짜 원했던 것은 물질이나 돈이 아니었으니까요.

| 마에하라 우리 사회에는 싸움은 무조건 나쁘다는 의식이 강하기 때문에 가능한 한 다툼을 피하려고 하죠.

| 후쿠오카 싸우지 말고 모두 사이좋게. 그것을 위해서는 자기 자신을 죽여라. 그런 식으로 아이들을 가르치고 있죠.

｜마에하라 하지만 그래서는 진정한 집단이 형성될 수 없고 자아도 성립될 수 없지요. 각기 자아를 주장하고, 때로는 티격태격 싸우기도 하면서 타인과의 관계를 조정하고, 자기다운 행동을 하게 될 때, 그 결과로서 집단은 만들어지고, 집단 속의 개체라는 것도 확립이 되는 겁니다.

｜후쿠오카 이런 글을 본 적이 있습니다. 타인과 교류하는 하나의 중심으로서의 자아는 자기의 능력이 아닌 자기존재 자체에 가치가 있다고 인정받는 '존재감의 경험'과 자기가 결정하고 스스로 행동하는 '능동성의 경험', 그리고 타인과의 사이에서 능동성을 조정하면서 나누는 '상호성의 경험'을 축적함으로써 비로소 완성된다는 말이었지요.

｜마에하라 아동심리학자인 츠모리 마코토 선생이 한 말씀입니다. 친구들 사이에서 자신의 의견도 말하고 말다툼도 하고 하는 것밖에는, 이것을 키울 수 있는 방법이 없어요. 그런데 지금은 형제도 적고 지역에서 또래 집단을 찾아보기도 어렵잖아요. 그런 만큼 보육원이나 유치원에서만이라도 아이들끼리 존재감을 느끼고 자아를 표현하고, 의견대립으로 다투기도 하고, 조정하면서 자라도록 하는 것이 중요하다고 생각하는 겁니다. 그런데 처음부터 친구니까 무조건 사이좋게 지내라고 가르치면, 아이들은 결국 자아를 확립시키지도 못하고 학교로 진학하게 되죠. 학교는 더욱더 여유가 없기 때문에 결국 자아를 확립할 기회를 완전히 잃어버리고 마는 겁니다.

｜후쿠오카 티격태격 하는 것을 용서해주는 집단이어야 겠군요! 싸우는 것을 지켜봐 줄 수 있을 만큼의 여유가 중요하다는 거죠.

｜마에하라 자아의 확립을 위해서는 가능하다면 직접 부딪히는 게 좋아요. 하지만 지금의 소비사회는 전혀 다른 방향으로 아이들을 내몰고 있어요. 친구들과 노는 것도 컴퓨터 게임이라는 기계를 통해서잖아요? 이런 형태가 옳지 못하다고 봐요. 아이들이 매일 얼굴을 마주할 기회를 가지고 있으면서도 친구와 장시간 통화하는 것도 이상한 현상이 아닐 수 없죠. 직접

얼굴을 맞대고 이야기하기보다는 수화기를 통해야만 더 잘 이야기할 수 있다는 것은 서로의 실체를 느끼는 인간관계를 부담스럽게 생각하기 때문입니다. 그런 아이들이 어른이 되었을 때 실제 사회 속에서 얼마나 아픈 경험을 하게 될까 걱정이 됩니다.

후쿠오카 부모와 자식 관계도 이미 그렇게 되어버린 게 아닐까요? 진정한 관계라면 서로를 가슴으로 안아주고, 시간을 쪼개 이야기를 들어주고 함께 어울려주고 해야 하는데, 물질로 그것을 대신하고 있는 실정이니까요. 텔레비전을 보게 하고 비디오에 빠지게 하고 말입니다.

마에하라 아이들에게 비디오를 보여주는 이유가 대개 그런 거죠.

후쿠오카 텔레비전이나 비디오를 가정에서의 최고 노동절약화 기계라고 할 정도니까요.

마에하라 덕분에 아이들이 가정생활에 참가하는 모습은 거의 볼 수 없게 되었죠. 즉 가족의 일원에서 제외된 겁니다. 아이들에 의해 방해받지 않는 것이 편하다거나 합리적이라는 가치관 때문지요.

후쿠오카 아주 편한 방법이죠. 뭔가에 집중하고 싶을 때는 이거나 보고 있어라 하고 대주면 되니까. 이건 다 어른들이 너무 바쁘다는 데 원인이 있습니다.

마에하라 우리 보육원에서는 텔레비전을 보여주지 않아요.

후쿠오카 그러고 보니 텔레비전을 못 본 것 같군요.

마에하라 보여줄 필요가 없어요. 텔레비전을 안 본다고 아이들이 싫어하거나 곤란해 하냐? 전혀 그렇지 않거든요.

후쿠오카 저서에서 어른은 아이들에게 더, 더! 하면서 부추기고 있지만, 부추긴다는 것은 지금 그대로의 존재를 인정하지 않는다는 것이라고 말씀하셨죠? 역시 말씀대롭니다. 지금 이대로는 안 된다, 부족하다고 말하는 거나 진배없으니까요.

| 마에하라 더 잘 할 수 있다고, 더 잘 해야 한다고 몰아세우는 거죠. 그렇다면 지금의 나는 도대체 뭐냐 하는 거죠.

| 후쿠오카 자신이 인정받지 못하고 있음을 알게 되면, 그거야말로 존재의 근본이 흔들리고 불안정해지는 가장 큰 원인이죠. 더 잘하지 않으면 인정받지 못하는 존재가 되고 만다. 그래서야 어디 제대로 된 존재감을 확립할 수 있겠습니까? 그렇게 쫓기는 상황에서 스스로 뭔가를 해보겠다는 의지가 생겨날 틈이라도 있겠습니까?

| 마에하라 그래서 "힘내! 열심히 해!"라는 말을 하지 말자 해놓고도 그 순간 막상 할말이 없어 곤혹스러워지곤 하는 겁니다.

| 후쿠오카 확실히 그런 면은 있죠. 자기도 모르게 "열심히 해!"라는 말이 나와버리거든요.

| 마에하라 열심히 하라는 말이 아이들에게 악영향을 미치지 않을까 해서 되도록 사용하지 않으려고 해도, 그 말을 대신할 다른 표현이 없을 정도로 지금 어휘가 빈약해요.

| 후쿠오카 어떤 말을 사용하고 계신가요?

| 마에하라 '잘 했다!'나 '씩씩하게' '즐겁게' 여러 가지가 있지만 이거다! 싶은 건 아직 못 찾았어요.

| 후쿠오카 대체 무엇을 위해서 열심히 하라는 걸까요?

| 마에하라 거기까진 생각하지 않고 사용하고 있으니까, 결국 그 말을 듣는 사람도 별 생각 없이 무조건 따르고는 있지만, 무엇을 위해 열심히 해야 하는지, 그렇다면 지금의 나란 존재는 무엇인지 하는 의문을 언젠가는 갖게 되겠죠.

| 후쿠오카 지금 이대로는 안 되는 거구나, 하고.

| 마에하라 "힘내, 더 열심히 해"라는 말을 듣는 동안, 그런 어른들 마음은 아이들에게 그대로 전해져요. 그런 뜻이 전달되기를 원하는 건 아니

겠지만 그렇게 전달되고 말죠.

│후쿠오카 저도 걸핏하면 "힘내, 열심히 해" 하고 말합니다.

│마에하라 그 말을 사용하지 않기로 했다면, 상대방이 지금 어떤 마음일까, 앞으로 어떻게 할까 등을 생각하면서 말하지 않으면 안 돼요. 쉬운 일이 아니죠. 귀찮은 거예요. 그런 것을 지금은 너무 무시하고 있으니까, 눈앞에 보이는 것만 좋으면 된다는 식입니다. 오랜 세월을 살아가는 데 있어 의지가 되어줄 자아가 자라날 수가 없죠 이런 상태로는.

│후쿠오카 의지할 곳이 없다면 방황하게 되죠. 흔히 '아이들은 칭찬으로 키워라'는 말을 하잖습니까? 하지만 코바야시 유지 씨라는 화가와 이야기를 나눌 기회가 있었는데, 그분은 아이의 그림을 보고 절대 "잘 그렸네!"라고 말하지 말라고 하시더군요.

│마에하라 쥐에게 뭔가를 기억시키려고 할 때는 먹이를 주는 것이 벌을 주는 것보다 효과가 있죠. 하지만 같은 먹이를 계속해서 주게 되면 점점 효과가 약해져요. 그래서 먹이를 주지 않게 되면 금방 잊어버리고 맙니다. 인간도 벌을 주기보다는 칭찬을 하는 것이 말을 잘 듣죠. 하지만 칭찬으로 아이를 어른 뜻대로 움직이게 하려고 한다면, 점점 그 칭찬의 정도를 높여가지 않으면 안 되거든요. 그러다 그것을 끊어버리면 아이는 말대로 움직여주지 않죠. 다시 말해서 주체적인 판단으로 행동하는 것이 아니라 칭찬 때문에 하게 된다는 거죠.

│후쿠오카 칭찬으로 키우라는 말도 생각해볼 문제네요.

│마에하라 정말 그것이 좋은 것, 잘한 것이라고 마음에서 우러나오는 칭찬이라면 좋지만, 이것은 좋은 것이니까 칭찬해서 아이에게 더 하게 해야지 하는 의도라면 안 좋다는 거죠.

│후쿠오카 수단으로 삼아서는 안 된다……

│마에하라 그럼 주체적인 인간으로 키우기 위해서는 어떻게 하면 좋을

까? 그건 그 아이의 능력이 아니라 존재 자체의 가치를 인정해주고, 어른은 기다려주고, 아이가 스스로 움직일 수 있는 상황을 만들어주는 것입니다.

후쿠오카 모두 너무 바쁘니까 좀처럼 그렇게 해줄 수 없는 게 현실입니다. 무엇 때문에 그렇게 바쁜지, 잘 모르겠지만.

마에하라 바쁘지 않으면 체면이 안 선다는 잘못된 생각을 가지고 있는 거 아닐까요?

후쿠오카 여가를 즐기거나 일하지 않고 잠시 쉬는 것에 대한 세상의 인식이 너무 냉정해요. 반대로 '일'이란 말은 주술적인 힘을 가지고 있잖아요. 그 말 한마디면 아무 대꾸도 못하고 엎드려 복종하게 되거든요. 일을 위해서라면 법을 어겨도 높이 평가되는 세상이니까요.

하지만 성숙사회가 되면, 그러한 것들도 대부분 변하게 되지 않을까요? 지금까지는 모두가 더 높은 욕망을 추구함으로써 경제가 발전해왔습니다. 식민지가 되지 않기 위해서 부국강병에 힘써야 했던 시대나, 빈곤을 극복하기 위해 공업화를 무리하게 진행해야 했던 시대에는 그것도 필요악이었겠죠. 하지만 이제 모두가 넉넉해졌고 더는 성장할 수 없는 단계까지 왔으니까요.

마에하라 지금까지는 모두가 조금만 더, 하나만 더 하고 부추겨왔기 때문에 욕망을 억제하려고 해도 억제할 수 없었죠. 금욕주의가 무력하게 무너진 것은 그 때문일 겁니다. 그렇지 않고, 서로 부추기지만 않는다면 욕망의 불씨는 자연히 가라앉게 될 겁니다. 그것이 앞으로의 시대를 풍요롭게 살아나갈 수 있는 방법이라고 생각합니다. 🐌

밖에서 뛰어 노는 아이, 간식을 먹는 아이, 무용실 바닥에서 그림을 그리는 아이…… 내가 찾아갔던 그날도 아이들은 맘껏 제각각 하고 싶은 놀이에 한창 열중하고 있었다. 원내에는 텔레비전 한 대 없고 그림을 그리고 있는 것은 광고지의 뒷면. 거기 있는 것만으로도 마음이 편안해지는 공간과 시간이 펼쳐지는 곳이었다.

아이가 자아를 키우기 위해서는 자신의 존재 자체에 가치가 있음을 느끼는 '존재감'의 경험과 스스로 행동하는 '능동성'의 경험, 그리고 타인과 충돌하면서 서로 양보하고 타협하는 '상호성'의 경험이 필요하다. 하지만 지금은 "좀더!"라며 부추김으로써 존재감을 부정하고, "빨리빨리"라는 말로 재촉함으로써 능동성의 발휘를 방해하고, "싸우지 말고, 사이좋게"라는 표면적 관계를 위장함으로써 상호성의 싹을 꺾어버리고 있지는 않는지?

생각해보면 우리 부모 세대도 부추김 속에서 자라왔다. 그렇기 때문에 자신의 존재가치에 자신감이 없고 숫자나 성적, 세속적인 평가와 같은 구체적인 형태로 능력을 증명해 보이지 못하면, 자아가 흔들려 버틸 수 없게 된다는 위기 의식을 안고 있다. 이대로 가다가는 그것은 한층 증폭되고 심화되어 다음 세대로 이어지게 될 것이다.

'더, 좀더! 빨리빨리, 싸우지 말고, 사이좋게'

소비사회를 지탱하는 이 가치관을 해체해 버리면 어떻게 될까?

보육원 아이들 한 명 한 명에게 물어보았다.

"보육원이 재미있니?" 모두 아무 망설임 없이 대답했다.

"네! 이만~큼 재미있어요!"

생명의 에너지,
자연과 어우러지는
즐거움

모리사키 카즈에

1927년 한국에서 태어나 어린시절을 보냈다. 1944년 진학을 위해 후쿠오카로 왔다. 결핵으로 3년간의 요양소 생활, 결혼과 출산, 남동생의 자살 등을 경험. 그 뒤 시인 타니가와 강 등과 함께 〈서클 마을〉을 창간, 여성교류지 〈무언통신〉의 발행 등을 거쳐 작가로 활동하고 있다. 저서로는 『칠흑』『전투와 에로스』『이민여성』『경주는 어머니의 목소리』『매춘왕국의 여자들』『생명, 울려퍼지다』가 있다.

산업의 근대화와 그에 따른 사회의 소비화는 그때까지 사람들을 구속해왔던 인습이나 전통적 가치관을 무효화시키고, 개인이 자유롭게 자기의 삶의 방식을 선택할 수 있도록 했다. 특히, 일정한 틀 안에서만 활동이 허용되었던 여성들에게는 복음과도 같았다. 하지만 현재의 위기는 개인이 너무 자유롭게 행복을 추구하게 된 결과라고도 말할 수 있다. 그렇다면, 원래의 부자유(不自由)의 사회로 돌아가지 않고 이 위기를 타개하기 위해서는 어떤 방법이 있을까? 공동체 속에서 개인이 상실되고 여성의 삶에 멍에를 씌우는 사회에의 위화감을 발판 삼아, 개인의 생명이 진정한 빛을 발하기 위한 길을 끊임없이 추구해오고 있는 **모리사키 카즈에** 씨와 이야기를 나눴다.

후쿠오카 세상은 어쨌든 편리해졌습니다. 하지만 편리해졌다고 행복한가 하면, 반대로 아주 힘든 시대가 되었다는 생각이 듭니다.

모리사키 일전에 봉사활동을 하고 있는 사람들과 함께 오시마 마을에서 하룻밤을 보내면서 이야기를 나눈 적이 있습니다. 그때 나가사키에서 온 한 여성이, 간장 된장 등 모든 것을 어머니께서 직접 만드시던 이야기를 어릴 적 기억만 가지고 마치 눈앞에 보고 있는 것처럼 생생하게 들려주는 거 있죠. 그 이야기를 들으면서, 이렇게 풍부한 능력을 가진 사람이 참 많은데 하는 생각이 들더군요. 편리해짐으로써 행복하다고 느끼는 것은 한순간에 지나지 않아요. 괴로운 건, 많은 사람이 능력을 발휘할 수 있는 세계가 점점 사라지고 있다는 거죠. 편리해졌다고 하는 것은, 자신의 몸뚱이를 움직이지 않고, 일하지 않고 밥을 먹을 수 있는 기쁨 같은 거라고 봐요. 하지만 받아먹는다는 것의 고통, 그런 것도 있는 거예요.

후쿠오카 일하는 것은 노동과는 다르다, 일하는 것은 생명을 사랑하는 일이다라고 한 선생님의 글을 읽은 적이 있습니다.

모리사키 맞아요, 달라요. 그런 생각을 하면서 조그만 아이들을 보고 있으면, 어른에게는 "뭐야, 그런 더러운 곳에서!"라고 생각되는 곳일수록 신이 나서 놀거든요. 호기심과 그 호기심을 만족시켜줄 뭔가를 발견해가는 거죠. 그것을 사랑하고 있는 거예요.

나는 한국에서 태어났어요. 그 당시 일본인 마을에서 살았는데, 마을의 사당쪽에서 조선 여자 아이가 나를 가만히 보더니, 이리 오라고 손을 까딱까딱 하는 거예요. 그래서 가봤더니 나무껍질 같은 것을 자기 입에 넣고 씹으면서, 나에게도 "이거 먹어" 하며 내미는 거 있죠. 말은 통하지 않지만 알 수 있었죠.

뭔지는 잘 모르지만 그런 건 처음 먹어보는 거라서, 얼마나 신기하고 좋던지! 둘이서 싱글싱글 웃기만 했어요. 말도 통하지 않는데, 그렇게 같이 노는 거예요.

잠자리 잡기도 마찬가지였지요. 남자 애들이 암컷 잠자리를 실로 묶어서 조선말로 잠자리를 불러모으는 걸 보고 있는데, 한 애가 와서는 "너 가져!" 하고 말하고는 내 손에 쥐어주는 거예요. 그런 게 아이들 세계에는 있었죠. 지금 생각하면, 어른들이 상당히 대립적이고 무겁게 살았던 그 공기, 그 시간 속에서, 아이들을 감싸고 있었던 것은 자연이었다는 생각이 들어요. 어른이 살았던 것은 사회였지만 말예요.

후쿠오카 그런데 그런 세계가 점점 아이들 주변에서 사라져가고 있어요.

모리사키 도쿄에 방 하나를 빌려 원고를 쓰고 있을 때였는데, 길가에서 작은 아이의 말소리가 들렸어요. "엄마가 쌀이 다 없어진대!" 그러자 또 한 아이가 "응, 우리 엄마도 그랬어. 어떡하지? 쌀이 다 없어지면?" 하고 말하는 거예요. 잠깐 침묵이 흐르더니 한 애가 "맞아, 비행기! 미국에서 비행기로 가져와!" 하고 말하는 거 있죠? 그러니까 다른 한 아이가 "맞아, 맞아! 비행기. 쌀은 비행기"라고 말하지 않겠어요? 놀라서 내려가 봤죠. 마을은 거의가 맨션이었죠. 그 한 쪽에 전등이 켜진 작은 보육원이 있었어요. 노는 곳도 콘크리트바닥이었지요. 거기에 젊은 아빠 엄마가 차례차례로 "잘 부탁드립니다!" 말하고는 아이를 맡기는 거예요.

내가 어릴 때는 자연에 둘러싸여 자랐으면서도 쌀과 밀의 차이도 몰랐어요. 아무리 기본적인 거라도 생활 속에서 접할 수 없으면 좀처럼 인식하기 어렵잖아요.

어릴 때부터 먹는 음식은 어디선가 비행기가 가져다주는 것이라고 잘못 알고 자라게 하기 보다는, "이것이 쌀의 아기야"라고 말해주면서 모를 심고, "조금밖에 거두지 못했으니까, 다른 잡곡을 섞어서 먹어보자" 그리고 "음! 이것도 맛있는걸!" 하고 깨닫게 하는 것이 생명에 대한 이해를 스스로 할 수 있게 하고, 세상과 바르게 사귀는 법을 배울 수 있는 기회를 만들어 주는 것이라고 생각해요.

그런 것을 어른들이 빼앗아도 되는가 싶어요. 문명과 편리함이라는 명목으로, 다음 세대한테 빼앗아도 되는 걸까? 하고 의문을 갖게 됩니다.

│ 후쿠오카 한달쯤 전에 감자를 북을 주러 가는데 여섯 살짜리 딸아이를 데리고 갔어요. 농약이나 화학비료를 사용하지 않으니까 지렁이가 꾸물꾸물 많이 나왔지요. 뽑은 잡초를 쌓아뒀던 자리를 보면 큼지막한 놈들이 덩어리째 몰려 있기도 하고 그래요. 그걸 보고 뛸 듯이 좋아하길래, "지렁이가 풀을 먹고 좋은 흙을 만들어주는 거란다"고 가르쳐주었죠. 그랬더니 "정말?" 하고는 연달아 감탄하는 겁니다. 그리고는 얼마 안 있어

서 똥이 마렵다는 거예요. 그래 밭에서 일을 보게 했는데, 나중에 딸아이가 물어요, "이건 어떡하죠?" 그래서 "흙으로 덮어두면, 지렁이가 그것도 좋은 흙으로 만들어 줄 거다!" 하고 말했죠. 그랬더니 이번에는 "우리가 먹고 내보내는 응가. 그것을 지렁이가 먹고 좋은 흙으로 만들어주고, 그걸로 다시 채소가 자라고 또 그 채소를 우리가 먹는 거네?" 하는 거 있죠. 생명의 연결고리를 그렇게 단번에 이해해버린 거죠. 역시 아이들이란 이렇게 체험 속에서 배워가는 거구나 생각했습니다.

┃ 모리사키 어린 시절 나는 내가 한국의 자연속에서 그 나라 아이들과 함께 뛰놀면서 사는 것을 당연하게 생각했어요. 그런데 그곳을 '식민지'라고 불렀다는 것을 생각하면 늘 마음이 아팠죠. 우리는 똑 같아요, 차림이나 언어는 다르지만. 웃을 때 함께 웃고, 생명과 자연이 어우러지는 즐거움을 함께 나누는 거죠. 어디선가 읽은 적이 있는데, 전쟁 때 석양이 너무 아름다워서 넋을 놓고 보고 있다가 퍼뜩 정신을 차리고 보니, 강 건너에 있는 적군도 석양을 보고 있더랍니다. 자연계 속의 같은 생명이잖아요? 생명이라고 하는 나. 그런데 민족이라고 하는 사회적 조건이 있고, 그것을 생명에서 배제할 수는 없겠죠. 하지만 약육강식의 사회 속으로 돌아가는 것은 옳다고 하면서, 자연 속에서 평등하게 나누며 사랑하는 것은 왜 틀렸다고 하는지, 자문해보았지만 답을 찾을 수가 없었어요.

하지만 요즘엔 이제 그런 삶은 버리는 문명을 만들어도 좋지 않을까, 하는 생각을 해요. 그런 나의 생각과 이 '즐거운 불편'이 큰 맥락에서 보면 일치한다고 봐요. 지구의 상황이 이미 막다른 곳까지 왔고, 지나치게 편리해지고 풍요로워져서 오히려 힘들 지경이 되었잖아요? 인간은 가만 두면 점점 더 많은 것을 만들어낼 거예요. 그러니까 이 자연계의 생명들이 어우러져 존재하고 있다는 것을 주축으로 하는 문명을 만들면 어떨까 하는 거죠. 그것이 패전 후 내가 괴로워해왔던 것에 대한 해답의 시작이었죠. 후쿠오카 씨가 실천하고 있는 것도, 이론에만 치우치지 않아서 이해하고 실감하기에 좋았어요. 내심 아직 젊은 사람이 대단하다 감탄했죠.

| **후쿠오카** 다만 저의 경우, 실천하고 그것을 글로 씀으로써 자기표현을 했다는 면도 적지않게 있습니다. 선생님의 지인인 심신장애 여성분이 "표현하는 것은 생산하는 것과 같다"고 했다면서요?

| **모리사키** 그 사람 무서워요!

| **후쿠오카** 정곡을 찌르는 말이라서. 분명 실천하고 쓰고, 쓰고 평가받음으로써 만족하는 나라고 하는 존재가 있죠. 하지만 선생님께선 표현하는 것은 생산하는 것과 다르다는 주장이시죠?

| **모리사키** 표현한다는 것은 러브레터라고 말해요. 상대방과 나누는 그 기쁨을 표현하는 것이니까. 자신과 외계와의 관계를 대상화하는 것. 산다는 것 자체가 원래 그런 게 아니었을까요? 그런 대상화의 장소를 끊임없이 찾아 헤매는 것은 중요한 일이라고 생각해요.

50대까지는 보이지 않던 것이, 이제야 보이기 시작한 듯한 기분이 들어요. 아이들이 감각으로 느끼고 있는 세계를 어른들은 오래도록 무시해왔죠. 그들은 말로는 표현하지 못하지만, 감각적으로 자연을 사랑하고 있는 거예요. 그런 것을 받아들이고 인정해주는 어른들의 세계가 없었던 거예요, 지금까지는.

| **후쿠오카** 아이들을 하나의 인간으로서 인정하지 않았다는 거죠.

| **모리사키** 너희들도 언젠가 어른이 되면 알게 될 거라는 식이죠.

| **후쿠오카** 완전한 인간이 되기 전의 과정, 진짜가 아닌 거짓된 모습. 장래가 진짜지 지금은 가짜라는 식의 사고방식을 가지고 있었던 거죠.

| **모리사키** 그렇지 않다는 것은, 아이들을 키우면서 자연히 알게 되요. 나 같은 경우는 두 아이를 키우면서 아이들 말에 깜짝깜짝 놀랄 때가

참 많았어요. 이렇게 어린 아이들도 어른과 마찬가지로 산다는 것과 죽는다는 것을 진지하게 응시하고 있구나 하는 생각을 갖게 될 때가 있죠. 그러니까 더욱, 어른의 에고이즘에 오염되지 않은 어린 감성으로 인식한 세계를 어떻게든 활용해보고 싶어요.

후쿠오카 아이들이 놓여 있는 상황은 그대로 어른의 상황과 똑같다는 느낌도 듭니다. 어른도 지금보다 장래가 더 중요하다고 생각하는 것들이 있잖아요. 노후를 위해서라거나 좀더 유명해진다거나 하는 잡음이 끼어들죠. 지금을 최대한 즐겁게 사는 것이 아니라, 내일을 위해 준비해라. 오늘은 내일을 위한 희생양으로 삼아라 하고. 내일이 되면 또 다른 내일을 위해 희생하라고, 그러니 아무리 내일이 오고 또 와도 생명을 구가할 수 없게 되는 거죠.

모리사키 그러니까 아이를 낳지 못하게 된 거 아닐까요? 지나치게 편리해져서, 자기가 가공할 수 있는 장소라는 것이 극히 제한되어 있다는 것을 알아버렸으니까, 두려운 거죠.

후쿠오카 이것저것 할 것 없이 다 전문화되고 고도화되었기 때문에, 아마추어는 설 자리가 없으니까요. 요즘 젊은이들은 자신이 사회를 위해 무엇을 할 수 있을까를 생각할 때, 아무것도 할 수 없다는 결론을 쉽게 내려버리죠. 그건 지금 사회가 각각의 분야에서 최첨단을 달리지 못하면 아무런 공헌도 할 수 없다는 인식이 팽배해 있기 때문이라고 봅니다. 자신의 능력을 생각했을 때, 처음부터 안 될 거라고 자포자기하게 만드는 현실, 극히 일부에 해당하는 엘리트를 제외하고는 말이죠. 그렇다고 해서 먹고 살아가는데 지장이 있느냐 하면, 그건 또 아니라는 거죠. 패스트푸드 점의 아르바이트처럼 머리는 전혀 쓰지 않아도 매뉴얼에 정해진 대로만 하면 먹고 살아갈 수는 있다!

모리사키 재미없잖아요, 그런 삶.

| **후쿠오카** 자기 자신을 표현하고 싶어도 표현할 수 없는 상황이 돼 버린 거죠.

| **모리사키** 장소가 없죠.

| **후쿠오카** 어떻게 살아야 좋을까, 괴로운 거죠. 의미를 찾을 수 없는 게 아니겠어요? 삶의 의미를 말입니다. 삶의 의미를 찾을 수 없는 것만큼 괴로운 일도 없을 겁니다. 지금은 아이를 낳는다는 의미조차도 모르게 된 거 같아요.

| **모리사키** 즐겁지 않은 거겠죠, 생명을 키운다는 것이.

| **후쿠오카** 아이들이란 게 원래 방약무인(傍若無人)에다 불합리하기 짝이 없는 존재잖아요? 이보다 더 비효율적인 존재도 없을 겁니다. 좀처럼 생각대로 되어주지 않는 존재. 우리는 그런 존재에 익숙하지 않은 거죠. 무엇이든 합리적이고 효율적으로! 지금까지 그렇게 배우면서 자라왔으니까요. 그렇게 어른이 되고 부모가 되고, 그리고는 어느 순간 깜짝 놀라는 겁니다. 생각대로는 안 되고 제멋대로고 엉망이니까. 처음에는 어리둥절했다가, 이따위 복잡하고 어려운 건 싫어! 결국 항복하고 마는 거죠. 그래서 유아학대니 아동유기니 하는 게 생겨나게 되고, 또 그런 선배들을 보면서 미리 부모가 되는 것 자체를 포기해버리는 사람들이 늘고 있는 거죠. 사실은 비효율적이고 뜻대로 안 되니까 더 재미있는 건데, 그런 것에 익숙하지 않기 때문에 거부반응을 일으키는 게 아닐까 싶습니다.

| **모리사키** 사회 속에서의 지위를 확보하는 것이 삶의 목적이 되어버렸으니까요. 아이를 사회 밖의 존재로 보기 때문에 아이들 일에 관여하기보다는 사회에서 자신이 차지해야 할 것에 전력을 기울이는데, 그게 왜 나쁘냐는 거죠.

| **후쿠오카** 자기의 명성을 높이고 역사에 이름을 남기는 것이나, 사회에서 특별한 인간으로 인정을 받거나, 그런 것만이 가치가 있다고 생각하

게 된 겁니다.

│모리사키 하지만 진짜 가치는 생명의 연속성에 있는데, 그렇죠? 난 요즘에 와서야 깨달았어요. 생명의 연속성에 대한 사상이 결여되어 있다는 걸.

│후쿠오카 선생님께선 최근 들어 '한 세대(1세대)주의'라는 표현을 자주 쓰시는데, 역시 지금의 문명을 만들고 있는 것은 그 '한 세대주의'구나 하는 생각이 듭니다.

│모리사키 내가 맘대로 만들어 한 말인데, 언젠가 취재를 오신 한 젊은 독신 기자가 이런 말을 하더군요. '우리 한 세대를 어떻게 살 것인가만으로도 충분히 벅차다'고.

│후쿠오카 현대인이 모두 그렇습니다. 우린 한 세대 살아가는 게 고작이다. 하지만 그것을 어떻게든 초월하지 않으면, 지금의 위기를 극복할 수 없다고 생각해요.

│모리사키 모두가 우리 한 세대가 어떻게 살 것이냐, 하는 자기실현에만 급급해 있지요.

│후쿠오카 남성도 그렇고, 이제는 여성들도 마찬가지라는 느낌이 듭니다. 이전에는 여성들만 오로지 인내하면서 생명을 지켜내고 있다는 느낌이 들고는 했는데. 그렇다고 그런 양상이 옳다는 얘기는 아니고, 다시 이전으로 돌릴 필요는 전혀 없다고 생각합니다만, 어쨌든 서로 각자 사회적 활동을 하면서 생명을 키우고 다음 세대에 대해서도 배려할 수 있어야 할 텐데, 왜 그게 안 되는 걸까요?

│모리사키 그것도 역시, 한 세대주의적인 문화 때문이라고 생각합니다.

│후쿠오카 어떻게 해야 초월할 수 있을까요? 제가 선생님을 찾아 뵌 가장 큰 이유는 그 해답을 듣고 싶어섭니다.

｜모리사키 출산율 저하 때문에 노동력이나 사회보험이 어려운 상황에 처했으니 아이를 낳아라, 가 아니에요. 그런 문제라면 출산율 저하도 상관없죠. 그런 게 중요한 게 아니라 생명의 연속성을 지키기 위해서, 내가 지금 가장 중요하다고 생각하는 것은, 모든 어른들이 사회에 나갈 때 사회적 부성(父性), 사회적 모성(母性)이라는 의식을 자신의 일 속으로도 끌고 가야 한다는 겁니다. 예를 들어서 타이어를 어떤 물질로 만들 것인가? 어떤 것이 싸고 질긴가가 아니라, 어떤 것이 내일의 생명에 해가 되지 않을까, 지금은 존재하지 않지만 내일이면 생명으로 태어나게 될 아이들에게 어떤 방법이 가장 좋을까를 생각하는 것. 우리 세대에는 별 도움이 안 될지라도, 다음 세대를 위해 독이 되지 않을 것을 만들려는 의지. 그렇게 하지 않으면 살아 있는 의미가 없지 않느냐고 묻고 싶은 거죠.

지금까지는 우리 한 세대의 이름을 떨칠 수 있는 위대한 것을 만들면 된다고 생각했는지 모릅니다. 그러나 그보다 중요한 것은, 지금은 존재하지 않지만 나중에 이 세상에 태어나게 될 생명들에 대한 배려심입니다. 그걸 나는 에로스라고 말하죠. 에로스라고 하면, 에로티시즘이나 성욕, 섹스를 떠올릴지 모르지만, 그런 게 아니라 생명의 연속성을 지탱하는 에너지란 무엇이냐는 질문에 대한 대답이 에로스라는 겁니다. 나는 이미 생명이니 잉태니 하는 것과는 상관없는 나이가 되었지만, 지금은 그것밖에는 생각할 수 없을 정도로 아주 중요하다고 말하고 싶어요. 자연 속에 살아가면서 그 속에서 만들어지고 태어난 것이, 때로는 자연과의 다툼이기도 하지만 자연과의 어울림이기도 하잖아요? 생명의 연속성은 과거에서 미래로, 이성간 혹은 동성간의 어울림이 있어 비로소 이어지는 것이니까요. 그 어울림 자체가 에로스죠. 거기에서 뭔가, 한 세대주의가 아닌 문화의 계기 같은 것을 찾아낼 수 있지 않을까 생각해요.

｜후쿠오카 제가 이전에 살던 쿠마모토 현에 카와베 강이란 참 아름다

운 강이 있는데요, 그 강에 댐 건설 반대운동을 하던 의사 선생님이 한 분 계셨어요. 그 지역에서 유기농법을 지도하면서 약에 의존하지 않는 의료를 실천하고 계시는 분인데, 실은 그 분의 자녀가 그 강에서 목숨을 잃었답니다. 여름에 강에서 수영을 하다가 그만 익사했다고 하더군요. 저는 처음에는 그런 사실을 전혀 모르고 있었죠. 그런데 언젠가 지나가는 말투로 그런 말씀을 해주시더군요. 그가 온몸으로 지키고자 하는 강이, 그에게서 가장 소중한 것을 빼앗아간 바로 그 강이란 말입니다!

▌**모리사키** 내가 아는 간호사 한 분도 자신의 아이가 심장이식 말고는 치료방법이 없다는 진단을 받고, 결국 그 아이가 죽어갔던 그 병동에서, 지금까지도 환자들의 간호를 계속해오고 있어요. 그 이야기를 듣고 정말 대단한 여성이라는 생각을 했죠. 그런데 그 분은 도시에서 태어나 농촌으로 시집을 왔다더군요. 그래서 벼나 옥수수도 재배하고 있다는데, 그렇게 농사도 짓기 때문에, 그나마 마음의 위로를 받을 수 있는 게 아닐까 생각해요. 그때 당시에는 뭐라고 말로는 표현하지 못했지만……

▌**후쿠오카** 그런 분들이 계세요, 세상에는.

▌**모리사키** 의외로 많은 것 같죠?

▌**후쿠오카** 선생님께서 '일하는 기쁨을 갖지 못하는 사람은, 인생이 감옥이 되고 만다'라고 쓰신 글을 읽은 적이 있는데, 정말 옳다고 생각해요. 누군가 나를 필요로 하지 않는다면 내가 설 곳은 없어지고 마는 거니까요. 나를 필요로 하는 누군가가 있음으로써 비로소 살아갈 의미가 있는 거죠. 12년 전에 만성관절 류머티즘으로 일년 정도 입원생활을 한 적이 있는데, 큰애가 바로 그때 태어났죠. 병은 나아질 기미도 보이지 않고, 언제 퇴원하게 될 지도 모르겠고, 회사 동료들에게는 폐만 끼치고, 사회를 위해서 아무런 도움도 될 수 없다, 그런 절망감만 더해가고 있던 때였습니다. 무엇보다 불안하고 걱정이었던 건, 앞으로 완전히 회복될 수 있

을지 어떨지도 불확실하다는 것이었죠. 그때 아내가 있어 자포자기 하지 않고 어떻게든 버틸 수 있었지만, 그런 상황에서 부모가 된다는 게 정말 불안하고 두렵기까지 하더군요. 아기가 태어나기 전까지는요. 그런데 막 태어난 아기를 본 순간, 이 아이는 내가 태어나서 지금까지 살아왔기 때문에 여기 존재하게 된 것이다, 하는 생각에 가슴이 뛰고 벅찬 거 있죠! 내 인생이 결코 헛되지는 않았구나! 이 생명이 태어나기 위해 나란 존재가 필요했고, 앞으로도 나를 필요로 할 것이다! 그렇게 생각하니까 마음이 순간 환해지는 걸 느끼겠더라구요! 그때 그 감동이나 느낌은 평생 잊지 못할 겁니다. 그래서 서로를 필요로 하고 나누며 사는 게 얼마나 행복한 건지, 잘 알게 됐죠. 서로를 필요로 한다는 것은, 다소 내 발목을 붙잡더라도 이해하고 보듬는다는 것이겠죠? 그것이 자신의 존재의식을 깨우치게 합니다. 자기 자신에게는 설혹 마이너스더라도, 자신이 누군가에게 절실히 필요한 존재라는 기쁨을 알게 된다면, 한 세대주의를 초월할 수 있지 않을까요?

▋모리사키 나도 동생의 갑작스런 죽음으로 그런 것에 굶주리고 있을 때, 탄광의 아주머니들과 만나면서 많은 위안을 받았어요. 그러니까 자기실현은 타인을 위해 힘이 되어주고 보듬을 수 있는 힘과 공존하지 않으면 자기라는 것은 실현될 수 없다는 생각을 하게 되요. 모두가 지금 한 세대의 자기실현만을 추구해온 결과, 이런 자연파괴의 문화가 되고 말았지만, 지금 드디어 그것을 깨닫게 되고, 그와 다른 생명의 연속성을 정착시킬 사상이 필요하다는 목소리들이 여기저기서 높아지는 게 아닐까요? ◍

"모리사키 씨가 요즘 달라졌다"는 말을 자주 듣게 된다. 그래서 이번 대담을 계기로 그녀의 저서를 다시 읽어보았다. 그리고 생각했다. 그녀는 젊은 시절부터 끊임없이 한 가지만을 말하고 싶어했던 것은 아닐까. 최근에 와서 자신이 말하고 싶어던 것을 보다 분명한 언어로 표현할 수 있었을 뿐이다. 그런데도 달라졌다고 말하는 것은, 받아들이는 사회가 지금까지 그녀의 목소리에 제대로 귀를 기울일 의사나 능력이 없었던 것은 아닐까?

"남자들은 정치적인 투쟁밖에는 머릿속에 없었어요. 난 언제나 꾸지람만 들었죠. 넌 생명을 고양이가 됐든 부처가 됐든 똑같이 본다, 노동자도 지식인도 같다고 본다고. 하지만 맞잖아요. 뭐가 다르죠? 정말 이상하다고 생각했죠. 지식인도 이상한 발상을 하는구나! 그 정도로 현명한 남자들이 왜 그렇게 생명관이 빈약한 걸까요?"

탄광촌 여성들과 애를 못낳는다는 이유로 버려진 여성들을 찾아가 그녀들의 한탄을 들어주고, 태아의 목소리 울음소리, 아이들의 속삭임에 귀를 기울이면서 그녀가 엮어온 것은 결국 모든 것이 생명을 향한 러브레터였던 셈이다. 개개인의 생명이 주체가 되어 서로 나누며 살아갈 수 있는 문명을 만들자는.

"듣는 것은 구원이 된다"고 말하는 모리사키 씨. 식민지에서 자란 죄책감이나 남동생을 구하지 못했다는 부담감을 안고 살면서, 인간과 자연에 귀를 기울여왔던 것은 자기 자신을 구원하기 위함이었다고 말한다. 그리고 지금 "여기저기서 이야기 해달라, 써달라는 부탁에……" 하고 말하며 수줍게 미소짓는다. 드디어 막다른 길에서 갈 곳을 찾지 못하고 있는 사회가 그녀의 말에 귀를 기울이기 시작한 것이리라.

한때 그녀가 그랬던 것처럼, 구원을 찾아서.

생각하는
힘으로
삶을 열다

우타노 케이

1951년 쿠마모토 현에서 태어남. 대학 재학 중이던 1924년에 광고, 출판사 창업에 참가. 그와 겸해 시작했던 주말농사로 필요한 농작물을 자급자족하는 기쁨에 눈을 뜨다. 1986년에 회사를 정리하고, 다음해 고토 열도의 나카도오리 섬으로 네 식구가 함께 이주 자급생활을 계속하며 잡지 《농촌생활 대모집》《농촌생활 포럼》을 편집 발행, 탈도시 바람을 일으키고 있다. 저서로는 『우리는 중년개척단』 『풍차여 돌아라!』가 있다.

도시를 벗어나 시골에서 생활하는 사람들이 늘어나고 있다. 『월든』의 저자 소로우 이래, 그러한 흐름은 일관되게 맥을 이어오긴 했지만, 그것이 폭넓게 대중화되기 시작했다는 점에서 오늘날의 흐름은 지금까지와는 질적으로 다른 양상을 띠고 있다고 본다.

사회의 저변에서 어떤 변화가 일어나고 있는 것일까? 외딴 섬에서 자급생활을 하면서, 탈도시를 지향하는 사람들을 위한 잡지를 발행하고 있는 **우타노** 케이 씨께 잠깐 시간을 빌리기로 했다.

후쿠오카 쌀이나 채소는 물론, 된장, 간장, 숯, 햄, 소주, 맥주에 이르기까지, 자신이 직접 만든다는 것에 상당한 고집이랄까 자부심을 가지고 계신 것 같아요?

우타노 내가 지금 하고 있는 이런 일련의 일들은 30년에서 50년쯤 전의 생활을 재현한 것이에요. 돈만 내면 될 것을! 하고 생각할지 모르지만, 이런 여러 가지들을 내 손으로 만들면서, 자연 속에서 배워왔던 인간의 지혜가 생활 구석구석에 미치고 있다는 걸 실감할 수 있어요. 된장이나 간장 만들기는 발효공학의 원점이고, 숯을 굽는 가마는 용광로 하고 구조가 거의 일치해요. 모든 게 지혜의 덩어리라니까요.

후쿠오카 30년 전이라고 하면, 제가 아직 초등학생 때인데요. 되돌아보면 즐거웠던 기억들뿐이네요! 집이 시골이었던 이유도 있지만, 뱀장어나 메기를 잡아먹기도 하고, 할아버지 하고 망을 쳐서 잡은 민물게를 데쳐서 먹기도 하고. 그것이 어느 시점을 경계로 순식간에 사라져버렸죠. 저희 마을에서는 공중방제가 시작되면서부터였을 겁니다 아마. 벼의 해충을 말 그대로 씨를 말리기 위해서, 마을 전체에 헬리콥터로 농약을 뿌려댔으니까 요. 코나 입을 젖은 수건으로 가리고 도망치듯 등교하던 기억이 아직도 생 생합니다. 그렇게 되면서 강에서 생물들이 사라지게 되었죠. 강은 그때까 지 아이들의 놀이터뿐만 아니라, 짚으로 만든 통에다 곡물을 넣어 대나무 에 걸어두고 강의 신께 제사지내던 것이 여기저기 세워져 있었는데, 그것 만 보더라도 사람들의 생활이나 마음속에 강이 생생하게 살아 있다는 것을 알 수 있었죠. 그런데 그런 것들도 물고기들과 함께 사려져 버렸어요. 1960 년대 후반부터 70년대 전반에 걸친 10여 년의 세월 동안, 사람들의 생활이 나 환경, 자연에 대한 의식이 근본적으로 바뀌어버린 것 같아요.

┃ 우타노 그 시절의 환경을 되찾는 일은 아주 어려운 일일 거예요.

┃ 후쿠오카 하지만, 작년에 제가 오리농법으로 쌀농사를 지었던 논은 수확하기 전에 물을 뺐더니 20센티미터 정도 크기의 붕어들이 몇 마리나 살고 있었어요. 올해는 비가 많이 왔을 때, 배수구에 쳐놓았던 비닐 망에 미 꾸라지가 고개를 처박고 죽어 있었습니다. 자연의 복원력이란 참 대단해 요. 그런 걸 보면 의외로 간단하게 되돌릴 수 있지 않을까요? 농약이나 제 초제만 사용하지 않는다면 말입니다.

┃ 우타노 벼농사용 달력 있잖아요? 언제 농약을 뿌리고, 언제 비료를 주 고, 물을 빼야 하는 시기 등이 적혀 있는 달력말입니다. 옛날에 비하면 확실 히 농약살포의 횟수가 줄어들긴 했지만, 아직도 많은 농가가 그것에 의존 해서 농사를 짓고 있는 실정이죠.

┃ 후쿠오카 그 달력에 적힌 대로 한다면, 누구나 어느 정도는 할 수 있으 니까요. 공중방제도 마찬가지지만 대량생산의 공업 논리가 농업세계에도 침투돼버린 거죠.

┃우타노 내가 이런 생활을 하고 있는 것은 문명 속에 만연해 있는 공업의 힘을 약화시켜보고자 하는 의도도 있어요. 모두가 자기 손으로 만들게 된다면 공업제품 같은 건 필요 없게 될 테니까. 극단적으로 말하자면 지금 공업생산량의 절반 이하로 줄이더라도 사회는 유지될 수 있을 테니까요. 대량생산 같은 걸 할 필요도 없어질 테고.

┃후쿠오카 이미 공업제품이 구석구석 보급되어 있어서, 반대 의미로도 대량생산을 할 필요가 없게 되었죠 뭐. 이미 넘칠 정도로 충분하니까요. 그것을 전부 버리고 옛날 생활로 돌아갈 필요는 없다고 생각해요. 그냥 소중하게 오래 사용하면 됩니다. 가능한 한 새로 사지 않아도 되게 말입니다.

┃우타노 쓰레기 문제로 1997년에 독일에 취재를 간 적이 있는데, 아주 철저하게 그야말로 캐러멜 포장지 하나까지 분리해서 처리하고 있는 거 있죠? 이야기야 듣고 있었지만, 그것을 제도화 해서 실천하고 있다는 것만으로도 대단하다고 생각했죠.

┃후쿠오카 그것을 제도화한 정부를 국민이 지지하니까요.

┃우타노 그런 점에서 보면 우리는 아직 위기의식이 부족한 것 같아요.

┃후쿠오카 지금까지는 소비를 위해 일한다는 면이 강했죠. 즉 소비를 위한 노동이었던 셈입니다. 그런데 지속된 불황으로 실업률이 높아지니까, 이번에는 노동을 위해서 소비하라는 목소리가 들리면서, 그것이 진지하게 논의되고 있는 실정이란 말입니다! 필요 없으니까 사지 않는 것인데. 필요 없는 것을 만든다는 건 곧 쓰레기를 만들고 있는 것이나 마찬가지죠.

┃우타노 그 상징적인 게 바로 '지역발전권'이죠. 나라가 어떻게 된 건지!

┃후쿠오카 실업률도 일본은 아직 5% 정도지만, 유럽은 모두 10% 전후잖아요? 그런데 어느 쪽이 더 인생을 즐겁게 사느냐 하면, 백 보 양보한다고 해도 저쪽이 더 즐거운 인생을 사는 것 같단 말입니다. 그들은 예를 들어

레이오프(일시적 해고) 등의 고용조정이 시작되면, 해고되지 않은 사람도 해고된 사람이 복귀할 때까지는 잔업을 하지 않는다고 하더군요. 하지만 우리는 그 반대잖아요? 자기가 그 대상이 되지 않기 위해서 필사적으로 서비스 잔업까지 하고 있는 실정이죠. 왜 그렇게 되는 걸까요?

│ 우타노 2, 3년 전에 세계를 한 바퀴 쭈욱 돌아본 적이 있는데, 미국문화권과 유럽문화권이 완전히 다르다는 생각이 들더군요. 일본이나 한국, 태국 등은 미국과 공통된 풍경이 있어요. 콘크리트 빌딩이 즐비하고, 고속도로가 구석구석으로 뻗어 있고, 그 안에 인간이 왁자지껄하게 모여 있고. 그런가 하면 유럽은 침착하고 잔잔하죠. 뭔가 생각하면서 살아가는 전통이 남아 있어요. 미국문화권에선 경쟁이 사회의 규범 같은 거라서 자기만 좋으면 그것으로 좋다는 의식이 박혀 있는 거죠.

│ 후쿠오카 이렇다 저렇다 해도 인간이란 역시 선(善)을 지향하는 본성을 가지고 있잖아요? 이만큼 문명이 발달한 것도 그것이 선이라는 가치관이 있었기 때문이라고 생각해요. 보다 편리해지고 편안해질 수 있도록 하는 것이 선이라는 가치관. 그것이 원동력이었다는 생각이 듭니다. 그런데 거품경제를 경험하고 환경문제에 직면하면서 그 가치관에 의문을 갖게 됐죠. 그리고 선이란 그것들과는 정 반대에 있다는 인식이 점차 분명해지는 게 아니겠어요? 지속적인 농업이나 임업이 선이라고 젊은이들이 생각한다면, 그렇게 하는 것이 삶의 의미이자 보람이 되겠죠. 그리고 그런 만큼 그들에게 큰 의지가 되는 거라고 믿어요.

│ 우타노 환경문제는 개인이 자신의 이해관계를 넘어서 지구 규모에서 사물을 생각하지 않으면 안 되는 첫 테마잖아요? 인류사적으로 그것이 사람들의 가치관에 주는 영향은 상당히 클 걸요! 거기서 선이라는 발상이 나왔고, 결국은 자신을 위한 일이기도 하고 지구환경을 위한 일이기도 하다고 생각하고 행동하기 시작했다는 점은 확실해요. 지금의 10대, 20대는 기

본적으로 그럴 거라고 생각하는데……

┃후쿠오카 거품경제도 그런 의미에서는 유익했네요?

┃우타노 그럴지 모르죠. 거품경제기의 마지막 거품으로 그것이 얼마나 엉터리였는가를 알았으니까. 우리에게는 잘 된 일이었죠. 그러니까 지금의 불황이 10년 정도 계속되면 좋겠다는 생각을 하곤 해요. 그렇게 되면 좀더 일상의 수준에서 사실적으로 느끼게 될 테니까.

┃후쿠오카 결국 따지고 보면 문화란 생각하고 느끼기 위한 지혜라고 생각해요. 반면 문명이란 느끼거나 생각하지 않아도 좋다고 생각하게 만드는 지혜. 그런데 너무 지나치게 문명이 발달해서 생각하지 않고도 살아갈 수 있게 돼버렸어요.

┃우타노 섣불리 생각했다간 바보 취급이나 받고 말이죠.

┃후쿠오카 무슨 유치한 소리냐면서 말이죠!

┃우타노 배경에는 편리함을 무조건 인정하고, 그것을 진보라고 보는 발상이 있죠. 그 결과, 버튼 하나로 무엇이든 다 해주는 기계에 의존하다 못해 노예가 되고 자신의 적성도 컴퓨터에 맡겨버리고. 사고한다는 인간이 인간이기 위한 기본적인 능력까지도 점차 잃어가고 있으니……

작년에 환경보전 캠프 모임에 초대받아 간 적이 있는데, 〈자급자족의 마음과 기술〉이라는 코너에서 3박 4일 일정으로 간장이나 맥주 만드는 방법을 가르치게 되었죠. 그때 간장에 쓸 누룩을 만드는데, 공교롭게 녹말을 저을 큰 주걱이 없지 뭐예요. 그래서 판자조각을 이리저리 자르고 깎아내고 문질러서 뚝딱 하나를 만들어 썼죠. 그랬더니 그걸 본 사람들이 "아! 없으면 만들어 쓰면 되는 거군요!" 하면서 감탄을 하는 겁니다. 그런 것이 바로 발견이라는 것이겠죠. 다른 뭔가 대신 쓸게 없을까 생각만 해도 상당히 달라질 수 있는데, 무조건 사면 된다는 생각부터 드나봐요. 가만 보면 현대인은 자기가 물건을 만들어 사용한다는 발상 자체를 거의 거세 당한 것 같아요.

후쿠오카 저희 집 큰딸이 히토요시 초등학교에 막 입학했을 때였어요. 집 바로 뒤에 차단기가 없는 철도 건널목이 있는데, 그곳을 가로지르면 차가 다니지 않는 길을 5분 정도 걸어서 학교에 도착할 수 있거든요. 안전하니까 그 주변 아이들은 모두 거기로 다니고 있었어요. 그런데 갑자기 학교에서 차단기가 없다는 이유로 그곳으로 다니지 말라고 한 거예요. 그리고는 먼 길을 빙 돌아서 보행자 길도 없고 차들이 쌩쌩 달리는 국도로 다니라는 겁니다. 그것이 통학로라면서. 철도 건널목 쪽은 1시간에 한두 차례, 그것도 한두 량의 디젤 기관차가 가끔 통과하는 게 고작이었거든요! 게다가 아이들은 아주 어릴 때부터 놀아오던 터라 익숙해질 대로 익숙해진 곳이었고요. 도대체 어느 쪽이 더 위험한가는 유치원생도 알 수 있을 정도잖아요? 그것 때문에 입학하고 얼마 동안 학교하고 말도 참 많았죠.

우타노 나도 그와 비슷한 경험을 한 적이 있어요. 도로공사를 하기 위해서 먼저 옛날 산길을 연결해 지름길을 만들고 거기를 지나 학교에 갈 수 있도록 했죠. 그 뒤에 새로운 도로가 완성되었지만 한참 돌아가야 하고, 차는 거침없이 달려오는데 커브가 있어서 앞을 잘 볼 수도 없고, 위험천만인 거예요. 지름길은 여전히 그대로 있으니까 거기로 가는 것이 훨씬 빠르고 안전하거든요. 그런데 선생님이 그 쪽으로 다니지 말라는 거예요. 통학로라고 정해진 길로 다녀야 한다고 말이죠.

후쿠오카 참 상징적인 이야기네요! 정해진 도로에서 절대 벗어나면 안 된다, 초등학교에 들어가면서부터 못이 박히게 듣는 말이죠. 그러니 현대인이 사회의 규범에서 벗어나는 것을 그렇게 두려워할 만도 해요.

우타노 저마다 정해진 루트에서 벗어나면 큰일나는 줄 알고 발만 동동 굴리고만 있는 것처럼 보여요.

후쿠오카 그런 인간을 대량생산하고 있는 것 아니겠어요?

｜우타노 그러면서 걸핏하면 "요즘 애들은" 운운하니 말입니다. 아이들에게는 아무 책임도 없는데……

｜후쿠오카 쓰셨던 글 중에 인상적인 것이, 회사원 시절의 지인들에게 언제 가장 일하는 게 즐겁냐고 물었을 때, 조직의 일원이 아니라, 자신의 신념에 따라 행동하는 생활인의 한 사람으로서 일하게 될 때라는 것이 모두의 공통된 대답이었다는 구절이었습니다. 정말 그래요. 누가 시켜서 하는 일이 무슨 재미가 있겠어요? 그 재미없는 일을 많은 사람들이 게임처럼 생각하고 있다고도 쓰셨는데, 정말 맞는 말씀이라고 생각합니다. 경쟁을 게임이라고 생각하면 그나마 나름대로 즐길 수 있을 테니까요.

｜우타노 하지만 게임에 이기겠다는 목표는 있어도 무엇을 위해 게임을 하는가 하는 목적이 없잖아요. 그러니까 즐길 수는 있어도 일에 대한 만족감은 좀처럼 느낄 수 없는 구조가 아닐까요?

옛날 마츠시타전기의 연구소를 취재한 적이 있는데, 그때가 마침 전자레인지의 개발 초기단계로 대학원 출신의 기술자가 심혈을 기울여 오븐을 개발하고 있었죠. 연구실에서 숯불로 생선을 굽고, 구워진 정도와 맛의 관계를 비교하면서 그것을 오븐으로 재현하려고 했던 거지요. 아무리 그래도 숯불에 구운 것만이야 하겠어요? 얼마 뒤 그것은 상품으로 출시되긴 했지요. 취재가 끝나고 연구원에게 시판하면 살 거냐고 물었더니 안 산다는 거예요. 자기도 사고 싶지 않은 물건을 만들면서 즐거웠냐고 물었더니, "뭐, 연구로서는 나름대로 재미있죠" 하는 거예요. 그런데 그 연구원의 상사가 카라즈 하지메라는 유명한 학자였는데 연구원이 한 말을 전하면서 속내를 떠봤더니, 씨익 웃으면서 "제품은 시장이 평가하니까!" 하고 말씀하시더군요. 하지만 지금은 정말 자기 자신도 필요로 하고 원하는 것을 만든다는 마음자세를 갖지 않으면, 시장에서 살아남을 수 없다는 위기감을 느끼고 있죠, 기업도.

요즘 점차 회사를 작게 나누는 기업들이 늘고 있잖아요? 그것은 경제효율이라는 면을 고려한 조처이기도 하지만, 한편으로는 작은 단위로 조직구성을 바꿈으로써 일의 능률이나 보람이 높아진다는 점도 계산에 넣은 거라고 생각해요. 그 좋은 예로 이탈리아를 들 수 있죠. 이탈리아는 작은 기업이 상대적으로 많은데, 그곳에서 우수한 기술들이 많이 개발되죠. 조직이 작으면 한 사람이 처리해야 하는 일이 다양해지고, 그 과정에서 새로운 발상을 창출해낼 수 있는 가능성도 그만큼 높아지죠. 그래서 이탈리아는 성공할 수 있었다고 봐요.

후쿠오카 가만히 나둬도 점점 그렇게 바뀌어 가겠죠. 대기업에서 메뉴얼대로 대량생산한 개성 없는 상품을 지금까지는 시장이 필요로 했기 때문에 성장할 수 있었죠. 하지만 그렇게 만들어진 제품들이 사회 구석구석 없는 곳 없이 보급되어 있어 이제 살 필요가 없어진 지금, 기업의 앞날이 망막한 거죠.

우타노 그럴 때 참고할 수 있는 모델로 영국의 루카스 항공회사를 들 수 있겠죠. 경기불황 때문에 사내에서 구조조정이 시작되었을 때, 자기들이 가진 우수한 기술을 활용한다면 사회를 위해 진짜 유익한 뭔가를 만들 수 있을 거라고 생각한 노동조합이 자력으로 개발부를 구성해서 활동을 시작했죠. 바로 대안기술센터(Centre of alternative Technology)라는 것으로, 또 하나의 공업기술을 만들기 위한 센터였는데 노동당 정권의 후원까지 얻게 되면서 500종 이상의 신제품 리스트를 갖게 되었어요.

기술이 사회에 유용하다는 점에 착안한 발상에서라면, 제품분야는 물론 거기에 참가하는 노동자의 자세도 완전히 달라지게 된다는 것을 증명해주는 예라고 할 수 있지 않겠어요?

지금 우리 기업에도 분명 그런 방향으로 발상을 전환할 필요가 있다고 봐요. 그 편이 훨씬 의미가 있으니까.

┃ **후쿠오카** 우타노 씨는 '자급은 하지만, 자족은 하지 않는다'를 표방하고 계시죠?

┃ **우타노** 오이 한 개라도, 내 손으로 재배한 것이 더 맛있고 가치도 있다고 생각해요. 그것은 하나의 세계일지도 모르죠. 하지만 자기 혼자만 만족하고 끝나는 것이라면 아무 의미도 없다는 생각이 저변에 있기 때문에 여러 가지 몸부림을 쳐보는 거지요. 자기 나름의 의식을 가지고 농촌생활을 시작한 사람이라면 대개 개인통신 같은 것을 발행하고 있잖아요? 그걸 보면 알겠지만, 모두 나름대로 하고 싶은 말들이 많아요.

┃ **후쿠오카** 노동이나 자신의 삶의 방식을 사회에 펼쳐보이기 위한 표현이 아니겠습니까?

┃ **우타노** 인간은 노동을 통해 사회참여를 하고 노동을 통해 자기표현을 하죠. 만일 자신의 노동이 단순히 수입만을 위한 것이라면 그것만큼 쓸쓸한 일도 없겠죠. 🐌

우타노 씨의 집을 방문했던 날, 고토에는 시간당 70밀리 이상의 큰 비가 내리고 있었다. 이야기를 나누던 중 계곡까지 파이프로 연결해 끌어다 만든 수도가 나오지 않았다. 어딘가 막힌 게 틀림없었다. 거기다 연일 내리는 비로 기르고 있던 새끼돼지가 두 마리나 설사를 하기 시작하더니 결국 아무것도 못 먹을 정도로 쇠약해졌다고 했다.

"아무래도 어려울 것 같아요. 그런데 신기한 건, 그 정도로 허약해졌는데도 화장실은 기어이 정해진 장소까지 가서 일을 본단 말이에요!"

고기나 햄을 얻기 위해 키우고 있기는 하지만, 그의 부인은 마치 자식이 아프기라도 한 것처럼 안타까워했다. 일주일 전 논에 풀어놓았던 오리새끼 중 세 마리가 폭우와 낮은 기온 때문에 죽어버린 아픔을 겪은 나로서는, 그녀의 기분을 이해하고도 남았다. 잡아먹기 위해 키우기는 하지만 역시 생명이란 사랑스럽다.

농촌생활은 결코 안락하지만은 않다. 하지만 광활한 자연을 상대하는 만큼, 몸과 머리와 마음을 움직일 기회가 듬뿍 있다. 시간도 충분하기 때문에, 필연적으로 사고는 본질적인 것으로 향하게 된다. 무엇을 위해 일하는가? 무엇을 위해 사는가? 그리고 결국 하나의 깨달음을 얻는다. '인간은 보다 잘 살기 위해 산다. 그리고 나는 보다 잘 살고 있다'는 확신이 인간을 지탱해준다. 그렇기 때문에 더욱더, 인간은 자신의 노동이나 삶의 방법에서 의미를 찾고자 하는 것이 아닐까?

소비자 이익이라는 이름의 기만

우치하시 카츠토

1932년 코베 시에서 태어남. 신문기자를 거쳐 자유기고가로 활동. 철저한 현장주의의 기치를 내걸고, 면밀한 취재를 토대로 하는 실증적인 경제평론가로 정평이 나 있다. 저서로는 『도끼의 시대』『공생의 대지-새로운 경제가 시작되다』『경제학은 누구를 위해 존재하는가 - 시장원리지상주의 비판』등 여럿. 과거의 저서들을 정리한『우치하시 카츠토 동시대에의 발언』(전8권)을 1999년에 펴냄.

자살하는 사람들이 급증하고 있는 현상을 보더라도 알 수 있듯이, 사람들은 마음의 여유를 잃어가고 정신적으로 피폐해지고 있다. 왜 이런 상황까지 오고 말았는가? 이에 대해 경제평론가 우치하시 카츠토 씨는 우리 사회의 전근대성 때문이고, 근대의 극복을 외치기 전에 그 전근대성을 극복해야 한다고 주장해왔다. 그와 함께 온 진정한 풍요를 실현하기 위해 무엇이 필요한지 이야기를 나누었다.

후쿠오카 불황이라고는 하지만 일본이 경제대국이라는 사실에는 변함이 없습니다. 하지만 많은 일본인들이 풍요로움을 그다지 실감하지 못하고 있지요. 그 현상을 선생님께서는 상세하게 분석하고, 생활대국이 될 수 없는 길을 선택했기 때문에 일본은 경제대국이 될 수 있었다고 주장해왔습니다. 생활인에서 생산자로 구조적 소득이전이 끊임없이 이루어졌기 때문에 일본기업의 경쟁력은 향상될 수 있었다고. 즉 생활인의 풍요를 희생양으로 삼아 경제대국이 된 것이므로 지금까지의 경제대국 노선을 답습하는 데 그치는 한, 생활인은 결코 풍요로워질 수 없다는 말씀이었죠.

우치하시 생활인에서 생산자로의 소득이전이란 다른 선진국에서는 볼 수 없던 현상입니다. 일본의 근로자는 세계에서 가장 풍족하다고 알려져 있습니다만, 실제로는 근로자가 얻는 소득이 금융기관이나 그것을 매개로 하여 생산자 쪽으로 끊임없이 흘러들어가고 있는 구조로 되어 있죠. 그게 좀처럼 눈에 띄지 않다 뿐이지.

후쿠오카 이전의 최저금리, 제로금리 정책으로 드디어 일반인들도 그 구조를 알게 되지 않았습니까? 금리가 낮게 억제되어 있다는 것은 저축하는 사람이 당연히 받아야 할 금리를 받을 수 없다는 얘깁니다. 왜 금리가 낮아졌는가 하면, 부실채권을 끌어안고 있는 금융기관을 구제함과 동시에, 기업이 돈을 빌리기 쉽도록 하기 위해서니까요.

우치하시 네, 하지만 금리는 소득이전의 한 수단에 불과해요. 주가가 너무 떨어지면 곤란하다고 정부가 공적 자금을 들여 여러 가지 정책들을 부리고 있습니다만, 어떤 자금을 사용하느냐 하면, 그게 연금기금이니 우편저축 같은 것이란 말입니다. 연금이라면 근로자의 노후생활과 직결되는 자금인데 그것을 이익성도 없이 리스크만 높은 것에 국가나 기업이익을 위해 정책적으로 봇물 쏟아 붓듯 하는 겁니다. 그것이 연금기금의 위기를 초래한 것이죠. 그런 구조가 생활인의 풍요를 방해하는 겁니다.

후쿠오카 그러면서도 물질만 넘쳐 나고 있죠. 그것을 풍요라고 부르는 사람도 있지요.

우치하시 분명 그런 면이 있기는 있습니다만, 주체는 누가 쥐고 있느냐 하면 기업이란 말입니다. 그리고 기업이 대량생산, 대량소비, 그것도 단순한 대량생산이나 대량소비가 아닌, 짧은 사이클의 모델 교체의 반복과 대량폐기로 교체수요를 조장하여 점점 양을 늘려 가는 확장 대량생산과 확장 대량소비의 결과, 물질이 범람하게 된 겁니다. 이 확장 대량생산으로 오는 비용절감 효과야말로 일본제품 경쟁력의 원천이었으니까요.

후쿠오카 생활인은 결국 생산자의 조작에 의해 구매하고, 사용하고, 버리는 소비의 사이클에 빠져들게 된 셈이군요.

우치하시 그것을 풍요롭다, 사치다라고 할 수 있을까 하는 거죠. 대세의 흐름에 떠밀려왔던 것뿐인데 말입니다. 진짜 원하는 것은 따로 있는데,

그것을 얻을 수 없으니 어쩔 수 없이 물질로 대체하려는 거죠. 예를 들어 주택 하나를 보더라도 독일의 근로자 재산형성제도 같은 것을 보면 확실히 다릅니다.

후쿠오카 백 년 대출이었던가요? 부모 대에서 손자 대까지 3대에 걸쳐 상환하도록 되어 있는?

우치하시 네. 그러니까 집 하나를 짓더라도 백 년 이상 건재할 수 있는 집을 짓지 않으면 안 되죠. 재료도 구조도 최고가 아니면 사용하지 않아요.

후쿠오카 3대에 걸쳐 상환해야 하는 빚이라면 상당히 부담감이 클 텐데 아닌가요?

우치하시 뭐니뭐니해도 일단 금리가 안 붙으니까요.

후쿠오카 그러니까 일년에 원금의 1퍼센트씩만 갚아가면 된다는 거죠? 5천만 엔을 빌려도 일년에 50만 엔씩 상환하면 되고. 정말 꿈 같은 얘깁니다. 진짜 좋은 것을 만들어 오래 사용하자는 저축형 정책이군요. 그리고 부담은 지극히 가볍게! 진정으로 생활인을 위한 정치네요.

우치하시 그것이 정말 풍요라는 거 아니겠어요? 우리는 절대 그런 정책을 내놓을 수 없죠.

후쿠오카 좀전에 말씀하셨던 확장 대량생산을 유지하기 위해, 경제도 사회도 공급 중심으로 움직이고 있으니까요. 백 년이 지나도 일년 된 듯한 것을 만들었다가는, 세상이 제대로 돌아가지 않는다고 야단이겠죠?

우치하시 정말, 성장의 근원이었던 확장 대량생산과 확장 대량소비의 사이클도 사람들이 현실적으로 자각하고 어떻게 하면 물건을 사지 않을까 생각하게 된다면, 제대로 돌아갈 수 없게 되겠죠.

후쿠오카 이미 생각하기 시작한 것 아닐까요?

우치하시 네, 지금 불황의 본질이 바로 그것이죠. 어떻게 물건을 사지 않을까를 골똘히 생각하는 시대가 왔습니다. 그리고 낭비라는 것을 경멸하게 되었고요. 그렇게 되면 일본경제는 과거의 경제대국노선 때처럼 성장할 수는 없을 겁니다.

| 후쿠오카 근본이 흔들리고 잘려나가기 시작했으니까요. 선생님께선 '자발적 검소'라는 표현을 자주 사용하는데, 자발적으로 검소한 생활을 하는 것이야말로 풍요롭고 차원 높은 생활이라는 말씀이시죠?

| 우치하시 '자발적 검소'란 엘딘이라는 미래학자가 예언한 말입니다. 자발적으로 검소한 생활을 하는 것에 가치를 둔다, 그런 사고방식의 미국인이 네 명 중 한 명 꼴이 될 정도로 20세기 말은 성숙할 거라는 겁니다. 그 예언은 적중하고 있는 셈이죠. 그런 사회가 저 대량소비사회의 미국에서도 시작되고 있잖아요? 확실히 뉴욕 주식시장의 주가상승으로 저축률을 넘어선 소비가 이뤄지고 있는 것은 사실이지만, 그것을 혼란 요인으로 생각하고 경계하는 미국인도 점차 속출하고 있다는 거죠. 극히 일부의 국면만을 보고 세계적 추세라거나 글로벌 스탠더드라고 말해서는 안 됩니다. 그것도 또한 하나의 과정에 지나지 않으니까요. 그 시행착오의 착오 부분만을, 마치 본받아야 할 모델이라도 되는 양 번역하는 번역문화인이 너무 많아요. 아무리 미국이라도 궤도수정은 필요하니까요.

| 후쿠오카 지금처럼 물질이 만연해버리면 갖고자 하는 욕망도 점점 감퇴하게 되죠. 그러므로 경제를 재생시키려면, 이 쇠약해진 욕망을 소생시켜야 할 필요가 절실하죠. 그 욕망이란 지금까지의 욕망과 같은 것이어서는 안 되고, 다른 형태의 욕망을 재구성하지 않으면 안 된다는 겁니다. 즉 이 말은 욕망의 근원인 가치관을 재구성해야 할 필요가 있다는 것이죠.

| 우치하시 생활인에서 생산자로의 끊임없는 소득이전으로 일본의 생산조건은 이보다 좋을 순 없는 수준까지 왔죠. 하지만 반면 인간의 생존조건은 어떨까요? 생산력이 지금처럼 크지 않았던 시대에는 생산조건이 충실해지면 자연스럽게 생존조건도 좋아졌죠. 그러니까 생산조건을 정비하

는 것이 사람들의 복리와 모순되지 않았던 겁니다. 그런데 지금은 반대로 생산조건이 좋아지면 환경이나 자원 등 생존조건이 나빠지는, 그런 모순의 시대가 돼버린 거죠. 프레온을 예로 들면 쉽게 이해할 수 있죠. 프레온은 생산조건에서는 무한한 가능성을 가진 화학물질입니다. 하지만 그것이 오존층 파괴의 원인이 되어 유해 자외선이 지구상으로 그대로 쏟아짐으로써 생존조건은 나빠지고 있는 거 아닙니까?

후쿠오카 그런 예를 찾자면 끝도 없죠.

우치하시 편의점의 다빈도(多頻度) 소량배달이라는 시스템도 그 하나죠. 그것도 컴퓨터가 발달하면서 기업이 그것을 이용해서 정보화의 네트워크를 구축한다는 형태로 실현된 경우라고 할 수 있겠죠. 하지만 그 결과 교통체증이나 소음, 대기오염의 요인으로 작용하고 있죠?

소비자로 하여금 항상 신선한 물건을 사용할 수 있도록 한다는 점에서 다빈도 소량배달 시스템은 편리하지만, 그 편리함은 진정한 의미의 생활인을 위한 편리함이 아니라 기업의 편리함인 거죠.

후쿠오카 당근을 바로 코앞에 매달아놓고, 먹고 싶지? 먹고 싶지? 하고 약올리는 거나 마찬가진 거죠. 팔기 위해서.

우치하시 그 문제를 편의점 경영자에게 물어본 적이 있어요. 마을의 청정한 공기를 더럽히고, 소음이나 교통사고의 위험을 증가시키는 원인이 되는데, 왜 그렇게 빈번하게 소량배달을 하느냐고요. 그랬더니 그 경영자 하는 말이, "따뜻하게 막 지은 밥을 소비자가 원한다. 그것을 제공하는 것이 우리 의무다!" 하는 거예요. 그래서 이번에는, "역시 소비자는 이쪽을 보면 막 지어낸 밥을 먹고 싶어할지도 모른다. 하지만 같은 사람이라도 저쪽을 보았을 때는 대기오염이나 소음은 좀 곤란하다고 말하고 있지 않습니까?"라고 물었죠. 그랬더니 기껏 한다는 말이 "그것은 소비자들의 변덕일 뿐이다"라는 거죠. 그것이 큰 문제에요. 즉 어떤 것이 진짜 사람들이 원하는 것이냐 말입니다.

물건을 팔기 위해서 소비자 주의니 소비자 주권이니, 소비자는 왕이라느니 등 보기 좋은 간판을 내세워놓고, 실상은 자신들의 사업발전에만 급급한 거죠. 소비자가 필요로 하니까, 소비자를 위해서라고 그럴 듯하게 포장하고 있지만, 실은 그 모든 것이 비즈니스의 필요에 의해 만들어진 수작에 불과하다는 겁니다.

후쿠오카 지금 일본에서 진행되고 있는 규제완화의 흐름은 관료가 쥐고 있던 제어권을 시민사회의 손에 돌려주는 것이 가장 바람직한 일인데도, 관료의 간섭을 아예 없애고 기업에게 무한한 자유를 내주려 하고 있잖아요?

우치하시 잘못됐어도 한참 잘못된 규제완화입니다. 그게 기업횡포의 완전자유화가 아니고 뭡니까? 제가 살고 있는 가마쿠라에서 반복되고 있는 자연파괴를 저지하고자 하는 시민운동도 규제완화 정책의 흐름에 위반되는 행위라는 겁니다. 그런 규제완화가 도대체 무슨 의미가 있냐고 따지고 싶어진다니까요.

후쿠오카 리조트 단지 조성에 관한 법도 마찬가지죠. 그 결과 무슨 일이 벌어졌는지 다들 봐서 알고 있으면서 말입니다.

우치하시 진정한 의미의 생활의 풍요를 희생해가면서 이룩해온 것이 지금의 경제대국이다, 따라서 진정한 생활대국을 세우고 싶다면 그 경제대국을 만들어냈던 원리를 통째로 버리고 새로운 원리를 구축하지 않으면 안된다! 이 말입니다. 흔히 물가가 떨어지면 그 즉시 매스컴은 가격파괴의 기수라고 추켜세우지만, 가격이 떨어졌다는 것은 곧 임금이 떨어졌다는 것을 의미하죠.

후쿠오카 싼 물건은 싼 노동으로 만들어지는 거니까요.

우치하시 임금은 그대로고 가격만 떨어진 거라면 좋지요. 독점이윤이나 초과이윤, 이런 것을 없애야 합니다. 그런데 그게 아니고 무조건 싸기만 하면 된다는 식으로 하다 보니, 결국 임금도 떨어지게 되고 진짜 풍요와는 점점 멀어지게 되는 거죠.

후쿠오카 물가가 싸진다는 것은, 그것을 만들거나 운반하거나 팔거나 하는 사람들의 보수가 줄어든다는 것을 의미하니까요. 편리해졌다는 것은 택배나 운송담당 기사들처럼 편리함을 제공해주는 사람들의 노동이 강화되고 있음을 의미합니다. 그리고 타인에게 싸고 편한 것을 요구하는 것은 자신도 누군가에 의해 싸고 편리한 것을 요구 받고 있다는 점을 잊어서는 안 됩니다. 소비자는 동시에 노동자 혹은 그 가족이기 때문에 임금 인하나 노동강화를 각오하지 않으면 안 돼요. 지금 실시되고 있는 규제완화란 것이 바로 그런 정책인 거죠. 규제완화가 시작된 이후의 상황이 정말 그렇잖습니까? 물가는 떨어졌지만, 임금도 떨어졌고, 노동조건도 나빠졌고……

우치하시 그 결과, 자기 직업이 갖는 고유기능의 능률은 떨어지고 전문가다운 프로정신이 사라지게 되는 거죠. 임금이 떨어졌으니 그 직업 외의 다른 수입원을 찾거나 다른 가족의 수입에 의존해야만 하는 처지에 놓이게 되는 겁니다.

그러니 당연히 자신의 직업에 대한 전문가 정신, 프로로서의 자부심을 잃어가는 게 아니겠어요?

후쿠오카 그럴수록 소비자들이 그런 것을 소비하지 않고 외면하게 될 때, 비로소 사회는 변하게 될 겁니다. 자기는 여유 있는 삶을 살기를 원하면서, 타인에게는 싸면서 편리한 물건이나 서비스를 제공하도록 추궁하는 것은 모순이 아닐 수 없지요. 그런데도 싸고 편리한 물건이 있으면, 저도 모르게 손이 가고 말죠. 그게 가장 어려운 부분이에요.

우치하시 이렇게 쌀 리 없는데, 왜 이렇게 싼가 하고 의문을 제기하는 사람들도 생겨나기 시작했어요. 싼 것은 좋지만, 생산자에 대한 생산비용을 정당하게 지불하면서 이렇게 싼 것인가 하는 거죠. 만일 그렇지 않다면, 아무리 싸다고 해도 구입하지 않겠다는 겁니다. 저는 그런 소비자를 '자각적 소비자'라고 부릅니다만, 그런 소비자를 육성하는 운동이 생활협동조합이나 노동자협동조합, 그리고 특정 비영리 활동법인(NPO) 등, 제가 '공생(共生)섹터'라고 부르는 집단들에서 이루어지고 있습니다. 경쟁을 원리로 삼고 있는 기업은 생산자와 소비자를 분리해두고, 그 사이에 시장을 개입시켜 양자를 대립시킴으로써 비즈니스 기회로 삼죠. 하지만 사람들의 참여를 원리로 하는 공생섹터는 '인간을 살고, 일하고, 생활하는 것의 통합체'로 인식하기 때문에, 자각적 소비자의 탄생이 가능한 겁니다. 왜 싼지, 왜 편리한지에 대한 의문을 제기할 수 있는 소비자를 키운다는 것, 소비자의 의식을 바꾸게 하는 것, 이것은 또한 저널리즘의 중대한 역할이라고 생각합니다. 21세기의 사회를 생각하면 자각적 소비자를 어떻게 육성할 것인가? 이것은 정치를 바꾸는 이상으로 중요한 숙제라고 봅니다.

후쿠오카 소비가 바뀌면 경제가 변하고, 사회도 변하고, 결국 정치도 변하지 않을 수 없게 될 테니까요. 지금처럼 소비자의 힘이 컸던 시대는 없다고 생각해요. 소비자가 어떤 구매행동을 하느냐에 따라, 사회를 변화시킬 수 있을 정도니 말입니다. 대중소비사회라는 것이 한편으로 그런 면도 가지고 있습니다.

우치하시 소비자는 결코 어리석지 않으니까요. 선거에서 한 표를 행사하는 것과 마찬가지죠. 소비자의 구매는 일종의 투표인 셈입니다.

후쿠오카 물건을 산다는 것은, 결국 돈으로 투표를 하는 거군요! 그 물건과 서비스를 지지합니다! 하는. 물질이 범람하는 세상이니 만큼 그 힘이 특히 중요하죠.

우치하시 무엇보다 우리가 추구해야 할 것은 대량소비 없는 경제 성장입니다. 대량소비가 없으면 경제는 성장할 수 없다, 그렇게 되면 중소기업은 도산하고 실업자는 늘어만 갈 거라는 위협을 우리는 늘 받아왔죠. 하지만 덴마크 등 북유럽에서는 현재 낭비 없는 경제성장을 실현하고 있습니다. 그곳에서는 재생 가능한 에너지의 개발 등, 사회적 모순을 해결하기 위한 경제행위가 성장을 이룩하고 있어요.

│후쿠오카 『공생의 대지』에서 자세히 다루고 계셨죠. 에너지 자급률 1.5퍼센트였던 덴마크가, 에너지세(稅)를 도입해서 석유와 석유제품의 가격을 높게 유지하고, 풍력발전 등의 재생 가능한 에너지를 철저하게 대우함으로써 자급률을 50퍼센트 이상으로 높이고, 그동안 40퍼센트의 경제성장을 이룰 수 있었다죠?

│우치하시 사회의 구조를 바꾸면 사람들은 낭비를 추구하지 않게 됩니다. 그리고 사회의 모순을 해결하는 것이 성장의 지름길이기도 합니다. 그런 순환을 만들어가는 것이 '대응'인 거죠.

국민이 참고 인내하지 않으면 낭비가 만연하게 되고, 환경이 파괴되고 만다는 얘기가 아닙니다. 기본적으로 사회구조를 바꾸면, 사람들은 그런 것을 더이상 추구하지 않게 돼요. 독일도 마찬가집니다. 일회용품이니까 혹은 편리하니까 하면서 쓰레기를 분리하지도 않고 태워버리는 일은 안 하게 되죠. 쓰레기는 분리하는 것이 당연한 일처럼 되는 거죠. 하지만 일본은 아직도 기업만 고려한 폐기형, 낭비형의 체계에서 벗어나지 못하고 있습니다. 원자력발전소를 만든다면, 그곳에서 만들어진 전력을 사용하지 않을 수 없게 되죠. 사용하지 않을 수 없도록 만들어놓고 행여 반대라도 할라치면 "너도 그 전기를 쓰고 있지 않느냐?"고 몰아대죠. 자동차의 배기가스나 소음에 저항의 말들이 많지만, 그러면서 차들은 왜 타느냐고 따집니다. 이런 논의 자체가 가장 나빠요.

│후쿠오카 편의점의 김밥하고 같네요. 원자력발전소를 폐지했던 미국의 새크라멘토 시의 전력공사 담당자와의 인터뷰를 위해 3년 전에 그곳을

방문한 적이 있습니다. 그런데 그곳에서는 주민투표로 결정된 사안이기 때문에 폐지할 수밖에 없었던 거예요. 그 원자력발전소 폐지라는 목표를 달성하기 위해 가능한 한 모든 정책을 동원하고 절전모델과 풍력, 태양열 발전, 소형발전에 의한 전열병합 등을 보급시켰다고 합니다. 그 덕분에 지금은 원자력발전소 폐지를 후회하는 사람은 단 한 사람도 없다고 자신 있게 말하더군요. 목표를 정해두고 진심으로 정진하다 보면 꿈은 이루어질 수 있습니다. 그런데 우리 정치는 기업의 헌금이나 비자금에 목덜미가 잡혀 있기 때문에 기존 산업의 눈치를 보느라 아무것도 할 수 없는 거죠.

자전거로 통근을 하면서 절실하게 느낀 겁니다만, 자전거 도로는 형편없고, 한치 늘어날 기미도 안 보여요. 그런 반면 고속도로는 언제 그랬나 싶게 고쳐지고 이어지고 한단 말입니다.

｜우치하시 일본이라는 나라의 실체를 여실히 보여주는 예네요. 유럽에 가보면 3층 도로를 흔히 볼 수 있어요. 길이 3개의 층으로 나 있어서, 맨 아래는 자동차, 중간 층은 자전거, 가장 높은 곳은 보행자 전용의 길이죠.

｜후쿠오카 안전하고 쾌적하다면 너나없이 자전거를 탈 겁니다. 그렇게 되면 이산화탄소의 배출량도 줄고, 건강증진에도 좋고, 교통체증도 완화될 테죠. 완전한 일석삼조잖아요? 그런데 자전거 도로가 따로 없으니 위험할 수밖에요. 제 손의 상처도 자전거에서 떨어져 생긴 겁니다. 비가 올 때나 밤이면 겁날 때가 종종 있거든요. 그것이 아마 자전거 통근자가 늘어나지 않는 가장 큰 이유일 거라고 봐요. 왜 자전거 도로는 그대론데, 고속도로만 점점 늘어나는 것일까? 역시 정치가 자동차 회사나 물류기업, 즉 기업 생산자들 편만 들고 있기 때문이 아닐까? 생각이 참 많아집니다.

｜우치하시 일본은 하는 일마다 거꾸로인 셈이죠.

｜후쿠오카 지금까지는 생산조건을 좋게 하면 생존조건도 좋아졌기 때문에 자신의 노동이 사회복지 향상에 일익을 담당하고 있다는 자부심과 성

취감을 가질 수 있었는데, 반대로 생산조건이 좋아질수록 생존조건이 악화되게 되자, 역작용이 나타나기 시작한 거죠. 그러니 망연자실할 수밖에요. 자기실현이나 보람은 말씀하신대로 생존조건을 향상시키는 방법밖에는 없을 거라는 생각이 듭니다. 인간이 원래 일을 하는 것은 결국 행복해지고 편해지려고 하는 것이니까요.

| 우치하시 사회이익과 기업이익이 상반되는 시대가 시작된 거겠죠. 기업이익을 추구하는 것이 사회의 이익에는 반대되는 그런 시대가 된 겁니다. 좀 풍요로워졌다 싶으면 거품이, 불황이다 싶으면 구조조정입네 하면서 인간의 목을 잘랐다 붙였다 하니 말입니다.

| 후쿠오카 인간뿐만 아니라, 지역도 죽이고 있죠.

| 우치하시 중소기업을 일시에 망하게 만들어놓고, 조금 업적이 나빠졌다 싶으면 바로 철수시켜버리죠. 진출책임이나 철퇴책임을 전혀 생각하지 않아요. 그런 기업에 종사하면서 사람들은 일한다는 것은 과연 무엇이고, 무엇이 나를 위해 일하는 방법일까? 하는 것을 신중하게 생각하기 시작했지요. 지금까지는 기업에 열심히 최선만 다하면 만사가 순탄했지만, 지금은 아무리 분골쇄신 죽을 힘을 다해도, 언제 노동시장에서 맨몸으로 쫓겨나게 될지 모르는 상황이니 생각하지 않을 수가 없죠. 그럼 어떻게 할 것이냐 하면 역시 사회이익 편에 서야 하겠죠. 최근 현장을 돌아다니다 보면 많은 사람들이 사회의 이익을 위해 나는 무엇을 해야 한다, 무엇을 하고 싶다고 말하고는 합니다. 🐌

90년대 전반, 신문을 포함한 모든 매스컴은 너나할것없이 규제완화 추진의 논조를 펼치고 있었다. 당시 쿠마모토 현에서 취재활동을 하던 나는, 그 논조에 위화감을 느꼈다. 규제완화의 여파로 중소 규모의 상점들이 하나 둘씩 문을 닫고, 지역이 점점 공동화되어가고 있음을 피부로 느끼고 있었기 때문이다. 싼 가격과 편리한 시스템으로 소규모 상점들의 목을 조여오던 대형 슈퍼마켓이나 편의점과 할인점은 분명 고용을 창출해내기는 했지만, 그 대부분은 파트타임이나 아르바이트 등 단가가 싼 노동이었다.

규제완화는 정말 사람들에게 풍요로움을 선사할 것인가? 막연한 의문에 고심하고 있을 때, 우치하시 씨를 주축으로 하는 그룹이 『규제완화라는 이름의 악몽』이라는 책을 펴냈다. 규제완화의 선구자 격인 미국에서 어떤 일이 일어났는가를 상세하게 서술하고, 규제완화를 비판적으로 논하고 있던 그 책은 충격이었다. 항공사의 자유화를 보더라도, 신규기업의 참가로 일단 항공운임은 떨어지기는 했지만, 대기업의 횡포에 신참기업은 결국 운임을 제자리로 돌려놓을 수밖에 없었다. 뒤에 남는 것은 채산이 맞지 않는 노선의 가격인상이나 폐지 등 노동조건의 악화뿐. 그런 우치하시 씨의 예언은 지금 하나씩 현실로 나타나고 있다.

지금, 모든 분야에서 직업 고유의 기능이 붕괴과정에 있다고 우치하시 씨는 지적한다. 그 중에서도 붕괴양상이 가장 심각한 것으로 저널리스트를 뽑았다. 선배의 눈에 비치는 오늘날 기자들의 모습이 위태로운가 보다.

"무슨 일이 있기만 하면 '위에서'라고 책임을 미룬다. 위가 무엇이냐고 물으면, 상사를 두고 하는 말이다. 거기다 너무 공부를 하지 않는다."

규제완화 추진론에 위화감을 느끼면서도 어떤 대항의 기사도 쓸 수 없었던 내 마음에 선배의 말이 아프게 새겨졌다.

과학기술의 신화와 시민혁명

요시오카 히토시

1953년 동경에서 태어남. 대학에서 물리학을 전공했지만, 후에 과학사로 전향. 과학기술의 발전 메커니즘을 사회학적, 정치학적으로 분석하고, 그것을 공공이익의 관점에서 합리적인 방향으로 나아갈 수 있는 가능성을 탐구해왔다. 현재, 큐슈 대학 대학원 비교사회 문화연구과 교수로 있다. 저서로는 『테크노토피아를 넘어서』 『과학사회학의 구상』 『과학문명의 폭주과정』 『과학혁명의 정치학』 『원자력의 사회사』 등이 있다.

지구환경이나 핵 문제 등, 현재 우리가 직면하고 있는 위기의 대부분은 과학기술의 발전으로 발생했다. 합리성을 추구해야 하는 과학이 왜 이토록 불합리한 사태를 초래하게 된 것일까? 그리고 그것을 극복할 수 있는 방법은 과연 무엇인가? 자연과학의 지식과 사회과학의 방법을 구사하면서, 그 문제해결에 전념해 온 요시오카 히토시 씨께 물었다.

┃후쿠오카 과학기술은 스폰서한테서 연구개발에 필요한 비용을 제공받지 않는 한, 발전하지 않는다는 성질이 있다는 선생님의 글을 읽고 눈이 번쩍 뜨이더군요. 과학기술은 가만 놔둬도 쑥쑥 발전해나간다고만 생각하고 있었거든요. 그런데 그것은 어디까지나 착각이고, 정말은 모든 것을 사회에 의존하고 있는 지극히 타율적인 존재라는 걸 알게 되었습니다.

┃요시오카 사실, 소련이 해체되자 그렇게나 우수했던 구소련의 과학기술체제가 순식간에 와해되어 버렸잖아요? 과학기술의 연구개발 시스템이란 실은 아주 취약한 존재거든요.

┃후쿠오카 그런데도 세계적으로 보면 공업화가 시작된 이래 과학기술은 하루가 다르게 눈부신 발전을 이룩해왔어요. 그것은 곧, 그동안 끊임없이 연구개발을 위한 대량의 군량미가 들어갔다는 얘기가 되는군요.

┃요시오카 네, 그래요. 원래 현대의 과학기술은 그냥 무작정 만들어지는 것이 아니라, 정확한 어떤 목적을 가지고 개발됩니다. 주된 목적은 두 가

지가 있는데, 하나는 군사적 면에서의 국가안전보장이고 또 하나는 경제적 이익의 추구죠.

후쿠오카 그 말씀은 과학기술의 우열이 군사력과 경제력의 우열에 직결되기 때문에, 국가나 기업들이 그렇게 적극적으로 스폰서로 나서서 연구개발에 투자를 한다는 거군요. 하지만 군사적인 필요는 냉전이 종결되면서 상당히 위축되지 않았습니까?

요시오카 미국, 영국, 프랑스 등의 주요국가에서는 전후 일관되게 정부가 출자한 연구개발비의 3분의 1에서 3분의 2정도가 군사목적으로 이용되었고, 정부와 민간을 통털어 연구개발비 총액의 20퍼센트 이상을 점유해왔을 것으로 예상하고 있습니다. 다시 말해, 전후 세계에서 과학 연구 활동의 상당 부분은 군사적 부문이 지탱해왔다고 할 수 있죠. 그것이 냉전종결로 삭감되었고, 뿐만 아니라 냉전종결의 영향은 협의의 군사과학 기술만이 아니라 군사기술과 밀접한 관계를 가지고 있는 민간분야에도 미치게 되었습니다. 그 대표격이 핵에너지 개발이죠.

후쿠오카 확실히 냉전종결과 궤를 같이해서 고속증식로나 제어핵융합 등의 추진노선에서 상당수의 국가들이 물러났죠.

요시오카 그것은 새로운 시스템 개발만이 아니라 지금까지의 경수로에 대해서도 마찬가집니다. 구미제국의 대부분이 원자력발전소를 더이상 신설하지 않고, 지금 있는 원자로를 수명이 다할 때까지 사용한다는 모라토리움(Moratorium) 정책으로 전환했잖아요.

후쿠오카 말씀을 듣고 보니 그렇군요.

요시오카 미국이나 독일에서는 한때 민간부문을 포함한 과학기술 연구개발비가 GDP의 3퍼센트에 육박했던 적이 있습니다만, 이런저런 사정으로 현재는 2.2 혹은 2.3퍼센트까지 떨어졌습니다. 다른 주요국도 일제히 GDP비율을 줄여가고 있어요.

│ 후쿠오카 냉전체제가 붕괴함으로써 과학기술의 추진력이 그만큼 떨어졌다는 얘기가 되는군요.

│ 요시오카 네. 하지만 일본만은 예외에요. 방위청(국방부)의 연구개발 예산은 갈수록 증가하고 있고, 고속증식로도 아직 실용화를 위해 계속 추진되고 있죠. 원자력발전소도 2010년도까지 앞으로 20기를 더 만든다고 하니까요. 연구개발비의 GDP비율도 3.1퍼센트 정도로 일본만 유독 높단 말입니다.

│ 후쿠오카 왜 그럴까요?

│ 요시오카 분명 지금까지의 확대노선으로, 업계나 연구자들이 강력한 기득권을 획득해버렸기 때문에 이제 와서 합리적인 판단에 근거한 축소노선으로의 전환이 불가능한 거겠죠. 정세의 변화를 정책에 반영시키는 정치 시스템도 다른 선진국과 비교해서 현저하게 뒤떨어져 있기 때문에 합리적인 제어가 제대로 힘을 발휘하지 못하는 거예요.

│ 후쿠오카 국가안전보장뿐만 아니라, 경제적 이익의 추구라는 면에서도 과학기술은 이미 수확체감 과정에 접어들었고, 추진력을 잃어가고 있다고 주장하고 계시지 않습니까? 확실히 연구개발비를 쏟아붓는 만큼 비행기의 속도가 비약적으로 빨라지고 있는 것도 아니고, 인간의 평균수명이나 농업생산력도 거기서 거기고요, 공업제품의 매출이 급진적으로 증가하지도 않았습니다. 들어간 연구개발비에 부합한 실용적인 효과를 못보고 있는 것이 사실이죠.

│ 요시오카 소재형의 과학기술을 중심으로 상당부분은 그렇다고 봅니다. 예외를 찾자면 생물공학 관련 기술과 정보 정도가 아닐까요? 물질계통은 역시 한계가 있다고 봐야겠죠.

아주 최근까지도 신소재로는 뭐든지 할 수 있다고 맹목적으로 믿고 있었죠. 그것을 배경으로 일본에서도 국산 전투기를 개발하겠다고 관계자가 큰

소리를 치고 나섰던 적이 있습니다. 복합재료를 이용해 날개를 일체형(一體型)으로 만드는 기술을 미국은 가지고 있지 않기 때문에, 일본에서 최초로 그것을 만들어 가볍고 강한 최고의 전투기를 만들어내겠다고 벼르고 매달렸죠. 그런데 그게 아무래도 불가능하죠. 미국 전투기는 대함 미사일을 두 발밖에 적재하지 못한다, 그러니 우리는 네 발 적재가 가능한 것을 만들자 해서, 국내개발비를 몽땅 퍼부었지만, 아무래도 네 발은 무게가 있으니까요. 그 상태로 초음속으로 날았으니 금이 가고 말았던 거지요. 그 뒤로 여러 단계의 개량작업이 진행되기는 했지만, 미사일을 싣지 않아도 금이 간다는 것이 강도시험에서 판명되었다고 합다. 미국의 전투기는 옛날부터 티타늄 재료를 많이 사용하고 있는데, 그것을 탄소섬유로 대신하려고 했던 거죠. 그것이 더 좋다고 선전을 하고 있었지만 다 허풍이었던 셈이죠, 하하. 결론은 신소재라고 해서 만능은 아니라는 거죠. 물질을 다루는 과학은 이제 더이상의 획기적 발전을 기대할 수 없게 됐어요. 그것은 어쩔 수 없는 일입니다. 물질과 에너지는 올 수 있는 데까지 다 온 셈이니까요.

후쿠오카 그리고 보니 태양전지로 에너지 문제가 모두 해결될 수 있다는 등의 이야기도 있었죠.

요시오카 그런 의미에서 보면 원자력도 태양열도 마찬가집니다. 장래의 가능성을 과장해서 부풀려 사회로부터 개발비용을 끌어내고자 하는, 그것이 바로 연구자의 상습적 수단인 거죠.

후쿠오카 과학기술이 환상적인 유토피아를 인류에게 안겨줄 것이라는 의론을 총칭해서, 선생님께선 '테크노토피아론'이라고 하셨죠. 그것은 일정 과학기술 분야의 전성기에 활발하게 거론되다가 실용화될 무렵에는 어느새 파기되고 만다, 그러므로 테크노토피아론은 과학기술 분야를 추진하는데 필요한 지지를 얻기 위한 '신용사기' 같은 것에 불과하다고 하셨죠. 확실히 원자력에 관해서도 무진장하고 깨끗한 에너지를 거의 공짜로 얻을 수 있게 될 꿈의 에너지라고 추켜세웠던 시기가 있었죠. 그런 데 지금도 인류가 직면하게 될 위기는 과학기술의 진보로 해결할 수 있다는 주장은 여전한 것 같습니다.

│요시오카 그런 류의 논의가 제기되었을 때는 속지 않도록 조심하는 게 좋겠죠.

태양열에 대해서도 단위 당 생산가격이 점점 낮아지게 될 거라고 선전하고 연구개발을 추진해 왔습니다. 제가 알고 있기로 1980년경의 예상대로라면 지금쯤이면 발전단가가 10엔 정도여야 합니다. 그런데 지금 목표로는 2015년경에나 그 단가가 실현될 것이라고 합니다. 예상이 완전히 빗나간 셈이죠.

│후쿠오카 바로 기술적으로 극복하기 어려운 점이 있다는 거겠죠?

│요시오카 결정(結晶)을 만드는 것이 어려운 거 아니겠어요? 20년 전에는 결정이 아니라 박막(薄膜)을 이용한 아몰파스 태양전지면 가능할 거라고 생각했는데, 그게 노화가 너무 빨라서 결국 결정이 아니면 안 된다는 게 밝혀졌죠. 그리고 태양전지만으로는 불충분해요. 융통성을 키우기 위해서는 축전(蓄電)도 해야 하고 기존의 전력시스템과 접속도 해야 하는데, 그 설비 비용이 크고 넓은 면적을 필요로 하면서도 효율도 그다지 오르지 않으니까요. 그러니 비용이 떨어질 리가 없죠. 비용저하에도 한계가 있어요.

│후쿠오카 그래도 지금은 여러 분야에서 사용하기 시작했고, 국내에서도 소비용량이 7만 킬로와트 정도는 되는 것 같던데요? 그 양산(量産)효과로 조금은 가격이 떨어지지 않았을까요?

│요시오카 그렇긴 하죠. 다만 그것은 정책을 전환한 결과에 불과합니다. 최근까지는 연구개발과 기초실험에만 돈을 썼지만, 지금은 구입할 때에도 보조금을 지원하여 실물을 구입하게 하는 정책을 도입하면서 비약적으로 보급되기 시작한 겁니다.

후쿠오카 즉 연구개발의 성과라고 보기보다는 정책전환의 성과라는 말씀이시군요. 이전 이 기획의 대화자로 모셨던 적이 있는 경제평론가 우치하시 카츠토 씨는, 세상에는 '만드는 기술'과 '사용하는 기술'이 있다고 분류했는데, 만드는 기술이 수확체감 과정에 접어들었다면, 제도나 정책 등을 통해 사회가 안고 있는 문제의 해결을 위해 과학기술을 동원하는 '사용하는 기술'을 연마하는데 역점을 두는 것이 중요할지 모르겠군요.

요시오카 그렇죠.

후쿠오카 지금까지 민간분야 연구개발의 주된 출자가 물질과 에너지 관련 산업이었기 때문에, 그것이 수확체감 과정으로 접어들었다고 한다면, 군사부문의 축소와 더불어서 앞으로 과학기술 개발의 추진력은 떨어질 가능성이 더 높아지겠군요. 좀 전에 예외라고 말씀하셨던 생물공학과 정보관련 산업이 그것들을 대신해서 과학기술 추진의 견인차 역할을 할까요?

요시오카 그렇지는 않을 겁니다. 생물공학과 정보가 중심이 되어 과학기술 전체를 이끌어간다는 구조는 전혀 불가능할 거라고 봐요. 유전자 조작기술 같은 것도 여명기에는 플러스 이미지를 가지고 있었죠. 유전자 조작으로 만들어진 농산물은 아주 우수한 농산물이고, 그것이 부가가치가 될 것이다 하는 식으로 초창기에는 좋게만 생각했죠. 그런데 실제로 그러한 제품이 만들어지고 상품화되니까, 불안과 불신의 마이너스 이미지로 변하고 말았으니까요.

후쿠오카 상품화된 것들을 보면 해충이 먹고 죽을 정도의 것이거나, 제초제를 아무리 뿌려도 시들지 않을 정도라거나, 도저히 플러스 이미지를 가질 수 없는 것들뿐이잖아요? 업계측에서 보기에는 농약살포나 제초의 수고를 덜어주니까, 이보다 더 편할 수는 없다고 하겠지만 말입니다. 이것도 신용사기로써 테크노토피아론의 한 예가 되겠군요. 정보에 관해서도 컴퓨터가 보급되기만 하면 에너지 절약은 물론 자원절약의 사회가 될 거라고 떠들어대던 시기가 있었죠.

｜요시오카 그런데 실제로는 종이의 사용량은 갈수록 증가하고 있고, 점점 인간의 이동은 심해지고 있으니까요.

｜후쿠오카 인터넷 등으로 전세계 사람들과 간단하게 커뮤니케이션을 나눌 수 있게 되었지만, 지금까지라면 서로 알 길이 없던 사람들과도 네트워크 상에서 알게 되고, 이번에는 그럼 직접 만납시다, 해서 이동하게 되는 거죠. 오히려 자원을 더 사용하게 하는 방향으로 사회가 움직이고 있는 것이 현실입니다. 편리해진 그 기술을 이용해서 인간은 새로운 돈벌이를 마련하고 싶어하니까요.

중요한 것은 과학기술이란 사용방법에 따라 어떤 작용이든 가능하다는 거네요. 그리고 대개의 경우는 공익이 아닌 사적인 이익을 확대시키는 방향으로 사용되고 있지만요.

｜요시오카 경제활동의 억제를 위해 사용할 리는 없을 테니까요. 자동차나 에너지 소비에 고율의 세금을 부과해서, 그것을 환경보전이나 자원보호를 위해 사용하는 방법 등, 정책적인 유도가 절대적으로 필요하다고 봅니다. 그것을 실현하기 위해서는 환경보전이나 자원보호에 무엇보다 우선권을 주도록 하는 사회전체의 의기투합이 필요해요.

｜후쿠오카 그리고 보면, 그런 정책을 채용하는 나라들도 많이 생겼어요. 덴마크 등의 북유럽국이나 독일 등, 탈공업화가 진행되고 있는 선진국에서 그런 정책들이 현저하게 나타나고 있죠.

기업이 과학기술을 이용하여 경제활동을 할 경우, 얻어지는 장점의 대부분은 그 당사자가 독점으로 향유하지만, 그것 때문에 발생하는 환경파괴나 교통체증 등의 단점은 사회전반이 짊어지게 된다는 것이 지금까지의 구조였어요. 이 구조로는 대개의 경우 당사자에게는 장점이 단점보다 많기 때문에 갈수록 경제활동을 확대해 갈 것이고, 그럴수록 사회가 짊어지게 될 문제는 축적되고 심화되어 가겠죠. 그래서 지금까지는 사회가 부담하도록 했던 비용도 행위 주체에게 부담하도록 하자는 움직임이 일기 시작한 게 아닐까요? 지금까지는 그 시작의 테이프를 좀처럼 끊지 못했지만 말입니다.

▌요시오카 손해를 보게 되면 인간은 필사적으로 저항하니까요.

▌후쿠오카 그런데 어떻게 그것이 가능해진 걸까요?

▌요시오카 한마디로 말하면, 문화적으로 성숙하고 어른이 돼가고 있다는 거겠죠. 사회와 자연의 폐해가 설득력을 갖게 되고, 이기적인 욕구를 충족시키기 위해 더이상 자연과 사회를 다치게 해서는 안 된다는 자각이 생기게 된 거죠.

선진국 시민들 대부분이 풍요로움을 누리게 되면서 인권이나 평화 그리고 환경을 존중하려는 가치관 확립이 크게 작용했다고 봅니다.

▌후쿠오카 과학기술 문명을 움직여왔던 것은 인간의 이기주의였다고 생각합니다. 자신의 이익이나 목적을 달성하기 위해서는 다른 사람이나 사회에 다소 피해를 주더라도 상관없다는 식의, 무리하게 추진해온 이기주의 위에 세워진 문명이었어요. 그것에 브레이크를 걸기 시작했다는 것은 인간 본질에 변화가 생겼다고 해석해도 되지 않을까요?

▌요시오카 이기주의는 변하지 않았다고 봅니다. 다만 규제와 균형의 조정을 받아들이게 되었다는 거죠.

▌후쿠오카 즉, 비용을 부담하는 쪽의 목소리가 정책에 반영되기 시작했다는 뜻인가요?

▌요시오카 맞아요. 그것을 과학기술의 시민혁명이라고 부르고 싶어요. 옛날에는 설령 의료사고가 발생해도 큰소리 한번 제대로 쳐보지 못했지만, 지금은 재판도 하게 되었고, 그로 인해 병원이나 의사들의 횡포는 이미 옛날 얘기가 되었으니까요.

폭주하려고 하는 것을 사회적 공정이라는 관점에서 체크하는 메커니즘

이 나름대로 정비되기 시작했고, 강한 자가 제멋대로 군림하는 상태는 이미
시대착오적인 산물이 되어가고 있다는 겁니다. 공청회나 주민투표 등 시민
참가의 절차나 방법도 일상적으로 실시하게 되었고……

  │후쿠오카 그런데 그런 움직임이 언제부터 시작된 거죠?

  │요시오카 1960년대에 미국에서 시작되었는데, 그것이 유럽에까지 파
급되었죠. 그리고 90년대 후반에 뒤늦게나마 일본에도 그 여파가 상륙하게
된 것으로 보입니다.

  │후쿠오카 미국에서 정보의 자유법이 시행되었던 때가 분명 1967년이
었는데, 역시 정보의 공개라는 점이 가장 큰 의미를 갖는 것이겠죠?

  │요시오카 시민이 정책에 대한 주체적인 관심을 갖고, 그 결정에 관여
하기 위해서는 무엇보다 정보의 공개가 필수겠죠. 그리고 행정과 대립관계
에 있는 단체나 전문가가 공개된 정보를 갖고 조사연구를 하고, 대안이 될
만한 정책을 제언하는 거죠. 그것이 매스미디어 등에 널리 소개된다면, 행
정기관은 그것을 고려하여 정책결정을 하지 않으면 안 되게 될 겁니다.

  │후쿠오카 우리 사회도 느리기는 하지만 그 방향으로 변하고 있다고
보는데요?

  │요시오카 기득권을 쥐고 있는 정계, 재계, 관료들의 내부담합으로 정
책을 결정하는 상태를 정치학에서는 '제2의 정부 모델'이라고 부르죠. 확
실히 그것이 무너지고는 있습니다만, 일본에서는 아직 충분하게 해체되
지 않은 상태입니다. 하지만 이미 해체되기 시작했고 그것을 완전하게 해
체해서, 사적인 이익이 아닌 공공이익의 실현을 위한 합리적인 정책을 세
우는 것이 중요한 과제라고 봅니다. 🐌

과학기술 자체로 인류가 직면하는 문제를 해결할 수 있는 것은 아니다. 이것이 20년 넘게 과학을 지켜봐 온 요시오카 씨의 결론이다.

보기에는 환경보호나 자원절약과 직결되는 것처럼 보이는 태양열발전이나 풍력발전과 같은 기술도, 그 예외는 아니다. 그들은 기존의 발전 시스템과 대체되는 것이 아니라 보완적인 것에 불과하고, 환경에 좋다는 안도감에서 오히려 에 지 소비를 부채질하는 방향으로 작용하지 않을까 하는 우려도 있다. 정보화의 진전이 무엇을 초래했는가를 생각하면, 그럴 가능성이 훨씬 높을지 모른다. 즉 에너지절약을 촉진하는 정책을 수반하지 않는 이상, 그들 기술은 관계업계를 살찌우는 것으로 그치고 말 것이다. 따라서 중요한 것은 정책이다.

그런 정책이 지금까지 실현되지 못했던 것은, 그로 인해 이익을 잃게 되는 세력이 정치력을 가지고 있었기 때문이다. 하지만 정보공개나 정책결정 과정에의 참가를 요구하는 시민의 끈기 있는 운동의 결과로, 그 구도가 드디어 무너지기 시작했다.

"도쿄에서 아주 재미있는 일이 시작되었어요!"

질소산화물 오염의 주원인인 디젤자동차의 추방운동에 도쿄가 동참한 것을, 요시오카 씨는 더없이 기뻐했다. 일본에서도 드디어, 업계의 이익보다 주민의 목소리를 존중하지 않으면 안 되게 된 것이다.

과학문명의 방향에 대해 결코 밝게 내다본 적이 없었던 요시오카 씨가, 최근 시민혁명이라는 긍정적인 개념을 사용하기 시작했다. 나는 그의 말에서 이런 메시지를 읽는다.

비관하기에는 아직 이르다. 사회는 변할 수 있다!

육체의 욕망에서
생명의
욕망으로

모리오카 마사히로

1958년 코치 현에서 태어남. 첨단의료 문제와 지구환경문제 등, 현대의 사회 시스템과 생명을 둘러싼 여러 가지 문제를 탐구하고 해결하기 위한 통합적 지식의 틀로써 생명학을 내세우며 적극적인 발언을 하고 있다. 현재, 오사카부립대학 교수. 저서로는 『생명학에의 초대』 『뇌사의 인간』 『의식통신』 『생명학을 묻는다』 『종교 없는 시대를 살기 위하여』가 있다.

과학문명과 대중소비사회는 고통은 적고 쾌락이 많은 인생을 실현시켰다. 하지만 한편에서는 기묘한 불행의 기운이 짙게 감돌고 있다. 돌발적인 폭력충동, 거식증, 자폐, 원조교제 등의 청소년 문제나, 구조조정 된 실업자의 자살, 유아나 노인의 학대 등은 그런 불행의 상징으로 보인다. 안락하고 편리한 세상이 되었는데도, 왜 이렇게 살기 힘들까? 자신이 직접 제창한 생명학의 시점에서, 그것은 고통과 불편을 지나치게 배제하려고 하는 지금의 문명이 필연적으로 삶의 기쁨을 박탈했기 때문이라고 주장하는 모리오카 마사히로 씨를 이번 대화의 주인공으로 모셨다.

│후쿠오카 지금 《불교》라는 잡지에 연재하고 계신 〈무통(無痛) 문명론〉 중에서 어떤일을 해야 하는데 뜻대로 되지 않을 때 인간이 취하기 쉬운 태도로 다음 세 가지를 제시하고 계시더군요. 첫째는 자기 잘못은 나 몰라라 하고 '~해야 한다'고 정론만을 내세우는 정론의 윤리학. 둘째는 성인군자가 아니니까 하며 아무것도 바꾸려 하지 않는 현상긍정. 셋째는 욕망이 모든 악의 근원이라며 금욕으로 내달리는 욕망의 부정. 이 중에서 신문 등의 미디어가 빠지기 쉬운 것은 정론의 윤리학이라고 할 수 있겠죠?

│모리오카 그럴지 모르죠.

│후쿠오카 예를 들어 《마이니치 신문》은 작년에 〈과잉소비에 브레이크를〉이라는 사설을 실은 적이 있어요. 거기에서 과잉소비를 초래하는 가장 큰 원인으로 지적한 것이 자동판매기였습니다. 그런데 제가 근무하

고 있는 신문사 빌딩에는 자동판매기가 없는 층이 없을 정도고 곳곳마다 사람들 발길이 끊이질 않아요. 말하는 것하고 행동이 왜 그렇게 다른지! 누구라도 과잉소비에 브레이크를 걸지 않으면 안 된다는 정도는 다 아는 사실이거든요. 문제는 너나 할것없이 다 알고 있는 사실인데 왜 실천하지 못하느냐 입니다. 거기에 대해서는 두 눈을 질끈 감고 정론만 내세운다고 세상이 변할 리가 없잖아요? 물론 현상긍정도 다를 건 없지만요.

┃모리오카 또 욕망의 부정도 마찬가지죠.

┃후쿠오카 그런 금욕사상은 옛날부터 세계 속에 널리 퍼져 있지만, 그런 사상이 소비화나 환경파괴 문명의 진전을 멈추게 했느냐 하면, 전혀 그렇지도 못했죠. 오히려 완패였던 셈이죠.

┃모리오카 욕망의 문제를 인간 내면의 문제라고 단언할 수만은 없어요. 그렇다고 하부구조, 경제구조의 문제만도 아닙니다. 사회 속에 있는 여러 장치에 의해 인간 내면에 있는 욕망이 활성화되지요. 하지만 우리 안에 있는 욕망이 회전하기 시작해서, 반대로 그것이 사회 속에 있는 장치를 키워가는 면도 있어요. 즉 우리의 내면과 사회 속의 장치 사이를 오고 가면서 사회 전체를 어느 한 방향으로 몰아가고 있는 뭔가가 있는데, 그게 바로 적(敵)입니다. 흐름이라고밖에는 달리 표현할 수 없는 뭔가가 말이죠.

그러므로 내면을 응시하라고 누군가 말하면 욕망의 문명으로서는 그건 그렇군요 라고 일단 말해두고, 다른 한편에선 맛있는 사과가 있다거나 여기에 이렇게 좋은 것이 있다고 유혹하는 거죠. 내면의 문제는 네 멋대로 하세요 입니다. 내면만 응시했다가는 그렇게 되기 십상입니다. 하지만 반대로, 적이 어디 있는지 밖에서만 찾아내고 퇴치하려고 해도 안 됩니다.

┃후쿠오카 자신의 내면과 외부에 존재하는 그 적과 어떻게 싸워야 할 것인가, 그것에 대한 답을 연구한 것이 〈무통(無痛) 문명론〉인 셈이군요. 일단 무통문명이라는 이름이 참 멋지고 적절하다는 생각이 듭니다. 고통이나

불편을 지나치게 배제하는 문명의 방향성과 그 결과 사람들이 점점 삶에 대한 실감이나 기쁨을 잃어가는 상황을 그대로 드러내는 표현 같습니다.

┃ 모리오카 하지만 반응은 찬반양론인걸요.

┃ 후쿠오카 그래요?

┃ 모리오카 가장 많은 비판을 받았던 것이 '조건부 사랑' '조건 없는 사랑'이라는 부분이었습니다. 조건부 사랑이라는 표현자체가 너의 사랑은 진실하지 않다고 비난하는 억압장치와 같다면서요. 저의 표현에도 잘못된 부분이 있겠지만 그렇다고 쳐도 대단한 반발이었어요.

┃ 후쿠오카 장애를 가진 태아를 한시라도 빨리 발견해서 제거함으로써, 부모나 사회가 원하는 생명만을 선택하여 태어나게 하려는 수정란 진단 등의 생식의료를 예로 들어 의견을 전개하셨던 부분이군요? 그러한 기술들이 발달하고 있는 현대문명의 방향이, '나는 조건부로 태어날 수 있게 된 존재다'라는 원초적 감각이 사회에 쌓여서 '조건부가 아니면 사랑받을 수 없다'는 분위기를 만들어가고 있다는 말씀이셨죠. 아마도 정곡을 찌른 지적이 아니었나 생각합니다. 누구도 직시하고 싶지 않은 부분일 테니까요. 하지만 그것이 사랑의 확신을 빼앗아버리고, 자신의 존재를 긍정하기 어렵게 만들고 있다는 말씀은 정말 옳다고 봅니다.

┃ 모리오카 기술발전의 행태를 보고 있으면 저는 그렇게밖에는 달리 생각해 볼 수가 없어요. 하지만 지금 막 시작된 게 아니라 문명이 시작된 그 순간부터 이미 그런 방향으로 정해져 있었고, 최근에 와서 보다 확실하게 모습을 드러낸 것이라고 보는 겁니다. 그런데 조건을 붙이는 방법이 세밀하고 정교해졌다고 생각하지 않으세요? 정보화 사회만 보더라도 전자우편 등 하나하나가 너무 관리하기 쉽게 되었잖아요. 그런 형태로 점점 대략적으로 조건을 붙이던 것에서 갈수록 정교하고 세밀하고 치밀하게 조건망을 짜가는 방향으로 문명 전체가 변하고 있는 것처럼 보입니다.

┃후쿠오카 지금 시대야 장애아뿐만 아니라, 일반 자녀조차도 자아실현의 장애물이라고 생각하는 부모들이 늘어가고 있는 실정이니까요. 그 족쇄의 무게를 조금이나마 덜어보자고, 부모가 원하는 '자식 만들기 공장'에 아이들을 강제로 떠미는 경우가 많습니다.

┃모리오카 반대 경우도 있죠. 아이들 말에 절대 복종하는 부모들.

┃후쿠오카 하지만 자기 자신을 위해 아이를 만들어가고 있다는 점에서는 마찬가지라고 봅니다. 즉 둘 다 능력으로 아이를 평가하는 거잖아요? 공부나 스포츠를 잘 하느냐, 말을 잘 듣느냐 하는. 부끄럽습니다만 저 자신도 아이들을 키우면서 아이들이 내 인생에 방해가 된다고 생각한 적이 여러 번 있습니다. 화가 나서 학대에 가까운 행동이나 말을 한 적도 있습니다. 아이들이란 게 워낙 앞을 내다볼 수 없는 존재잖아요? 언제 갑자기 병치레를 할지, 언제 울어댈지, 언제 갑자기 응가를 할지 알 수가 없죠. 앞을 내다볼 수 없으니 당연히 계획을 세울 수도 없습니다. 무통문명이란 계획을 세우고 그것을 실현하기 위해 여러 가지 조건을 내세워 조정하고자 하는 문명이라고 하셨는데, 그 의미에서 보자면 아이들은 지극히 반(反)무통문명적 존재인 셈이죠. 그렇기 때문에 지금은 수정란 진단이나 출생 전 진단으로 미리 제거해 버리려고 하는 장애아뿐만 아니라, 일반 아이들마저 방해물이라고 느낄 정도로 문명의 무통화(無痛化)가 진행되어버린 게 아닐까요? 그 흐름이 아이들뿐 아니라, 노인이나 환자, 혹은 구조조정 된 사람들에게 죄악감을 갖게 하는 근원이라고 생각합니다.

┃모리오카 요즘 유전자 해독이 유행처럼 번지고 있죠. 언젠가는 수정란과 같은 유전자를 쭈욱 훑어보고, 그다지 병치레를 하지 않겠다거나 어떤 바이러스에 강하거나, 노인이 되어서도 치매에 걸리지 않겠다거나, 고혈압의 가능성이 희박하다거나 하는 성질만을 엄선해서 키우게 된다면 얼마나 편할까 하는 기술이 실현될 날이 반드시 올 겁니다. 바야흐로 아이를

예측 가능한 물건이나 기계로 만들어가려는 방향으로 흘러가고 있습니다.

후쿠오카 그런 무통화의 흐름을 조장하는 것은 고통을 피하고 현상유지와 안정을 꾀하고, 틈만 나면 확대하려는 '육체의 욕망'이라 하셨죠?

모리오카 네. 그 육체의 욕망은 자신을 고수하면서 한층 더 확장해 가려는 경향을 가지고 있죠. 자신을 공격하려는 것에 대해서는 철저하게 배제하고 반격하고, 그러면서 완강하게 자신을 지키려는 거죠. 그 결과, 미리 앞일을 예측하고 그것과 어긋나는 것은 예방 차원에서 배제하려는 성질을 갖게 됩니다. 하지만 욕망은 그런 형태의 욕망만 있는 게 아니라는 겁니다.

후쿠오카 예를 들면?

모리오카 변하고 싶어하는 욕망도 역시 존재한다는 거죠. 지금과 다른 내가 되고 싶다는 욕망 중에는 지금 자신이 확보한 것을 버리면서 변하고 싶어하는 욕망이 포함되어 있어요. 자신이 하고 싶다고 생각했던 것을 실현하게 함으로써 그때까지 유지해왔던 것을 버리거나, 버림과 동시에 변할 수 있다는 식으로 말입니다. 바로 거기에 욕망이 육체의 욕망으로 개화하는 것과는 별개의 길이 존재한다는 걸 알 수 있죠. 즉 물질을 있는 대로 모아서 살찌우기보다는 오히려 버리고 가벼워지면서 자신을 바꾸고 싶다는 욕망도 있다는 겁니다. 이것만 할 수 있다면 다른 것은 어떻게 되든 상관없다고 하는 경우가 그렇습니다. 육체의 욕망과는 다른 욕망을 저는 '생명의 욕망'이라고 부르고 싶은데, 문명의 무통화 흐름을 바꾸기 위해서는 육체의 욕망을 이 생명의 욕망으로 바꾸는 길밖에 없다고 생각해요.

후쿠오카 문제는 어떻게 바꾸느냐 하는 것이죠.

모리오카 저는 '전철기(轉轍機)'를 통해 그 방법을 찾아보고자 합니다. 기차 레일의 방향을 바꾸는 거 있잖아요? 욕망이라는 것은 마치 달리는 기차처럼 쾌속으로 달리려고만 하는 성향을 띠고 있죠. 그 달리는 기차를 정면에서 막아선다면 보나마나 산산조각이 나고 말겠죠. 하지만 레일의 방향을 바꾸기만 하면, 달려오던 그 속도를 유지한 채 방향을 바꿀 수 있게 됩니다. "그쪽도 좋지만, 이쪽도 좋아"라고 말하면서 자신의 내면에 있기도 하고 외부에 있기도 하는 육체의 욕망을 부추기고 유혹하는 거죠. 그러다 허술해진 틈을 타서 바꿔버리는 겁니다. 그러니까 금욕이 아니라 관건은 바로 유혹인 셈이죠. 그리고 유혹을 할 때는 "이쪽이 훨씬 기분이 좋아"라고 육체적 언어를 사용하는 겁니다.

▌후쿠오카 "자전거로 통근하는 것이 자동차보다 기분도 좋고 건강에도 좋아요" 하는 것처럼 말이죠?

▌모리오카 그렇게 해서 방향을 바꾸고 보니 확실히 기분이 좋기도 하려니와, 무엇보다 그것은 기쁨이고 행복이었다는 것을 알게 됩니다. 처음부터 유혹하는 사람이 행복이니 기쁨이니 아무리 말해도, 상대방이 제대로 이해하고 따라올 리 없을 테니까요.

▌후쿠오카 육체적 욕망의 수준에서 기분이 좋다는 말로 유혹한다는 말씀이시군요.

▌모리오카 네. 바꿔보니 기분도 좋고 행복과 기쁨도 맛볼 수 있었다 하는 거죠. 이것은 학문적으로 어떻다는 말이 아니라 유혹 그 자체가 됩니다.

▌후쿠오카 전략이네요, 일종의. 고토 열도에서 자급생활을 하면서 귀농 잡지를 내는 우타노 씨도 그런 말을 하더군요. "와 보면 안다"고 말입니다. 제가 "귀농을 했다가 후회하면서 도시로 돌아간 사람들도 많죠?" 하고 물었더니, "물론, 시골하고 맞지 않는 사람도 있기는 있다. 하지만 10명 중 9명은 남는다. 이곳에서 훨씬 많은 기쁨과 행복을 찾을 수 있다는 확신이 내게는 있기 때문에, 나는 끊임없이 유혹한다"고 말하더군요.

▌모리오카 그 점에 있어서는 비슷하군요. 다만, 육체의 욕망은 모든 인간이 자신의 겉과 안 양면에 있는 것이기 때문에 타인을 부추기는 것도 중요하지만 무엇보다 자기 자신도 부추기지 않으면 안 됩니다. 그런 묘한 자

신과의 싸움. 자기가 자기를 유혹하는 싸움을 끊임없이 해야 하는 거죠.

┃후쿠오카 환경문제나 젠더 문제 등은 기득권을 버리지 않으면 해결할 수 없다는 것을 알면서도, 사람들은 기득권을 거머쥐고 유지한 채 어떻게든 해보고 싶어하잖아요. 그것은 기득권을 버리게 되면 자신의 정체성이 변하기 때문이라고 하셨는데 동감입니다. 하지만 마음의 심층에서 자기 자신을 지탱해주고 있는 그 정체성을 바꾸지 않는 한 기득권을 버릴 수 없다고 한다면, 자기 혼자서 그 작업을 한다는 것은 어려운 일이겠죠?

┃모리오카 욕망을 전환하는 방법은 자신이 이것만 할 수 있다면 다른 것은 어떻게 되도 상관없다고 생각할 수 있는 뭔가를 찾았을 때, 그 욕망을 철저하게 추구하겠다는 형태로 욕망이 흐르는 것이고, 또 하나는 타인과 교류하는 방향으로 가는 것입니다. 자신을 방어하고 있어도 타인과 거래는 가능하지만, 교류는 자신의 방어벽을 열지 않는 한 불가능하죠. 에로스가 바로 그것입니다. 방어를 풀고 있는 그대로의 맨몸으로 교류하는 것이죠.

┃후쿠오카 교류는 사람을 변하게 만들죠. 저도 아내와 이런저런 충돌이 많은데, 남녀평등이니 약자 편이니, 입으로는 그렇게 말하면서도 의식 저변에는 여성이나 약자를 억압하려는 생각을 가지고 있거든요. 부부간에는 그런 것이 그대로 드러나게 되죠. 그러다 궁지에 몰리면 그때서야 아차 하는 겁니다. 너무 익숙해져서 좀처럼 쉽게 바뀌지는 않지만.

┃모리오카 눈 가리고 아웅식으로 구조는 그대로 두고도 어찌어찌 잘 해내는 사람도 세상에는 더러 있지만, 그것은 진정한 교류가 아니죠. 진정한 교류를 하면 그것을 가장하고 있는 자신이 괴로워서라도 변하지 않을 수 없게 됩니다. 그 과정에서 육체의 욕망은 무너지게 되는 겁니다. 기득권을 거머쥐고 있는 한 타인을 자신의 도구로 사용할 수는 있어도, 누구와 교류를 할 수는 없으니까요. 교류하고자 하는 욕망은 에로스라는 형태로 존재합니다. 기득권을 버리고 자신을 죽이면서 누군가와 융합해 가는 과정을

거쳐 자신을 바꿔보고자 하는 욕망, 그러면서 "이거 대단하죠?"라고 또 유혹하게 돼요. 그러니까 육체의 욕망을 전환할 때 에로스의 힘을 사용할 수 있지 않을까 생각하는 겁니다. 다만 무통문명은 에로스가 아닌 다른 뭔가로 바꿔버리죠. 에로스가 아닌 것은 그나마 안전하니까.

후쿠오카 육체의 욕망을 만족시키는 도구로만 사용하겠다는 거겠죠.

모리오카 예상 범위 내에서의 쾌락을 공급해주는 것은 에로스도 뭣도 아닙니다. 에로스란 '자신을 지켜왔던 모든게 무너질지도 모른다, 하지만!' 하는 순간에 찾아오는 것이죠. 실은 인간에게는 그런 욕망이 강하게 존재합니다. 그런데 그런 골자를 빼버리고 쾌락만을 공급하는 게 무통문명이라는 겁니다. 그러니까 쾌락을 얻은 뒤에는 허무함만 남게 되는 거죠.

후쿠오카 자신이 부서질지도 모른다는 각오로 교류하는 것. 그것이야말로 진정한 교류고, 허무함을 벗어버릴 수 있는 유일한 길이다. 그리고 비로소 기쁨과 행복을 느낄 수 있다. 이해할 수 있을 것 같네요!

모리오카 또 하나 육체의 욕망에서 중요한 것이 타인을 희생시키려는 욕망이죠. 자기를 위해 누군가가 희생이 되어야 비로소 내가 즐겁다고 생각하는 무엇. 이 욕망은 아주 뿌리깊은 것이죠. 권투를 보면서 상대방이 걸레처럼 널브러지는 케이오 장면을 보고 흥분하는 것은 단순히 내가 응원하는 사람이 이겨서가 아니에요.

후쿠오카 승자를 보면서 덩달아 승리감에 취해서 그렇다고 해도 그 승자의 처지에서 상대방이 망가지는 것을 보면서 기뻐하는 거니까요.

모리오카 그것을 전환하는 방법은 미묘한 부분이 있기는 하지만 한마디로 말해 나는 여기까지 했는데 이 이상은 무리다 하는 시점에서, 그런 나를 무자비하게 짓밟고 다른 누군가가 앞으로 나서주기를 바라는 거죠.

후쿠오카 다시 말해 내 의지와는 달리 희생되는 것이 아니라, 기쁜 마음으로 희생해주는 것이란 말씀이시군요?

｜모리오카 맞아요. 자신의 한계에 달했을 때 자기를 다른 사람의 발판으로 내놓는다고나 할까. 상대가 누군지는 모르지만 일단 그 발판을 짓밟고 가는 사람은 달리 은혜라고 생각하지 말고 무자비하게 쟁취해야 한다는 것. 그것을 '포식(捕食) 사상'이라고 하죠.

｜후쿠오카 자진해서 상대방의 먹이가 되는 것을 말하는 거군요. 전에 말씀을 나눴던 모리사키 씨가 아기에게 젖을 먹일 때 자신이 아기의 음식이 되는 듯한 느낌을 받았다고 쓴 적이 있었는데, 그것과 서로 통하네요.

｜모리오카 다만, 이것은 민주적인 사고방식은 아니죠.

｜후쿠오카 자칫 잘못했다가는 위험한 쪽으로 갈 수도 있겠네요.

｜모리오카 나도 그런 점에서 철저하게 비판을 받을 거라고 생각해요. 하지만, 타인을 희생시키면서 기쁨을 얻고자 하는 욕망을 바꾸는 방법으로는 아직 이 방법밖에 찾지 못했어요. 다만 보기에 따라서는 공범관계의 지배나 제국주의적 침략을 용인하는 사고방식과 같은 말이 돼버리겠죠. 하지만 가능성이 있는 한 나는 주장하고 싶어요.

｜후쿠오카 먹어도 좋다고 자신을 내던지면 잘 먹겠습니다 하고 앞으로 나가는 것도 가능하다?

｜모리오카 그런 연쇄고리로 이어지는 세계. 이것은 뭔가 아주 중요한 의미를 함축하고 있거든요. 위험하기도 하겠지만 뭔가 돌파구가 되지 않을까 생각해요.

｜후쿠오카 부모자식 관계를 생각할 때 시사하는 바가 클 것 같네요.

｜모리오카 그런 면으로 본다면, '희생의 사상에서 포식의 사상으로'쯤이 될까요? 부모자식의 경우 부모가 자식에게 은혜를 갚으라고 강요하는 경우도 상당수 있잖아요? 나는 그것을 최악이라고 생각해요. 그러니까 아이는 무자비하게 빼앗아가지 않으면 안 된다고 보는 거예요.

｜후쿠오카 다른 생물들을 보더라도 자식이란 원래가 무자비하게 부모

를 착취하면서 자라는 존재잖아요?

｜모리오카 빼앗아 가면, 거기서 정말 생명의 욕망이 이루어지는 것은 아닐까 하는 생각을 합니다. 그것은 육체의 욕망과는 다를 거라는 거죠.

｜후쿠오카 지금까지 말씀하신 것들은 이론적으로는 이해해도 '인간은 약한 동물'이라고 하면서 현상긍정으로 도망치고 싶다는 마음도 드네요.

｜모리오카 먼저 그 말을 짚고 넘어갔으면 해요. 걸핏하면 인간은 약하니까라고 말하지만, 방어하는 힘은 결코 약하지 않은 게 또 인간 아닐까요?

｜후쿠오카 확실히 인간은 약하다는 핑계로 자신을 지키려는 게 있죠.

｜모리오카 엄청난 괴력으로 자신을 방어하면서 자신은 약하다고 말하죠. 힘을 가지고, 그 힘을 사용하고 있으면서, 그것은 전혀 보려고 하지 않고 나는 약하다고 말하고, 그런 건 못한다고 지레 발뺌을 하고……

｜후쿠오카 확실히 그런 면이 없지 않아 있죠.

｜모리오카 예를 들어 에너지 소비를 줄이지 않으면 안 된다고 하면, 암흑시대라도 될 것처럼 공포에 떨죠. 하지만 실제로 에너지 소비를 줄이기 시작하면, 예상했던 것과는 전혀 다른 사회가 펼쳐지될 것이고, 오히려 지금보다 더 좋은 사회가 될 가능성조차 있죠.

｜후쿠오카 정말 그럴 수 있어요.

｜모리오카 여러 문제에서 그렇게 될 가능성이 있다는 겁니다. 그런데 그 가능성이란 전혀 없다고 잘못 인식되어 왔고 자기 자신도 그렇게 믿으려고 하죠. 거기서 빗나갔다간 암흑의 세계가 기다리고 있을 거라고. 그 함정에 빠져 있지는 않는지 묻고 싶어질 정돕니다.

｜후쿠오카 가족이 거식증이나 자폐증, 비행 등의 문제행동을 일으키거나, 병이나 장애로 병상에 누워 있게 되는 사태가 발생할 때도, 인간은 정체성의 변화가 필요하게 되잖아요. 그것은 즉, 그들 문제를 가능성으로써 활용할 수도 있다는 거겠죠?

| 모리오카 그러니까 지금 문제라고 취급되고 있는 것들은 모두 한편으로는 가능성이기도 하다고 나는 생각해요. 미루어오기만 했던 것에 대해 문제가 발생한 시점에서 비로소 직면하게 되기 때문이죠. 불황은 악(惡)이라고 흔히 말하지만 그건 틀린 생각이라고 봐요.

| 후쿠오카 그런 의미에서 본다면 환경문제도 가능성이라고 할 수 있죠. 고령화 사회 문제도, 청소년문제도. 선진국이 직면하고 있는 실업문제도 하나의 가능성이라고 생각해요. 모두가 보다 잘 일한다는 것을 근본적으로 생각해볼 기회일 테니까요.

| 모리오카 말하기 어려운 부분이지만, 역시 그렇다고 볼 수 있죠.

| 후쿠오카 결국 모든 것이 생명의 기쁨을 느낄 수 있는 사회를 만들기 위한 큰 기회라고 말할 수 있지 않을까 싶습니다. 거시적 단계에서도 마찬가지고, 갖가지 미시적이고 개인적인 문제에 직면했을 때도 마찬가지. 결국 그 문제를 통해서 변화를 추구하는 것이니까요.

| 모리오카 다만 누구를 위한 변화냐 하면, 나 자신을 위한 변화여야 한다는 겁니다. 너를 위한 변화가 아니란 말이죠. 바로 이점이 핵심이에요.

| 후쿠오카 생색을 내는 것과는 다르다는 거죠. 삶의 기쁨을 얻기 위해 변하는 것뿐이니까. 하지만 자기 자신을 위해 변한다고 하면서도 그런 자신을 누군가가 인정해주기를 바라기도 하죠.

| 모리오카 하지만 인정받기를 원한다는 것은 육체의 욕망이죠. 그러므로 인정받기를 원하는 욕망에 자신의 의도가 끌려 다녀서는 안 된다고 생각해요. 그랬다가는 육체의 욕망에 푹 빠지고 말 테니까요.

| 후쿠오카 남에게 인정을 받고 못받고는 상관이 없다는 말씀이시죠?

| 모리오카 기본적으로는 그렇죠. 다만, 인정을 받음으로써 기쁘다는 것은 상관이 없죠. 하지만 인정받는 것이 목적이 되어서 그것을 중심으로 좌지우지된다면 그것은 문제가 되죠.

후쿠오카 역시! 알 것 같네요.

모리오카 인정을 받아도 좋고 아니어도 상관없다는 말이죠.

후쿠오카 아이들 낙서 같네요, 하하.

모리오카 그래요?

후쿠오카 아닌가요? 아이들이 뭔가 마음속에 있는 것을 그림으로 표현하는 것과 비슷하다는 느낌이 드는데요.

모리오카 무슨 말씀인지 잘……

후쿠오카 낙서는 딱히 누군가 봐달라고 그리는 건 아니잖아요?

모리오카 아아! 그런 말씀이군요. 듣고 보니 그렇군요.

후쿠오카 내면에서부터 표현하고 싶다는 충동이 일어서, 거기에 끌려서 자연스럽게 손이 움직이는 느낌. 그것을 보고 누군가 '재미있구나'라고 말해주면 기쁘고, 딱히 그런 말을 듣지 않더라도 별 상관없이 그 나름대로 만족하고. 그런 것과 비슷하다는 말이죠. 그런 내면에서 끌어오르는 생명의 욕구 같은 것을 겉으로 표출하기 어렵기 때문에, 지금의 사회가 이렇게 숨막히고 힘든 건지도 모르겠네요.

모리오카 그런 면이 있다고 봐요. 옛날에는 어땠는지 모르겠습니다만, 지금 사회를 보면 그런 표현이 억제되고 무력화되고 있죠.

후쿠오카 좀처럼 자기 자신을 표현하지 못하고 정신적인 변비에 걸려있는 것이나 마찬가지죠. 그렇다면 평가가 필요 없는 그런 표현방법을 저마다 갖는 것도 무통문명에서 탈출하기 위한 실마리가 되겠군요.

모리오카 나도 그렇게 생각해요. 다만 그 경우 표현은 상당히 폭넓은 의미에서 이해해야 할 것입니다.

후쿠오카 삶의 방식 자체가 표현이라는 식으로 말이죠?

모리오카 네, 그런 식으로 말입니다. 🐌

* 자기 자신을 '생명의 욕망'을 채우는 방향으로 유혹하기

질주하는 기차를 어떻게 하고 싶을 때, 정면으로 막아서 세우고자 한다면 산산이 부서질 뿐이다. 그렇다면 어떻게 하면 좋을까? 레일의 전철기를 바꿔서 기차의 가속도를 이용하여 방향을 바꾸면 된다. 모리오카 씨의 이 아이디어에 나도 모르게 무릎을 탁! 쳤다.

인간에게는 자기자신을 변화시키고 싶다, 타인과 교류하고 싶다, 타인을 위해 뭔가를 하고 싶다는 욕망이 확실히 있다. 그것은 문명의 무통화를 추진하는 '육체의 욕망'과 정반대의 욕망으로 그것이 충족될 때 인간은 삶의 기쁨을 느끼게 된다. 지금의 생활이 무미건조한 것은 육체의 욕망에 의해 생명의 욕망이 억제되고 있기 때문이다. 그렇다면 육체의 욕망이 아닌 생명의 욕망을 충족시키는 방향으로 유혹하여 기차의 레일을 바꾸듯 욕망의 방향을 바꾸는 것이다.

이 '즐거운 불편'의 실천과 대화를 통해서 내가 찾고자 했던 것은, 욕망을 부정하는 것이 아니라 합리적이고 개인의 자유를 존중하면서 지금 문명의 흐름을 바꿀 수 있는 방법이었다. 그 조건 중 하나라도 부족하게 되면, 타인의 마음과 행동을 움직이게 할 힘을 갖지 못한다고 생각하기 때문이다. 유혹을 이용해 욕망을 전환한다는 아이디어는 그 조건을 충분히 충족시킨다. 그리고 육체의 욕망에 내몰렸던 '생명'들이 여기저기서 비명을 질러대기 시작한 지금이야말로 관점을 바꿀 절호의 기회라고 생각한다.

우선은, 자기 자신이 후회 없는 삶을 살기 위해서 정말 무엇을 원하고 있는지, 정체성 깊이 숨겨진 자기 생명의 핵에게 물어야 한다. 대답을 찾았다면 자신을 유혹해보도록 하자. 그 앞에 생명의 기쁨과 행복이 넘치는 새로운 인생이 펼쳐질지 모르니까.

과학기술 중심에서
문화기술
중심으로

야마모토 테츠지

1948년 후쿠이 현에서 태어남. 현재 신슈 대학 환경설계학, 정치사회학 교수. 현대사상연구에서 교육론, 젠더론, 소비사회론, 기술론 등 폭넓은 영역에서 논문을 발표하고 있다. 자신의 이론을 근거로 하여, 각각의 '장소' 환경에 근거한 지역 만들기의 방법을 탐구하는 특정 비영리활동법인(NPO) 〈장소환경과학고등연구원〉을 1999년 가을에 설립 하기도 했다. 저서로는 『소비의 분수령』 『디자인으로서의 문화기술』 『학교의 환상교육의 환상』 『현대사상의 방법』 『장소환경의 의지』가 있다.

지구환경문제나 선진국의 변함없는 실업문제, 사람들을 둘러싼 심리적 무력감 등, 사회의 산업화와 소비화 결과, 인류는 턱없이 큰 숙제를 떠맡게 되었다. 인류는 과연 그 난제를 극복하고, 문명의 새로운 지평을 개척할 수 있을 것인가? 국내외 연구자와의 영역을 뛰어넘어 공동연구를 조직하고, 지속가능하고 억압적이지 않은 문명의 설계이론을 찾기에 전념해온 야마모토 테츠지 씨를 만났다.

후쿠오카 산업화와 소비화의 결과, 일본에서는 확실히 물질적으로는 풍요로워졌다고 할 수 있습니다. 생산성도 높아져 매일 풀로 가동시키지 않더라도, 살아가는데 필요한 기본적인 재산과 물질 정도는 생산할 수 있습니다. 실업문제가 속출하고는 있지만, 이것을 하나의 표현이라고 저는 받아들이고 있습니다. 다시 말해 지금까지의 산업사회의 개념으로는 주 5일에서 6일, 하루 8시간 일하는 것이 제도화되어 있잖아요? 그 상식과 제도를 새로 잡아야 할 단계에 들어선 게 아닌가 하는 생각을 합니다. 교수님께서도 저서에 쓴 적이 있지만, 근대화 되기 이전에는 하루 서 너 시간만 일해도 충분히 먹고 살 수 있었던 때가 있었죠. 지금의 생산성을 고정시켜둔 상태에서, 그때 상황으로 돌아가는 것을 전망해볼 수 있는 시점에 와 있지 않나 하는 생각이 듭니다만……

야마모토 우선은 시대인식부터 이야기하죠. 지금의 상황은, 단순히 대량생산으로 인해 상품의 충족이 이루어졌을 뿐입니다. 그런 것은 분명 편리하기는 합니다. 하지만 그들 상품에 의해 우리들의 생활자체가 충족되고, 환경이 풍요로워졌는가 하면, 전혀 그렇지 않다는 거죠. 그것을 위해 자본이 활용되는 것도 아니고, 그렇다고 인간 개개인이 활용되지도 않습니다. 표면적인 풍요일 뿐이죠. 그런 의미에서 나는 물질적인 풍요를 만족시키는 산업사회 자체가, 아직은 상당히 미숙한 사회라고 생각합니다.

후쿠오카 하지만 그것은 성숙을 위해서 반드시 거쳐야 할 필수단계라고 말하는 사람도 있죠.

야마모토 나는 그렇게 생각하지 않아요. 지금의 선진국들이 확실히 그 길을 거쳐오기는 했지만, 개발도상국이나 후진국들이 똑같은 과정을 굳이 거칠 필요는 없다고 봐요. 그 단계를 건너뛰고, 개개의 인간이 정말 충족할 수 있는 성숙한 사회를 바로 이행할 수도 있으며, 그리고 그에 대한 가능성을 분명히 제시하지 않으면 안 됩니다. 그렇지 않으면 선진국이 범했던 오류 이상으로 어리석은 길을 밟아가게 됩니다.

후쿠오카 이미 시작되었죠. 그런데도 그것을 저지할 수 있는 설득력 있는 말을, 우리는 좀처럼 찾지 못하고 있지요.

야마모토 너희들이 지구오염은 다해놓고, 왜 우리는 안 되냐고 하는 것이, 지금 산업화가 진행되고 있는 나라의 주장입니다. 하지만 그런 산업화의 과정 자체가 잘못된 것으로, 전혀 좋은 사회는 아니란 말입니다. 산업화 이전과 비교했을 때 좀 나은 것뿐이죠. 다시 말해 최고는 못되고 조금 낫다 정도의 사회인 셈이죠.

후쿠오카 다만 선진국이 거쳐온 소비화 과정은 광고나 디자인 등의 정보를 구사해 수요를 무한대로 늘림으로써 과잉생산을 초래하고 그로 인해 공황과 마침내는 전쟁으로 확산될 것이라는 마르크스가 지적한 자본주의의 한계를 극복하고자 하는 전략이기도 했죠. 그것이 사회주의를 이겨낼 수 있었던 최대의 원인이 되어준 셈이고요.

｜ 야마모토 물건을 강제로 사게 만드는 구조였죠. 마치 진짜 자유의지로 선택한 것처럼 위장하고 있을 뿐, 실상은 선택의 여지없이 제공되는 상품이나 서비스, 제도에 의존하지 않을 수 없게 되었죠. 그것이 현실입니다.

｜ 후쿠오카 확실히 사느냐 마느냐는 자유라고 말하면서, 전화가 없으면 학교 연락망에서 빠지기 십상이고, 시골에 살면서 차 없으면 생활이 자유스럽지 못하고, 기운 옷이나 유행이 지난 옷을 입으면 이상한 눈으로 쳐다보고, 유명대학을 졸업해야 장래의 인생설계가 쉬워지고, 그래서 결국은 어쩔 수 없이 자진해서 사게 되고 마는 거죠. 이반 일리치가 말했듯이, 상품이나 서비스에 의존하게 됨으로써 비로소, 사회 속에서 주체화된다는 구조가 만들어진 것이죠. 이것은 자유처럼 보이지만, 사실은 정반대일지도 모르죠. 이것을 어떻게 하면 좋은 사회, 최고의 사회로 바꿔갈 수 있을까요?

｜ 야마모토 과학기술 중심의 사회가 아니라, 문화기술을 기초로 한 환경을 추진하는 방법이 하나 있죠. 과학기술이란 주체와 객체를 분리하고, 객체를 엄밀화, 객관화함으로써 만들어졌다고 볼 수 있는데 말이에요. 그것을 대신해서 나는 문화기술을 중심으로 한 테크놀러지의 세계를 개척할 필요가 있다고 보는 거죠.

｜ 후쿠오카 좀더 구체적으로 말씀해주셨으면 합니다.

｜ 야마모토 젓가락과 포크, 슬리퍼와 구두, 보자기와 가방을 비교해 보세요. 사용하는 원리가 완전히 다르잖아요?

｜ 후쿠오카 젓가락은 집는 것에 따라 자유롭게 움직여서 사용할 수 있지만, 포크는 찌르는 것만 할 수 있죠.

｜ 야마모토 슬리퍼는 발의 크기에 그다지 상관없이 누구나 신을 수 있지만, 구두는 그러지 못하죠. 보자기는 싸는 물건에 따라 자유롭게 모양을 바꿔 사용할 수 있지만, 가방은 모양이나 용량이 이미 결정되어 있어요.

후쿠오카 젓가락이나 슬리퍼, 보자기는 대상을 규제하지 않아 상당히 개방적인 느낌이 드는군요. 반대로 포크나 구두, 가방은 폐쇄적이네요.

야마모토 포크나 가방, 구두는 분리의 기술이죠. 주체와 객체를 분리하고, 객체를 엄밀히 규정하는 과학기술이라는 것도 주체와 객체를 분리하고, 객체를 객관화함으로써 구성되죠. 산업화를 지탱해왔던 것은 이 분류의 기술입니다. 한편, 전통문화는 객체를 엄밀히 규정하지 않는 비분리의 테크놀러지라고 할 수 있죠. 원리가 전혀 달라요. 현대는 이 중에서 분리의 테크놀러지가 제공하는 편리함이 실현되었을 뿐인 거죠.

후쿠오카 그것은 상품 레벨뿐만 아니라, 생활의 형태나 사회의 시스템도 마찬가지죠. 즉, 안과 밖을 구별하여, 밖에서부터 자기에게 맞는 좋은 것만을 안으로 가지고 들어와 만족시키고, 자기에게 불리하고 나쁜 것은 모두 밖으로 배제해왔죠. 그 결과 밖, 즉 환경을 악화시키고 말았고요. 하지만 인간이란 존재는 외부의 환경과 무관하게는 살아갈 수 없죠. 그 모순이 속속 분출하고 있는 것이 지금의 현실 아닐까요?

야마모토 그렇기 때문에 더욱, 비분리의 테크놀러지를 통해 환경적인 세계로 바꿔가야 할 필요가 있는 거죠.

후쿠오카 비분리의 테크놀러지는 왜 생활 속에서 밀려났을까요?

야마모토 그것은 불편하기 때문이죠. 거기다 비용이 드니까. 하지만 발달한 과학기술을 적절하게 이용한다면 전혀 불편할 것도 없고, 비용도 충분히 줄일 수 있다고 판명되었어요. 우리집은 간벌(楔 :솎아베기)한 목재를 이용해 만들었는데, 그렇게 솎아낸 목재들은 지금까지는 거의 사용되지 않았죠. 그것을 지역민들이 유효하게 사용할 방법이 없을까 고심한 끝에, 평평하게 잘라서 연결시키는 방법을 생각해낸 거죠. 이렇게 하면 자유자재로 모양을 만들 수가 있거든요. 마루도 벽도 천정도 모두 하얀 목재의 삼나무나 노송나무로, 얼마나 쾌적한지 모릅니다. 이런 것을 제대로 된 재료로 짓는다고 한다면, 엄청난 돈이 들겠죠. 하지만 이렇게 간벌한 목재를 이용하면, 보통 집을 짓는 것보다 훨씬 저렴하고 훌륭하죠. 그런 게 이미 가능해졌어요. 환경을 활용하는 문화기술을 기존의 과학기술이 보완해주고 지탱해줌으로써 비로소 가능해진 겁니다. 과학기술주의라면 모두가 동일하고 획일적이 되어버리지만 말입니다.

│후쿠오카 교수님께선 『디자인으로서의 문화기술』이라는 저서에서, 디자인에는 환경에 대해 능동적으로 작용하고 자연을 억제하는 '적극적 디자인'과, 환경의 변화를 수용하고 그 경계부분에서 대응하는 '소극적 디자인'이 있다고 하셨는데, 분리의 기술에 근거한 것은 적극적 디자인이고, 비분리 테크놀러지에 근거한 것이 소극적 디자인이라고 구분해도 되겠죠?

집을 지을 때 바깥공기를 완전히 차단해서 따뜻하게 하거나 시원하게 하는 것은 적극적 디자인이죠. 반면에 창문이나 미닫이문을 많이 내 여름에는 통풍을 좋게 하고, 겨울엔 바람을 차단하고, 차양을 이용해 여름이면 햇볕이 방안으로 들어오는 것을 막고, 해가 낮은 겨울에만 빛이 들어오게 하는 전통 가옥은 소극적 디자인의 전형적인 예라고 할 수 있겠네요.

이런 전통적인 방법에 하이테크를 응용해서, 지붕을 통해 집결시킨 열을 지하에 저장해 두었다가 추울 때 실내로 공급하거나, 더울 때 방의 열을 지붕을 통해 밖으로 빠져나갈 수 있도록 하는 소극적 태양열 가옥은, 비분리의 테크놀러지를 과학기술이 보완한 좋은 예가 되겠네요.

│야마모토 적극적 디자인이 생각한 대로 조절할 수 있고, 언뜻 보기에 편리하고 쾌적한 듯하지만 실은 그렇지 않다는 거죠. 소극적 디자인이야말로 진짜 쾌적해요. 왜냐하면 무엇보다 자기의 행동이 적극적이 되니까요.

│후쿠오카 반대로 적극적 디자인으로 만들어진 것에 둘러싸인 현대인의 생활은 그 기능에 지나치게 의존하기 때문에 그야말로 수동적, 즉 소극적인 생활이 될 수밖에 없겠군요. 비분리의 테크놀러지를 과학기술로 보완

한다는 형태로 물질이나 시스템을 재설계한다면, 상품을 소비하기만 하는 소극적인 생활에서, 환경을 유용하게 활용하는 적극적인 생활로 바꾸는 것도 가능하겠군요.

┃ 야마모토 그렇죠. 근대 이후 사회는 최저한의 것을 보다 많은 사람들에게 분배한다는 원리 아래 설계되었어요. 산업화도 시민사회화도 그 원리에 근거하여 추진되어 왔다고 해도 좋겠죠. 그러므로 분배의 원천이 되는 국익을 각각의 지역환경보다 우선해왔고, 한곳에서 대규모로 집중관리하면서 균질의 것을 넓고 평등하게 분배하는 댐이나 원자력발전소와 같은, 자연에서 분리된 테크놀러지에 의한 적극적 디자인이 선택되어온 겁니다.

┃ 후쿠오카 그 결과, 사회는 점점 균질화 되었죠. 선택의 폭이 넓어지는 것이 인간해방의 길이고, 우리는 그곳을 향해 걸어갔어야 했는데, 어느 순간부턴가 무엇을 선택하든 대동소이한 상태가 되고 말았어요. 그것이 사회의 설계원리에서 유래한 필연의 귀결이라면, 그 원리부터 극복해야 할 필요가 있다고 봅니다.

┃ 야마모토 맞아요. 사회를 환경에 개방적인 것으로 재구성하고, 진정한 의미의 자유를 실현시키기 위한 열쇠는 정치나 경제의 메커니즘 안에 제대로 된 '장소'를 만들 수 있느냐 없느냐에 달렸다고 나는 생각합니다.

┃ 후쿠오카 정치나 경제에 '장소'를 만들어둔다? 지금의 방법과 무엇이 다른가요?

┃ 야마모토 지금의 정치는 나라가 있어 성립하는데, 근대국가는 국민에게 공통의 서비스를 평등하게 제공하는 시스템이기 때문에, 장소에 따라 천차만별인 환경을 기본적으로 무시해야만 성립할 수가 있지요. 경제적인 분배시스템의 요점인 정치의 구조가 그러할진대, 사람들한테 거둬들인 세금이 '장소'의 환경을 파괴하는 사업으로 흘러 들어가는 것은 어쩌면 당연한 수순인 셈이죠. 그러므로 국가라는 제도에 의한 존재인 정치가들에게

정치를 맡길 것이 아니라, '장소=환경'에 뿌리박고 살아가는 사람들이 직접 경제적인 분배까지 담당하는 정치시스템을 가동해야 한다는 말이죠.

후쿠오카 각 지역의 직접민주제 같은 것이라고 생각하면 되나요?

야마모토 네. 그리고 이것은 주민투표라는 형식으로 이미 시작되고 있어요. 재미있는 것은 주민투표는 대개, 원자력발전소나 쓰레기처리장 문제로 실시되고는 하죠.

후쿠오카 즉 '장소'의 환경과 관련된 문제가 발생했을 때 말이죠?

야마모토 그리고 더 재미있는 것은, 주민투표의 결과는 법적으로는 아무런 효력도 가지고 있지 않다는 겁니다.

후쿠오카 네. 하지만 그 지역은 거기서 제시된 주민들의 의견을 따르지 을 수 없죠. 그렇게 하지 않으면 선거에서 지고 말 테니까요. 원자력발전소 입지를 둘러싼 주민투표에서, 니가타 현 마키쵸 마을 소유지를 전력회사에 팔지 않겠다고 표명했습니다. '장소'의 논리가 원자력발전소 증설이라는 국가의 논리를 보기 좋게 KO시켜버린 셈이죠. 법률, 즉 나라의 제도로서는 의미가 없지만, 실제 힘으로서는 '장소'의 의지가 강력한 힘을 가지고 있다는 것을 보여준 대표적 예라 할 수 있겠죠.

야마모토 이런 움직임이 계속된다면, 정치가 완전히 달라지게 될 겁니다. 이것을 나는 '장소'의 정치라고 부르고 있죠. 지금은 사람들이 납부한 세금에서, 보험이나 예탁금 등 모든 것이 납부한 사람들이 살고 있는 '장소' 밖으로 유출되고 있잖아요?

후쿠오카 그것이 '장소'로 되돌아올 때는, 국가나 경제자본의 논리를 충실히 따르는 옷을 덧입게 되는 거죠.

야마모토 그런 경제적인 분배까지 '장소'에 사는 사람들이 자율적으로 실시하고, 분명하게 '장소'의 환경으로 환원시키도록 함으로써, 자기 자신들도 쾌적하게 살 수 있는 사회의 구조를 재설계하고 운영할 수 있다면, 그것이 바로 성숙한 사회라고 할 수 있겠죠.

후쿠오카 그렇게 된다면, 당연히 대량생산 방법은 재조명 돼야 겠죠?

야마모토 소량생산, 아니 그보다 개인생산 수준까지 성숙시켜야 한다고 봐요. 그리고 그 가능성은 갈수록 높아지고 있어요. 기존의 물류 교통 시스템이 지금은, 컴퓨터의 네트워크로 인해 일종의 정보 유통으로 바뀌어가고 있잖아요? 물류는 갈수록 부속적인 것으로 전락하고 있죠. 그래서 점포를 통하지 않고도 직접 구매할 수 있게 되었고요. 그럼 앞으로 어떻게 될 것인가, 인터넷 등을 이용해서 자기가 직접 일정 '장소'에 주문하고 생산하도록 하는, 생활자 주도의 형태가 될 것으로 봅니다.

후쿠오카 그건 포스트 공업사회론에서도 자주 거론되는 이야긴데요!

야마모토 하지만, 그것이 상품의 교환으로만 그친다면 아무것도 달라지지 않죠. 그것이 '장소'의 환경을 제대로 만들어갈 수 있도록, 종합적인 시스템 설계가 이루어지지 않는다면 의미가 없어요. 주문생산이 되면, 재고 없이 완전히 판매가 되겠죠.

후쿠오카 점포나 창고는 필요가 없어지고, 과잉생산에 따른 불량재고의 발생위험도 사라지겠죠.

야마모토 나아가서는 환경에 대한 부담도 줄어들고. 그런 것을 '장소'의 환경으로 환원시킨다면 좋겠죠. 우선은 재단이나 NPO를 만들거나 해서, 그 장소에서 유래한 돈을 장소의 환경으로 환원시키는 형태로 사용할 수 있는 메커니즘을 실제로 만들어가야 겠죠.

후쿠오카 캐나다나 스위스, 오스트리아 등에는 그 장소에서만 통용되는 로컬통화를 발행하는 형태로, 이미 실천에 들어간 지역들도 있습니다.

야마모토 그래요. 먼 미래의 꿈 같은 이야기가 절대 아닙니다. 자기가 살고 있는 '장소'를 자기 손으로 직접 만들겠다는 의지만 있다면, 그 다음은 시간 문제죠. ◑

야마모토 씨의 말처럼, 근대국가는 평등의 이념 아래 세워졌다. 그 이념이 정치적으로 구체화된 것이 법률에 근거한 시민사회이고, 경제적으로 구체화된 것이 대량생산을 기본으로 하는 산업사회였다. 환경문제나 인간소외의 문제는 모두 산업사회에서 그 원인을 찾아볼 수 있는데, 산업사회를 진심으로 극복하고자 한다면, 시민사회를 지탱하고 있는 평등이라는 이념을 극복하지 않으면 안된다.

강의 위, 아래, 북쪽과 남쪽, 장소에 따라 환경은 천차만별이다. 그럼에도 불구하고 똑같이 물과 전기를 공급 받고, 같은 것을 배우고, 같은 시간 일하고, 같은 모양으로 살고 죽기를 추구해왔다. 그 결과, 대규모의 개발이 무차별 진행되고, 생활은 환경과 격리된 채 캡슐화 되었다. 환경파괴와 인간소외는 평등을 추구한 연의 귀결이었던 것이다.

그렇다면 어떻게 해야 할까?

야마모토 씨는 말한다. 각각의 장소의 의지를 살릴 수 있도록 정치나 경제를 재구성하면 된다고. 그렇게 했을 때 비로소 장소의 환경을 풍요롭게 하는 정책이나 기술이 개발되고, 나아가서는 지구환경도 풍요로워진다고. 그리고 환경에 맞는 생활을 영위하고 있는 무수한 장소 중에서, 어디서 살 것인가를 개인이 주체적으로 선택할 수 있을 때 비로소, 우리는 진정한 자유를 얻게 될 것이라고. 그것을 위해서는 사람들이 추구하는 것이 평등에서 ‘더없이 소중함’으로 바뀔 필요가 있다. 그 변화의 열쇠를 쥐고 있는 것은 바로, 과학기술을 대신하는 것으로 야마모토 씨가 제시한 문화기술이 아닐까?

3

즐거운 불편,
녹색미래의 시작

《마무리》

성장이라는
신화에서
벗어나야 한다

미타 무네스케

1937년 동경에서 태어남. 동경대학 교수를 거쳐 공립여자대학 교수로 있다. 전공은 현대사회론과 비교사회학. 최근의 저서 『현대사회의 이론』에서 정보화, 소비화 사회의 다이너미즘과 매력의 근거를 밝히면서, 그 필연적 귀결인 현대의 위기를, 자유로운 사회라는 원칙을 배제하지 않고 극복하는 방향을 제시했다. 그밖의 저서로 『미야자와 겐지 - 존재의 축제로』 『현대일본의 감각과 사상』 『시간의 비교사회학』 『자아의 기원』 등이 있다.

생활 속에서 편리함을 서서히 배제해가면서, 나 자신과 주변의 반응을 살피는 체험 르포에 이어, 여러 인사들과 현대 소비사회를 주제로 한 유익한 이야기를 나누었다. 그들 각각의 생활과 학문, 그리고 인생에 근거한, 시사하는 바가 많은 뜻깊은 이야기를 들을 수 있었다. 그 2년에 걸친 '여행'의 마무리 단계로 인간의 에고이즘과 니힐리즘에 대한 철저한 고찰을 토대로 현대사회의 구조를 분석하고, 자유를 포기하지 않고 우리 인간이 행복에 넘치는 삶을 살수 있는 사회이론을 탐구해온 사회학자 **미타** 무네스케 씨와 앞으로 우리가 나아갈 방향에 대해 이야기를 나눠보았다.

후쿠오카 교수님과의 대화를 이번 기획의 마지막 정리단계로 삼고자 합니다. 그런 만큼 지금까지의 르포와 대화의 내용에 대한 총괄적인 평가와 의견을 말씀해주시면 감사하겠습니다. 먼저 읽으신 소감을.

미타 대화편에서는 각기 다른 입장, 다른 방식의 삶을 살고 계시는 분들이 등장하고 있습니다만, 그분들 모두가 결국은 같은 곳에 도달하고 있다는 느낌을 강하게 받았습니다. 야마오 산세이 씨와 같은 삶을 살아오신 분이나, 모리사키 카즈에 씨와 같은 일을 해오신 분이나, 모리오카 마사히로 씨 모두 전혀 다른 타입의 분들이시고 말씀들 또한 다르지만, 뭐랄까 일맥상통한다고 하지요!

『현대사회의 이론』에도 썼지만 아이들이란 당연히 성장하지 않으면 안 됩니다. 그런데 다 큰 뒤에도 계속 성장이 멈추지 않는다면 이상한 일이죠. 하물며 계속 성장하지 않으면 죽게 된다는 것은 상당히 위험한 징후가 아닐 수 없잖아요? 지금 사회가 꼭 그와 같다는 생각을 해봅니다. 이미 다 성장했음에도 불구하고 계속 더 성장하려 하고 있고, 경제는 끊임없이 성장하지 않으면 안 되는 구조가 되어버렸죠.

후쿠오카 그 결과, 이미 생명에 위협이 될 만한 증상들이 나타나기 시작했어요, 크든 작든. 그렇다면 이 상황을 어떻게 극복해야 할까요?

미타 육체적으로 남자는 대개 스물다섯, 여자는 열아홉에 성장이 완료된다고 볼 수 있습니다. 그 이후 얼마든지 성장해도 상관없는 것은 지성이나 감수성, 그런 차원의 것들뿐이죠.

후쿠오카 정신적인 것들 말씀이죠? 마음의 깊이 같은.

미타 그것을 사회에 적용할 경우 기본적으로는 마찬가지라고 생각해요. 'Physical'이라는 말에는 육체적이라는 뜻과 함께 물질적이라는 뜻이 있는데, 물질적 성장이 완료된 뒤, 성장이 뜻있고 해롭지 않은 것에는 지성이나 감성, 영혼의 깊이와 같은 차원이 있다고 생각하거든요.

후쿠오카 역시 이해하기 쉬운 예군요!

미타 현대사회는 결국, 근대의 귀결이라고 할까, 막다른 곳까지 이미 발전이 끝나버린 마지막 단계라고 할 수 있죠. 과거 천 년의 후반인 500년 정도는 대개 근대화의 시대잖아요. 그것이 성장할 수 있는 데까지 성장했고, 돌아보면 당연히 득도 있고 손해도 있게 마련이죠. 그런데 무엇이 득이고 손해인지 생각할 때, 분명히 말할 수 있는 것은 근대가 얻은 좋은 면은 대개 눈에 보이는, 숫자나 표로 나타내기 쉬운 부분이라는 겁니다.

후쿠오카 확실히 그렇죠.

미타 그에 반해 잃어버린 것은 대개 눈에 보이지 않고 척도화 되지 않는 것, 숫자로 표시되지 않는 것, 말로 표현하기 어려운 것들이 많습니다. 나는 그 부분이 상당히 큰 문제라고 생각해요.

후쿠오카 그렇군요.

미타 지금까지 사회의 발전이나 진보라고 하면, 바로 GNP나 GDP를 거론하고는 했는데, 그것은 눈에 보이는 것, 숫자로 표현할 수 있는 것만을 생각해서 측정하는 방법이죠. 그러니 그 측정방법으로만 보면 근대에는 좋은 면만 있었던 것처럼 보이는 게 당연하죠. 예를 들어, 넓고 풍요로운 자연 속에서 한가롭게 사람들과 즐겁게 어우러져 살아가는 마을이 있었는데, 그 마을이 해체되어 사람들은 돈 벌러 도회지로 흩어지고, 마을은 개발 바람이 불어 전기제품 같은 것들이 속속 들어왔다고 합시다. 이때 숫자로 표현되는 부분만 보자면 플러스인 셈이죠. 분명 자연은 해체되었고, 사람들 사이의 좋은 감정도 없어지고 정신적인 여유도 사라지긴 했지만, 그런 것은 숫자로 나타낼 수 없고, 보이지 않기 때문에 계산에 포함되지는 않죠. 수입이 늘었다거나 편리해졌다는 것은 숫자화 되기 쉽잖아요. 그러니 이 사회가 좋아졌다고 말할 수밖에요. 이 점이 잘못을 범하게 되는 가장 큰 원인인 셈이죠. 이것을 처음에 말했던 성장 후의 성장이라는 이야기로 연관시켜 생각해보면, 역시 성장 후의 성장에서 의미 있는 것은 눈에 보이지 않으면서 측정할 수 없는 것이라고 생각해요.

후쿠오카 자연이나 다른 인간과의 교류로 생기는 정신적인 충족, 혹은 깊이 있는 지성이나 감수성 같은 것이지요?

미타 네. 그리고 한 가지 어려운 문제라고 생각하는 것이 있어요. 예를 들면 르포의 초기에 상징적인 의미로 자동판매기 이야기가 나왔는데, 내용에는 전적으로 찬성입니다만 요즘 자동판매기가 아니면 물건을 살 수 없다는 젊은이들이 늘어나고 있잖아요. 가게에 가서 타인과 대화하는 것이 귀찮다고 말이죠.

후쿠오카 그것은 휴대전화로 대화하는 게 얼굴을 맞대고 이야기를 나누는 것보다 편하다고 말하는 사람들과 마찬가지 현상이 아닐까요?

┃미타 맞아요. 오늘날 젊은이들의 반 이상은 그럴 거라고 생각해요. 자동판매기가 환경, 자원이라는 관점에서 볼 때 문제라는 말을 듣는다면, 그들은 일종의 반감을 느끼게 되겠죠. 말로 표현하지 않을지는 모르지만 무의식의 반발이 있을 수 있다는 거죠. 자동판매기보다 사람과 사람이 부딪혀가면서 물건을 사고 파는 것이 훨씬 좋지 않느냐고 말한다면, 자신이 부정되는 것처럼 느낄 수도 있다는 겁니다. 그런 것은 역시 환경문제나 소비사회의 문제에 대해 발언할 때 직면하게 되는 큰 문제가 아닐까 생각합니다.

┃후쿠오카 옳은 것을 말하는 어려움 같은 거죠.

┃미타 이것은 언뜻 보기에 정반대의 이미지로 보일지 모르지만, 나는 전쟁 때의 어머니들을 생각하게 됩니다. 그녀들은 전쟁에서 자식을 잃었어요. 그러므로 그 전쟁을 침략전쟁이라거나 잘못된 전쟁이라고는 생각하고 싶지 않은 거죠. 그 전쟁이 잘못된 전쟁이었으며, 아시아 사람들에게 많은 고난을 강요했다는 점에서 명백한 잘못임에는 틀림이 없지만, 자신이 평생을 바쳐 키운 자식의 목숨을 앗아간 그 전쟁이 잘못된 전쟁이었다고 한다면, 그녀들로서는 자신의 유일한 인생이 부정당한 듯한 느낌을 받게 될 겁니다. 그러므로 그 할머니들을 상대로 우리가 어떤 식으로 이야기를 해야 할까 하는 것은, 상당히 심각한 상처를 어떻게 치료해갈 것인가 하는 정도의 어려운 문제입니다. 그 할머니들과 자동판매기에서 물건을 사는 것이 좋다고 말하는 청년들은, 언뜻 보기에 정반대의 타입처럼 보이지만 구조는 같은 거죠. 결국, 어떤 시스템의 인질이 되어 있는 셈이에요. 혹은 어떤 시스템에 의해 억지정사를 강요당하는거나 마찬가지죠. 그러므로 그 시스템을 부정하면 자기 자신마저 부정하는 것처럼 느끼는 거지요. 그런 것이 이 르포에서 말하는 '소비중독'에 걸린 사람들 처지에서 보면 있다고 생각해요.

┃후쿠오카 그런 주장을 그들은 억압장치로 받아들일 수 있다는 말씀

이시죠?

| 미타 따지고 보면 억압에서 해방시키는 사상인데, 그것이 언뜻 보기에 억압처럼 보이는 부분이 있다는 거죠. 다만 유일한 희망은 전시의 할머니들은 이제 와서 새삼 잃어버렸던 70년 인생을 되돌릴 수는 없는 일이지만, 청년들은 아직 충분히 젊다는 것이죠.

| 후쿠오카 마이카, 마이홈, 텔레비전, 휴대전화, 컴퓨터가 만연하게 되면서 우리는 점점 개개인으로 분단되어 왔어요. 그런 분단작업은 공동체를 억압장치라고 치부하고, 시민사회화나 소비화라는 근대화의 흐름을 타고 시행되어 왔죠. 그 결과 모두 뿔뿔이 흩어져서 타인과 얽히기를 귀찮아 하게 되고 만 거예요. 하지만 인간의 근본적인 욕구로써 누군가와 교류하기를 원하고, 함께하고 싶어하고, 하나가 되고 싶어하는 뭔가가 있다고 생각해요. 지금의 청년들은 그렇게 개인의 세계를 누리고 있지만 한편으로는 그러한 욕구를 애타게 갈구하고 있을 거라는 생각이 듭니다.

| 미타 무의식 속에서 말이죠?

| 후쿠오카 네. 그것을 강하게 느낄 수 있었던 것은 지난번에 다이에 호크스가 일본시리즈에서 우승했을 때에요. 그날 경기는 나고야에서 열렸는데 경기장의 대형화면으로 생중계된다고 하니까, 경기도 열리지 않는 후쿠오카 돔에 3만 명이나 되는 관중이 모였다고 하더군요. 그런데 그들은 과연 무엇을 바라고 모인 것일까 생각해봤지요. 결론은 함께 기쁨을 나누고 환호할 동무를 찾고 있었다고밖에는 달리 생각이 안들더군요.

| 미타 충분히 그럴 수 있어요.

| 후쿠오카 그런 동무집단을 추구하는 마음은 오히려 개개인이 뿔뿔이 흩어져버렸기 때문에 더욱 간절해진 것이 아닐까요? J팝송이 유행한다 하면 200만 장 300만 장이 팔리고, 루즈삭스가 유행하니까 여고생들이 너나할것 없이 다 신고 다니고, 전자 애완동물 사육이나 스티커 사진

의 붐, 유행처럼 번지는 신흥종교 등 지금의 젊은이들을 보고 있으면, 제각각 분리되어 외롭기 때문에 더욱 하나가 될 수 있는 것을 찾아 헤매고 있다는 느낌이 들어요. 그 점을 교묘하게 이용해서 지금의 소비사회가 한층 더 자기증식을 도모하고 있지만 말입니다. 즉, 하나가 되고 싶다는 욕구를 물건을 구입함으로써 만족시킬 수 있다는 방향으로 유도해서 소비화의 흐름을 강화시킨다는 구도죠. 다시 말해 사람들이 동요하기 쉬운 상태가 되기 때문에 조금만 이상한 방법으로 부추겼다가는 자칫 옴진리교 같은 파쇼로 흘러버릴 위험성이 있긴 하지만, 다만 그런 욕구를 가지고 있다는 것을 일종의 가능성으로 볼 수 있지 않을까 생각해요.

이 르포와 대담의 기본 주제는 에고이즘을 어떻게 극복해갈 것이냐였습니다. 근대가 자연에 의해 규제되고 공동체의 규범에 의해 억압된 상태에서, 자아 혹은 개인을 해방시켜가는 과정이었던 셈이잖아요? 하지만 교수님도 『자아의 기원』이라는 저서에서 말씀하셨듯이, 생명에는 성(性)이라고 하는 형태로 개인을 타인에게 개방할 수밖에 없는 장치가 원래 내장되어 있다, 고로 이대로는 끝나지 않을 것이다고 생각하는 거죠.

욕망의 억압

┃미타 지금까지의 대화 중에서 후쿠오카 씨나 다른 분들이 각자의 시각에서 공통으로 말한 것 중 하나가 욕망의 억압이 아니라 전환이 중요하다라는 부분이라고 생각해요. 즉 지금의 방법대로 욕망을 좇다 보면, 결국 인류는 파멸하고 말 겁니다. 그것을 피하기 위해서는 어떻게 해야 할까? 거기에는 세 가지 방법이 있다고 봐요.

하나는 사회적으로 통제하는 방법으로 파시즘이나 그보다는 나은 구소련형 사회주의처럼 통제하는 거죠. 하지만 20세기의 역사를 통해 보건대 이 방법은 그다지 좋을 것 같지 않아요. 두 번째는 도덕적으로 모두 같이 참아 버리는 방법. 그것을 중국은 문화대혁명으로 실천하려 했죠.

후쿠오카 하지만 결국 그것도 억압으로 끝나고 말았죠.

미타 그렇다면 마지막 방법, 즉 욕망의 존재방법을 바꾸는 것이 가장 좋은 방법이라는 결론이 나옵니다. 그것을 대담한 분들께서 각기 다른 표현방법으로 말씀하셨던 거라고 봐요. 그 욕망의 존재방법을 바꾼다고 할 때, 어떤 방법으로 바꿀 것이냐 하는 데에는 두 가지 관점이 있죠.

인간의 욕망에는 자원을 낭비하거나 자연환경을 파괴하지 않으면 채워질 수 없는 욕망과 친구와 즐겁게 대화를 나누거나 숲 속에서 상쾌한 기분을 맛보거나 하는 것처럼 자연환경을 파괴하지 않아도 되는 욕망이 있지요. 그렇다면 자연친화적인 욕망을 기반으로 해나가자는 것이 하나. 또 하나는, 욕망에는 상극의 욕망과 상승의 욕망이 있는데, 그 중에서 상승의 욕망을 기초로 하자는 것입니다. 상극의 욕망이란 권력욕과 같이 자기 욕망을 채우게 되면 반대로 다른 누군가는 욕망을 채울 수 없다는 것이죠.

후쿠오카 자기현시욕이나 허영심, 타인과 비교했을 때의 우월감으로 만족하는 것 같은 상대적인 것 말이죠?

미타 그에 비해 상승의 욕망이란 예를 들어 아이가 기뻐하면 그것을 보는 것만으로도 부모는 기뻐하죠. 애인이나 친한 친구사이도 마찬가지지만 상대방이 기쁘고 행복하면 나도 덩달아 기쁘고 행복한 것이 바로 상승의 욕망이에요. 옛날 성선설과 성악설 중 어느 것이 옳으냐 하는 논쟁이 있는데 사실 둘 다 옳다고 봐요. 즉 인간에게는 양면 모두 존재한다고 생각해요. 둘 다 가지고 있기 때문에 그 중 상승의 욕망을 기초로 하여, 상극의 욕망을 조절할 수 있도록 하는 것이 중요하다는 거죠.

후쿠오카 역시 설득력 있는 말씀입니다. 다만, 상승의 욕망과 자연친화적인 욕망이 중복되는 부분이 많다는 생각이 듭니다.

┃미타 내용은 그렇죠. 하지만 이론적인 측면에서는 별개죠. 지금 욕망의 전환이란 것을 생각했을 때, 역시 이 상승의 욕망과 자연친화적인 욕망을 기본 축으로 양립 시켜야 한다고 생각해요.

┃후쿠오카 공식(共食), 즉 함께 먹는다는 말이 있잖아요? 함께 먹음으로써 나도 기쁘고 행복하니 함께 먹는 거죠. 상대방이 먹어주니 기쁨인 거죠. 그런 것이 인류의 역사 속에서 맥을 이어오고 있어요. 그것은 상승의 욕망이라고 생각해요. 그에 의거하여 욕망을 전환시켜가는 거죠.

┃미타 나는 개인적으로 함께 먹는다는 말을 좋아하는데, 그것에 대해 무형(無形)의 영양분이라는 표현이 있지요. 근대의 식물학에서는 유형의 영양분만 생각해왔잖아요? 단백질이 몇 그램, 칼슘이 몇 퍼센트, 비타민이 어느 정도 함유되었으니까 이것을 먹으면 좋다 하는 식으로 말입니다. 그에 비해, 함께 먹는다는 행위에 무형의 영양분이 있다는 이해 방식은, 내가 처음에 말했던 눈에 보이지 않는 것, 셀 수 없는 것에 대한 관심과 이해 없이는 불가능하다고 생각해요.

┃후쿠오카 하지만 지금은 '독식(獨食)'이라고 해서, 혼자서 밥을 먹는 사람들이 늘어가고 있는 추셉니다. 바야흐로 무형의 것, 보이지 않는 것, 셀 수 없는 것을 제거하는 방향으로 흘러가고 있다는 것이, 먹는 것 하나만 보더라도 분명하게 알 수 있죠.

┃미타 이 르포와 대담의 주안점 중 하나는 합리성의 추구에 있다고 생각하는데, 그 취지에서 보면, 즐겁게 먹으면 흡수력도 좋아지니까요. 그 부분에 대해서는 근대의학이 관심을 갖지 않았던 부분인데, 이것이 비합리적이냐 하면 그렇지 않거든요. 지극히 합리적이잖아요?

┃후쿠오카 무엇보다 행복해지니까 합리적인 거죠. 지금 합리적, 합리성, 합리화 하지만, 그것을 지나치게 추구한 결과 아주 비합리적인 세계가 만들어지고 말았잖아요. 그러니 지금까지 추구해왔던 것은 진정한

합리성이 아니지 않나 하는 의문이 제 문제의식 속에 자리잡고 있습니다.

▮미타 합리성에는 분석적 합리성과 종합적 합리성이 있는데, 합리성이라는 이름 아래 근대과학이 생각해왔던 것은, 그 중에서 분석적인 합리성에만 국한되었던 거죠. 그러니 어느 국면에서는 합리적일지라도, 전체로 보면 오히려 비합리적일 수도 있죠. 그러므로 합리성에 비합리를 대치시킬 것이 아니라, 분석적 합리성에 대해 종합적 합리성을 대치시키는 것이 중요하다고 봐요. 그때 보이지 않는 것, 수량화가 불가능한 것까지 포함하는 합리성이 아니면 종합적이라고 말할 수 없죠.

▮후쿠오카 일전에 대담에 참가해주셨던 요시오카 히토시 씨는 그것을 '미시적 합리성', '거시적 합리성'이라는 말로 설명해주셨습니다. 미시적 합리성만 추구해온 결과, 미시적인 문제는 해결되었지만, 그 때문에 주변에 새로운 문제가 발생한다는 것이 지금까지의 과학문명의 구조였다, 그리고 새롭게 발생한 문제가 해결된 문제보다 더 심각한 경우가 많았기 때문에, 거시적으로는 점점 비합리적인 사회가 돼버리고 말았다는 것이 근대의 과정이었다는 거죠.

▮미타 합리적으로 지금의 상황을 어떻게 극복할 것인가 하는 점에서는, 앙드레 골츠의 『에콜로지 공동체의 길』에 나오는 일에 대한 정의를 참고할 수 있을 겁니다.

현재 불필요하고 무의미한 일들이 무수하게 이뤄지고 있잖아요? 군사적인 것이나, 그게 아니라도 인간의 행복에 불필요한 것들이 엄청 만들어지고 있죠. 그렇다면 진짜 필요한 것만을 만들기 위해 인간은 어느 정도 일하면 되는가? 이 책에서는 건강한 사람이 모두 평등하게 평생 40년을 일한다고 가정해 자세히 계산하고 있지요. 그의 결론은 주 5일, 하루 2시간씩만 일하면 된다는 겁니다.

▮후쿠오카 그 정도 되겠죠.

▎미타 나는 주 2일간, 하루 5시간 일하는 것이 좋은데, 하하. 어쨌든 주 10시간 잡고, 그 밖의 시간은 완전히 자유롭게 사용하면서 천국 같은 인생을 실현시키는 거죠.

▎후쿠오카 다만 그 경우 당연히 수입은 줄어들겠죠.

▎미타 그 점에 대해서는 이렇게 생각하면 어떨까요? 즉 인간의 행복이 어디서 얻어지는 가를 계산할 수 있다고 가정하면, 원시시대와 같은 자연경제 속에서는 상품경제 같은 것이 전혀 없어도 100퍼센트 자연이나 타인과의 교류로 행복을 얻을 수 있었어요. 그것이 점점 시대가 변하고 다른 공동체가 만든 것과 교환하면서 10퍼센트 정도는 상품에 의존하게 되었죠. 그리고 점점 상품 의존도가 커지기 시작하고, 상품중독까지 돼버리고 만 거예요. 현대인은 90퍼센트 정도가 상품에 의존한 행복밖에는 생각할 수 없게 되었고, 그렇지 않은 것은 겨우 10퍼센트에 불과하게 된 겁니다. 그것을 원시시대로 되돌리라고까지는 말할 수 없지만, 6대 4 정도까지는 되돌렸으면 하는 바람이죠. 60퍼센트정도는 상품에 의존하지 않고 행복을 얻고, 40퍼센트를 상품에 의존하는 거라면, 비교적 현실적으로 생각해볼 수 있다고 봅니다.

▎후쿠오카 확실히 그 정도라면 일단 가능성은 있다고 생각합니다.

▎미타 예를 들어 자연과의 접촉이나 타인과의 교류 등, 돈을 들이지 않고 얻을 수 있는 행복을 〈직접 행복=D〉라고 하고, 돈을 내고 얻는 행복을 〈산 행복=B〉라고 한다면, 행복의 총량은 $H=D+B$가 됩니다. 일반적인 현대인은 D가 10이고 B가 90, 그래서 H가 100입니다. 이것을 6대 4로 바꾸면, D가 60이고 B가 40으로, H가 100이 되는데, 이 경우에도 같은 정도의 행복을 얻을 수 있죠. 급료는 반 이하가 되어도 좋죠. 90을 돈으로 사야 했던 것을 40만 사면 되니까요. 거기다 만약 주 2일, 하루 5시간만 일해도 된다면 여러 가지 일을 할 수 있게 되겠죠?

후쿠오카 자기가 하고 싶은 일을 말이죠.

미타 그 결과 B는 40 그대로여도, D가 160으로 급증할 가능성도 충분히 있게 되죠. 실상 행복은 숫자로 나타낼 수 없기 때문에, 이것은 생각하기 위한 예에 불과하지만, 핵심을 말하자면 행복의 크기 중 돈으로 살 수 있는 부분은 가변적(可變的)이라는 겁니다. 그것만 알게 된다면 급료가 반으로 줄더라도 지금보다 훨씬 행복해질 수도 있는 겁니다.

후쿠오카 그렇게 되기 위해서는 역시 시간이 필요합니다.

미타 시간뿐만 아니라, 여러 면에서 자유가 필요하죠. 자연도 회복을 해야 한다거나, 여러 가지가 있겠죠.

후쿠오카 환경문제는 사회의식의 전환을 요구하는 큰 문제입니다만, 또 다른 큰 문제는 선진국의 여전한 실업문제입니다. 역시 실업문제도 사회의 전환을 요구하고 있는 과제로서 존재한다고 생각해요.

미타 워크 셰어링 같은 것 말이죠.

후쿠오카 지금까지의 일하는 방법으로는 필연적으로 대량의 실업자가 계속 생길 것은 뻔하니까요. 지금 대폭적인 구조조정이 진행되고 있지만, 그것은 결국 생산설비를 확대하고 수요도 없는데 생산능력만 한없이 향상시켜온 결과인 셈이죠. 그러니 불필요한 부분을 삭제하는 구조조정은 어쩜 당연한 것인지도 모릅니다. 하지만 그것이 일부 사람에게만 희생을 강요하는 식으로 이뤄지고 있기 때문에 지금처럼 힘든 상황이 전개되는 거라고 생각해요. 필요 없는 것을 만들고 있으니 구조조정은 당연한 것이고, 그런 시대로 접어들었다는 것은 틀림없는 현실이지만.

미타 문제는 구조조정의 방법이죠.

후쿠오카 생각해볼 수 있는 방법은 두 가지밖에 없어요. 하나는 약자를 외부로 방출함으로써 일부 사람에게 모든 것을 버리도록 하고, 남은 자는 현상을 확보하는 방법. 나머지 하나는 모두가 노동시간을 줄이고 급료도 함께 낮추는 방법이지요. 모리오카 마사히로 씨가 말씀하셨지만, 급료가 낮아지면 엄청난 불행이 올 것처럼 모두 잘못 생각하고 있을 겁니다. 현상을 유지하고자 하는 본능이 아무래도 인간에게는 있게 마련이고, 거기서 벗어나게 되면 정체성이 무너지고 말기 때문에, 지금까지는 자기 이외의 타인에게 짐을 지우려고 하는 방법을 선택해왔던 거죠. 하지만 모두가 의기투합해서 급료를 줄여본다면, 생각지도 못했던 즐거운 세상이 펼쳐질 가능성이, 확실하게는 모르겠지만 있을지도 모르죠.

｜미타 자유로운 시간에 '직접 행복'을 즐길 일이 많은 인생을 설계한다면, 수입과 자유시간의 균형에 대해서 지금보다 더 자유롭고 종합적으로 합리적인 비율을 선택할 거라고 믿어요.

｜후쿠오카 다만 문제가 되는 것은 당장의 주택융자금이나 반드시 지불하지 않으면 안 되는 비용 등이 이미 제도화돼 버렸다는 거죠. 교육비도 그렇고.

｜미타 그것 역시 일종의 인질이 된 셈이군요.

｜후쿠오카 시스템의 인질이죠.

｜미타 그러기에 과도기는 어렵다는 겁니다. 어떻게 할까 하는 문제가 말이죠. 국가적 차원에서 보면, 지금의 정부는 반대잖아요 방법이. 예를 들어 경기부양책으로 주택건설의 규제를 완화한다는 제도를 여러 가지 만들어내지만, 결국 그 모든 게 돈을 빌리라는 정책에 불과하죠. 여러 우대조치 같은 것으로 확실히 주택의 착공 건수는 증가했고 파급효과도 있지만 말입니다. 주택융자의 이율을 낮춘다거나, 세금공제도 빌린 돈에 대한 공제고요. 그러니 돈을 빌리지 않고 주택을 짓는 사람에게는 아무런 이점도 없는 셈이죠. 다시 말하면 돈을 빌려라, 이런 정책인 겁니다. 국민을 빚쟁이로 만들려는 방법이죠. 그것은 갈수록 국민을 시스템의 인질로 잡아두려는 거죠. 가능한 한 많이 근무하고, 많이 일하고, 돈을 많이

벌지 않으면 안 된다는 주술로 국민들을 현혹시키고 있는 거예요.

　│후쿠오카 말씀을 듣고 보니 정말 그렇군요. 거기까지는 생각해보지 못했습니다. 어쩌면 이미 금융이 국가라고 하는 형태를 띠고 있는 부분도 있을 수 있겠군요. 부실채권의 처리문제를 보더라도 결국, 금융시스템을 고수하기 위해 세금을 투입하고 있는 거잖아요? 저금리 정책도 마찬가지고요. 경제의 중심에 금융이 떡 버티고 있으니……

　│미타 온통 경제정책뿐이니, 꼭 화폐경제를 전제로 하는 스타일이죠.

　│후쿠오카 좀 전에 말씀하신 노동시간이 줄어든 만큼 화폐에 의존하지 않고 즐기는 방법이라는 것과 비슷하게,『제3의 물결』의 앨빈 토플러가 프로슈머라는 말을 사용하여 말한 적이 있죠. 프로덕트(Product)와 컨슈머(Consumer)의 복합언데요. 다시 말해, 소비자이기도 하지만 일하는 시간이 줄어든 만큼의 시간 동안에는 시장경제에서 벗어난 생산활동도 한다고 하는, 그런 소비자의 존재방식을 토플러는 그렇게 정의한 것이죠. 저 자신도 쌀과 채소재배하며 직접 그런 생활을 해보니까, 생각보다 훨씬 즐겁더군요!

　│미타 그러고 보면, 후쿠오카 씨가 재배한 쌀은 GNP 계산에 포함되지 않잖아요. 그 말인즉, GNP라는 것이 국민총생산을 의미하는 말인데, 그 말 자체가 어폐가 있는 거죠. 총생산이 아니라 결국 시장지향의 생산만을 말하는 거니까요. 토플러가 말하는 프로슈머의 생산도 포함되지 않고요. 그 점만 보더라도 GNP라는 척도가 얼마나 어설픈 것인지 잘 알 수 있죠. 자기가 직접 즐겁게 만들고 재배한 것은 하나도 GNP에 포함되지 않아요. GNP가 높을수록 좋은 세상이어야 할 텐데, 지금은 정반대죠. 결국 GNP가 낮아야 좋은 세상인 셈이니 말입니다.

　│후쿠오카 그것에 대해선 포스트 공업사회론을 전공하고 계신 구루메 대학의 다타이 타다시 교수도 비슷한 말을 하더군요. GNP나 GDP는

오히려 사회를 유지하기 위해 필요한 비용이라는 인식도 있는데, 그 비용은 적을수록 좋다고 말이죠. 그런데 미타 교수님은 『현대사회의 이론』에서 화폐를 매개로 한 시장 시스템을 긍정적으로 묘사하고 계셨는데……

｜미타 이것은 상당히 오해의 여지가 있는 부분인데, 나는 적극적으로 시장이 있어야 좋다고는 생각하지 않아요. 하지만 이처럼 거대한 사회에 시장시스템 이외의 것을 도입하려고 하면, 반드시 더 나쁜 결과를 초래할 수 있다는 거죠. 작은 사회라면 상관없겠죠, 시장 같은 게 없어도. 하지만 지금처럼 거대한 사회에서 시장시스템이 아닌 다른 것을 찾자면, 중앙집권적이거나 계획분배사회라는 이름의 관리사회거나 하는, 적어도 지금까지 인류가 발견해온 바에 따르면, 시장사회를 부정하면 반드시 더 나쁜 뭔가가 나오더라 하는 거죠. 고로 부정하지 않는 것이 상책이라는 겁니다. 그렇지만 인간의 행복 중 대부분이 시장을 매개로 하지 않아도 좋은 것들이죠. 가능하면 사람과 사람, 사람과 자연과의 직접적인 관계 속에서 행복을 추구하는 것이 좋다는 것은 당연한 얘기에요. 다만 어느 정도의 행복은 먼 나라에서 재배한 과일을 먹어보고 싶다거나, 국내에서는 나지 않는 석유도 일정량 필요하게 마련이고, 그런 것은 금욕으로 저지할 것이 아니라 명랑한 시장시스템 안에서 얻으면 된다고 보는 겁니다. 행복을 보완하는 도구로서의 시장시스템은 인정한다는 거죠.

｜후쿠오카 하지만 지금은 모든 것을 시장원리에 맡겨라 하는 분위기로 흘러가고 있다는 것이 문제죠.

｜미타 우치하시 카츠토 씨와의 대화에서도 말씀하셨던 것처럼, 나도 지나친 규제완화는 진정한 자유를 저해한다고 생각해요. 실제로 지금, 심신의 소모로 자살하는 중간관리직이나 젊은이들이 늘어나고 있잖아요? 지나친 경쟁은 결코 인간을 자유롭게 해주지 않아요. 그 점을 이데올로기로서의 자유주의자들은 간과하고 있다는 생각이 듭니다. 뭐든지 자

유화한다는 것은, 자유라는 것에 대해 상당히 잘못 알고 있는, 앞뒤가 전도된 자유주의라고 봐요.

┃후쿠오카 그 점에서도 역시 이윤추구의 자유라는 게 있으니까요. 화폐를 매개로 한 행복추구의 자유라고 할 수 있겠죠. 그런데 문제는 이것이 화폐나 수량화할 수 없는 것에 의한 행복추구의 자유를 점점 잠식하고 있다는 겁니다.

진정한 욕망의 해방

┃미타 오해의 소지가 있는 표현이라서 최근 사용하지 않고 있지만, 욕망의 전환이니 전철이니 하는 말들이 있죠. 내용은 대체적으로 같겠지만 나는 이전에 '욕망의 해방'이라는 말을 사용한 적이 있어요. 욕망의 존재방식을 지금 말했던 것과 같은 주술이나 속박에서 해방하는 것이 중요하다고 보는 거죠. 즉 중독된 욕망인 셈이죠. 중독된 욕망에 사람들이 속박당하고 있다, 그 속박에서 해방되는 것이 중요하다는 거죠. 그것이 진정한 욕망의 해방이라고 생각해요. 그런데 사람들이 욕망의 해방이라고 하면, 지금 중독된 욕망 자체를 한없이 추구하는 것이라고 오해를 하니까 곤란한 거지요. 그런 것이 아니라 주술과 속박에서 해방되는 것이 중요하다는 건데 말입니다.

┃후쿠오카 그 문제와도 조금은 관련이 있다고 봅니다만, 현대인의 시간 사용 방법은 지극히 미래지향적으로, 마치 현재가 미래의 포로가 된 듯한 느낌을 강하게 받습니다. 미래를 위해 지금은 참아야 한다는 식으로 상당히 금욕적으로 시간을 사용하고 있는 것 같아요. 어른이나 아이 할 것 없이.

┃미타 현재를 미래를 위한 도구로 생각하는 일종의 도구주의라고 할까, 수단주의 같은 거죠.

│후쿠오카 그러한 사고방식을 버리지 않는 이상, 좀 전에 말씀하셨던 화폐화나 수량화가 불가능한 것들의 진정한 기쁨을 결코 맛볼 수 없죠. 이것은 제가 직접 자전거로 통근을 하고 쌀을 재배하면서 절실하게 통감한 겁니다. 시간에 대한 관념을 버리지 않는 이상, 시간에 쫓기다가 지치고 귀찮아질 따름이죠, 불편이란 것은. 그럴 바에야 처음부터 전철을 타고 출근을 하는 것이 낫겠죠. 넘어져서 다칠 염려도 없고, 시간도 정확할 거고. 하지만 통근 도중에 요즘 같은 계절에는 은행나무의 노란 단풍이 한창이고, 갈매기나 기러기 등 물새가 강 수면을 가득 메우고 있는데, 이런 것들을 바라보면서 자연의 아름다움을 감상할 수는 없겠죠, 자전거 통근이 아니면 말입니다. 어디 그뿐입니까? 여름에서 가을로 건너가는 때면 하늘이 점점 높아지는 것도 알 수 있죠, 편서풍을 타고 날아오던 황사가 더이상은 없으니까요. 그럼 날이 더해갈수록 달 구경하기 그만인 계절이 되는 거죠. 역시 달 구경은 가을이 최고야 하면서 자전거 페달을 밟아 집으로 돌아오는 겁니다. 그런 것은, 시간을 미래를 위한 도구라고 생각하는 한은 절대 맛볼 수 없는 것이죠. 한시라도 빨리 가서 밥 먹고, 책도 읽고 일도 해야 하는데 하는 생각이 있거나 하면, 그 시간을 즐길 수 없으니까요. 가능하면 지름길을 선택하고 편리한 것을 추구하는, 즉 소비사회를 조장하는 논리에 빠져버리게 되죠. 우리는 욕망을 해방하는 방향으로 걸어왔다고 생각하지만, 실은 현재라고 하는 다시 없는 소중한 시간을 오히려 금욕적으로 사용하고 있었던 건 아닌가? 그래서 자꾸 내일로, 미래로 미루다 결국 죽음의 순간과 맞부딪게 되기 때문에, 허무주의에 빠질 수밖에 없는 게 아닌가 그런 생각을 해봅니다.

│미타 현재를 여유 있게 즐기지 못하면 모두가 빨리빨리 서둘러 가려고만 하다가 결국 허무주의에 빠지고 마는 거죠. 그럼 왜 인간이 허무주의에 빠지게 되느냐, 가장 큰 원흉은 역시 경쟁이 아닐까 싶어요. 끊임

없이 경쟁에 휩싸이다 보면 현재를 희생양 삼아 미래에 대비하게 되는 거죠. 자유주의라는 명목으로 이뤄진 경쟁화가 진정한 자유를 박탈하는 좋은 예라고 할 수 있죠.

후쿠오카 마에하라 히로시 원장은 '빨리빨리' '더, 좀더'와 같이, 현재를 조금도 긍정하지 않는 교육방법을 쓰고 있다고 아주 적절하게 말해 주었죠. 거기다 또 하나 '싸우지 말고, 모두 사이 좋게'와 같이 타인과 교류할 때도 한발 물러선 자세로 자신을 죽이라고 가르치고 있다는 겁니다. 어릴 때부터 싹둑싹둑 가지치기 하고 휘감고 해서 만들어지는 분재처럼, 인간도 인위적으로 만들어지는 거죠. 어른의 그런 가치관을 어떻게든 하지 않으면 부자유하고 허무한 삶을 계속 반복하게 될 것 같아요.

미타 그래요. 가치관이 해방된다는 것은 중요한 점이라고 봐요. 그러므로 욕망의 전환이라는 측면에서 구체적으로 어떻게 하면 좋을까? 그것은 자연스러운 것이 좋다거나, 소박한 것은 멋지다 등의 가치관을 확대해 가야 한다고 생각해요. 덕지덕지 휘황찬란하게 장식하는 것은 보기 싫다는 가치관 말입니다. 그 좋은 예가 있어요. 90년대 초반에 거품경제가 붕괴되었을 무렵에 젊은 10대들 사이에서 '버블리'라는 말이 나쁜 의미의 경멸용어로 사용되기 시작했잖아요? 나는 그런 건 좋은 징조라고 생각해요. 그런 식의 감각으로 일단 과대 포장된 것은 보기 싫고, 소박한 것이 멋지다는 가치관이 확산되는 게 중요하다고 보는 거죠. 그 점에서는 저널리즘이 사회를 좋은 방향으로 인도한다는, 가장 중요한 역할을 수행할 수 있는 시대가 왔다고 할 수 있지 않을까요? 무엇보다 그런 것이 왜 멋지고 훌륭한가 하는 것에 대해서는 매스컴이 가장 큰 호소력과 영향력을 가지고 있으니까요.

후쿠오카 그때 주의해야 할 점은 이렇게 해야 한다는 식의 명령조가 돼버리지 않도록 해야 하겠죠. 그랬다가는 자칫 억압이 돼버릴 수 있거든요. 이쪽이 더 기분이 좋다거나, 이것이 훨씬 멋지다는 식으로 유혹하는 것이 좋겠죠. 자동판매기를 선호하고 중독된 젊은이들을 어떻게 인도할 것인가 하는 문제에 대한 답이 될 수도 있다고 생각합니다.

∥미타 강요하거나 도덕의식에 따르지 않고, 자유의지에 맡기고 해방시키는 것이 중요하다고 봅니다. 그렇게 하면 많은 자원을 소비하지 않고도, 대규모 투자의 행복설비가 없어도 잘 될 겁니다.

∥후쿠오카 대규모의 행복설비에 대한 건데요, 지금은 모드라는 것을 만들어서 대량생산, 대량소비의 사이클이 만들어졌잖아요? 이 구조는 필연적으로 노동을 소외시키게 된다는, 우치하시 씨의 말씀이 생각나는군요. 즉, 자신이 정성을 다해 만들었다고 해도, 반 년도 못 가서 헌 것, 유행이 지난 것, 가치 없는 것이 되어 버려지거나 잊혀지게 된다, 그러므로 일하는 보람도 덩달아 빼앗아버리는 시스템이라는 말이죠.

∥미타 일하는 보람이 없으면 인간은 돈에 집착하게 되죠. 현재가 충실하지 않으면 인간은 미래의 결과에 집착하게 되고요.

∥후쿠오카 노동이 별 볼일 없고 무의미하다고 생각하니까, 돈으로 사는 즐거움에 의존하게 되는 겁니다.

∥미타 다니엘 벨은 '자본주의의 문화적 모순'이라는 말을 했는데, 어떤 의미에서는 그것과 일맥상통하죠. 노동의 장소에서 소외되면 될수록, 소비의 장소에서 그 스트레스를 발산하고 싶어지는 거요.

∥후쿠오카 현대인은 노동의 장소에서는 철저한 효율화를 추궁 받으면서도, 소비의 장소에서는 기분파의 낭비를 요구 받고 있는 것도 그렇죠.

∥미타 그러니까 지금까지 자본주의가 연명해오는 것 아니겠어요?

∥후쿠오카 『현대사회의 이론』에서, 죠르쥬 바따이유의 소비사회론을 인용했는데, 그걸 읽고 좀 의외였던 것은, 본래 소비는 일반적으로 알려진 것처럼 물질이나 서비스를 구매하는 게 아니라고 한 부분입니다.

효용이나 물질로 회수되지 않고, 생명의 충일과 연소(燃燒)로 실현되는 것이야말로 본래 소비의 의미였다는 거죠. 그래서 지금 사회를 소비사회라고 부르는 것은 잘못 아닐까, 진짜는 생산사회가 아닐까 생각해봤어요.

│ 미타 정말 말씀대롭니다. 지금의 사회는 소비사회라는 이름의 생산자본 위주의 사회죠.

│ 후쿠오카 생산하기 위해 소비하도록 만드는 거니까요.

│ 미타 좀더 정확하게 말한다면 판매하기 위한 겁니다만.

│ 후쿠오카 그렇군요. 아무리 생산을 한다고 해도 그것으로 이윤을 얻기 위해서는 팔지 않으면 안되죠. 그러니까 시장경제에 편승하지 않고 판매되지 않는 생산은 GNP나 GDP에서 배제되는 거죠. 다른 말로 표현하면 판매사회라고도 할 수 있겠군요.

│ 미타 그것을 단지 소비사회라고 이름을 붙이고 있을 뿐이죠.

│ 후쿠오카 그 점이 바로 근본이군요.

│ 미타 소비사회론을 처음 말한 바따이유는 생산본위를 비판하기 위해 썼던 거예요. 생산보다도 소비가 중요하다고 말입니다. 그런데 현대의 소비사회는 그가 비판했던 생산사회의 연장선에 불과해요. 소비라는 것과 살짝 바꿔치기 한 것뿐이죠. 바따이유는 금욕적이기보다는 오히려 사치스럽고 호사스러운 것을 선호했던 사람인데, 그런 사람이 결국 호사의 극치, 사치의 극치로써 한줄기 서광을 비추고 있는 겁니다. 진정한 사치란 군이 돈내고 사지 않아도 좋다, 그것이야말로 진정한 궁극의 소비이며, 그 기쁨을 토대로 세워진 사회가 진정한 소비사회라는 거죠.

│ 후쿠오카 그렇다면 생산도 노동도, 통근 같은 것도 포함해서, 전부 소비라고 해버리면 되지 않을까요? 본래 의미의 소비로 말이죠. 기존의 발달한 과학기술로 지원해가면서 그것들을 즐길 수 있도록 하면 되지 않을까요? 그렇게 되어야 비로소 진정한 소비사회라고 할 수 있지 않겠습

니까? 느긋하게 걷거나 자전거로 계절의 변화를 음미하면서 출퇴근하고, 사람들과의 대화나 자연과의 접촉을 즐기면서 일하는 겁니다.

　▎미타　맞아요. 토플러는 프로슈머라는 말로 소비의 장에서 생산을 표현했지만, 생산을 소비로 바꾸는 반대 경우의 프로슈머도 있을 테니까.

　▎후쿠오카　지금은 생산이나 노동이라고 하면 상당히 부정적인 이미지를 가지고 있지만, 그것을 소비화 함으로써 즐거운 이미지로 바꿔가는 것이 중요하다고 생각합니다.

　▎미타　하지만 그것은 진짜, 지극히 일반적인 것이었어요. 근대공업 생산에 의해 처음으로 그렇지 않은 생산이 탄생하게 되었을 뿐이죠. 이것은 기술사가인 요시다 미츠나 씨께 개인적으로 들은 이야깁니다만, 일본의 초창기 공장인 토미오카 방직공장이 설립되었을 때, 프랑스인이 기술지도자로 왔다고 해요. 당시, 여공들은 잡담을 나누면서 작업을 하고 있었는데, 이미 근대화가 진행되고 있었던 프랑스에서는 생각할 수도 없는 광경으로, 일의 능률이 떨어진다는 이유로 잡담금지령을 내린 거죠. 하지만 여공들은 도대체 그 의미를 전혀 이해할 수가 없었고, 단순히 잘난 척하고 있다고밖에는 생각하지 않았던가 봐요. 그래서 그 프랑스인이 어떻게 했는가 하면 말이죠, 공장에 커다란 시계탑을 만든 거였어요.

　▎후쿠오카　꼭 미하엘 엔데의 『모모』이야기 그대로네요.

　▎미타　지금 생각하면, 여공들의 감각이 옳았을지 모르죠. 그녀들 처지에서는 즐겁게 이야기를 나누면서 들일을 하거나, 실을 짜는 것은 당연했을 테니까요. 오히려 일하면서 이야기를 하지 않는다는 게 부자연스럽게 여겨졌을 테죠. 고되고 힘든 노동을 하는 속에서도 즐거움을 찾아가면서 일하고 있는데, 왜 묵묵하게 입을 다물고 일하지 않으면 안 되는지 의아해 하는 쪽이 훨씬 건전한 사고방식인지도 모르죠.

　▎후쿠오카　지금의 경쟁사회 속에서 우리는 무엇을 의지로 삼으면서

살아가고 있는고 하니, 타인에게 인정받거나 칭찬을 받는 거겠죠. 그것은 육체의 욕망이며, 그것을 추구하게 되면 생명의 기쁨을 잃게 된다고 모리오카 씨는 말했는데, 그렇다면 과연 무엇을 의지로 삼으면 좋을까, 그 뒤로 계속 생각해봤거든요. 단순히 자신을 위한답시고 혼자 고립된다면 너무 허무하겠고. 그런데 최근에 드디어 답을 찾았습니다. 타인을 기쁘게 하는 것을 의지로 삼으면 좋지 않을까 하는.

아이들도 일종의 수단으로 칭찬을 하게 되면, 타인의 평가에만 신경을 곤두세우는 사람이 되죠. 그러므로 칭찬할 것이 아니라, 기뻐하거나 고마워하면서 키우는 거예요. 그렇게 생각하고 관찰을 하면, 아이들도 칭찬 받기보다는 기뻐하는 걸 더 좋아하더라고요. 인간은 뭔가를 타인에게 줄 수 있다고 생각한 순간 생명의 기쁨을 느끼죠. 그에 비해 인정받는 기쁨, 평가 받는 기쁨은 타인과 비교로 얻어지는 상대적인 것으로, 정말이지 가짜 소비사회를 유지하도록 하는 경쟁의 논리와 직결되는 가치관인 거죠. 그러므로 인정받는 것보다는, 기뻐하는 것을, 칭찬으로 키울 것이 아니라 기쁨으로 인도해야 한다. 그렇게 하면 가짜 소비사회를 진정한 의미의 소비사회로 바꿀 수 있지 않을까? 하는 거죠. 그것은 각각의 자아에게도, 보다 깊이 있게 욕망을 채워줄 수 있는 방법이라고 생각합니다.

| 미타 자아를 부정하지 않고 긍정하면서, 정말 무엇이 자아에게 있어 가장 중요한 것인가, 골똘히 생각하다 보면 반드시 역전되는 부분이 있어요. 결국 타인을 향해 열려 있는 구조로 그것을 나는 개체의 자기개방적인 구조라고 부르죠. 그것은 관념적이거나 도덕적인 이야기가 아니라, 육체구조나 정신구조를 보더라도 그렇게 되어 있어요.

| 후쿠오카 자아는 타인에게 필요한 존재가 되기를 추구한다. 그런 말씀이시죠?

| 미타 네. 최종적으로 의지할 수 있는 인간의 구조라고 생각합니다. ◉

미타 씨에게는 지금까지의 내용을 정리해주십사 하는, 좀 무리한 부탁을 드렸다. 고맙게도 미타 씨는 내가 2년 동안 써왔던 보잘것없는 글들을 아주 훌륭하게 정리해주셨다. 지속 가능한 사회를 탐구하는 각각의 움직임이나 사조에 대해, '에코 파시즘'이라고 야유하는 이들이 종종 있다. 확실히 편협함이나 강요는 피해야 하고 전략적으로도 좋은 방법은 아니지만, 그렇지 않은 긍정적인 논의까지도 냉소적인 시선을 던지는 사람들이 많은 것도 사실이다. 그들의 의견에 대해, 미타 씨가 『환경과 생태계의 사회학』에서 말한 반론을 인용하면서 이 기획을 마무리하고자 한다.

"환경과 생태계의 절박한 위기관리라는 명목으로 사람들의 생활 전반을 규제의 대상으로 삼는 시스템이 힘을 얻을 수 있는 것은, 실제로 이와 같은 위기가 눈앞에 닥쳤을 때다. 위기가 정말 절박한 상황에 이르렀을 시점에서 선택은 하나의 지옥과 또 하나의 지옥 사이밖에는 없다. 이 같은 지옥의 선택을 피하는 유일한 방향은 그 구실이 되고 근거가 되는 위기를 눈앞에 절박하게 닥쳐오기 전에 피하는 길뿐이다. 에코파시즘에 대항하는 실로 현실적인 방어는, 반(反)에콜로지적 감정론이나 냉소주의가 아니라, 자유로운 에콜로지(사회 생태학)다. 자원과 에너지 고갈, 환경오염과 해체를 아직 여유가 있는 시점에서 피하는 것이다. 환경과 생태계의 문제를 논의한다고 해서 다 에코파시즘으로 유도하는 것은 아니다. 반대로 환경과 생태계의 문제를 직시하지 않는 것, 즉 보이지 않는 지역이나 계층과 세대의 희생으로 간접화 하고, 원격화 하고, 불가시화 하는 현대사회의 자기기만의 광학 속으로 숨어들어 논의를 회피하는 것이, 마침내 벌어진 위기의 관리를 부정할 수 없는 비장의 무기로 받아들이도록 사람들을 굴복시킬 것이 틀림없는 에코파시즘에 내맡기는 길이다."

|글을 마치고|

이 책의 마지막을 장식한 미타 무네스케 씨와의 대담이 끝나고, 나름대로 훌륭하게 〈즐거운 불편〉의 기획이 막을 내렸다싶던 2000년 1월 17일 오후 7시 45분에 사고가 났다. 그날도 근무를 마치고 자전거로 퇴근을 하던 나는, 철길 건널목 앞에 멈춰 서 있던 차 앞을 횡단하려고 했다. 그런데 그때, 옆에서 달려오던, 열여덟 살 무직의 소년이 운전하고 있던 오토바이에 치여 나가떨어지고 말았다. 그 순간 나는 의식불명의 중상을 입고 병원으로 실려왔다고 했다. 여기서 '~다고 했다'라고 쓸 수밖에 없는 것은, 일을 마치고 회사를 나왔던 것까지는 기억하고 있지만, 사고로 머리에 큰 충격을 받았는지 퇴근 뒤의 일은 전혀 기억에 남아 있지 않기 때문이다.

의식을 되찾은 것은 다음날 오후, 병원의 중환자실 침대 위에서다. 링거의 주사바늘과 소변이 빠져 나오도록 이어놓은 튜브가 몸에 연결되어 있고, 전신을 움직이지 못하도록 천정을 향해 반듯하게 눕혀진 상태로, 타박상을 입은 왼쪽 눈언저리는 부을 대로 부어올라 제대로 뜰 수조차 없었다. 나중에 아내와 회사 상사와 동료들이 들려준 바에 따르면, 오토바이에 치인 나는 두개골 함몰골절, 광대뼈골절, 외상성 지주막하 출혈, 왼발 중지골절이라는 빈사(瀕死)의 상태로, 생사의 경계선을 오가는 지경이었다고 했다. 뇌에 외상을 입었을 경우, 어떤 증상이 나타나게 될지, 사고 후 24시간은 방심할 수 없다며, 아내도 주치의로부터 "긴급한 상황에서는 연락을 하겠습니다만, 어찌 될지 모르니 만반의 준비를 해두시기 바랍니다"라는 선고까지 받았다고 했다. 나는 다행히 살아날 수 있었지만, 지주막하 출혈 부위가 뇌좌상이 돼버린 바람에, 왼쪽 팔 전체와 옆구리의 마비증세를 사고의 후유증으로 평생 짊어지고 가야 한다.

이 책은 1998년 1월부터 1999년 12월까지의 2년간, 《마이니치 신문》 서부 본사판의 문화란에 연재되었던 것을 보완한 것이다.

출판에 대한 제의를 받았던 것은 1999년 12월 중반쯤이었다. 연재의 마지막 회에는 출판사에서 책으로 출간될 예정이라는 게재도 마친 상태였다. 그리고 2000년 1월 말까지 출판용 원고를 출판사에 넘기기로 되어 있었다. 그 일정이 사고로 이행이 불가능하게 되고 말았다.

사실 사고 뒤 나는 잠시나마 이 책의 출판 의욕을 상실하고 말았다.

〈즐거운 불편〉이라는 명목으로 자전거 통근을 사람들에게 권장하던 당사자가, 2년 간의 자전거 통근 끝에 교통사고로 죽을 고비까지 넘겼다. 불편은 결국, 즐거운 것이 아니라 고통스럽기만 하다는 걸 증명한 셈이 되고 말았다, 그런 생각마저 들었다. 이런 상황에서 책까지 낸다는 것은 진정한 〈즐거운 불편〉에게 죄를 더하는 결과가 되지 않을까?

그렇게 좌절하고 있는 나를 격려해준 사람은 아내였다. 아내는 눈물을 머금으면서 말했다. "당신, 무슨 말을 하는 거예요? 자전거를 타고 밤에도 안심하고 다닐 수 있는 도로를 만들지 않고, 미성년자에게 오토바이나 자동차 같은 위험한 것을 타도록 면허증을 내준 나라가 잘못한 거지! 당신이 주장하고 실천해왔던 게 틀린 건 아니잖아요?"

아내의 말을 들으면서, 우치하시 카츠토 씨와의 대화에서 등장했던 유럽의 3층 도로 이야기를 떠올렸다. 그리고 연재의 대화편을 다시 읽어보고, 조금은 자신감을 회복할 수 있었다. 나는 실천을 토대로 생각과 주장을 세워왔기 때문에 적어도 탁상공론을 부리지는 않았다. 경험에서 깨달은 현실의 엄격함, 위험, 곤란, 그리고 그것이 무엇에서 비롯하는가도 기술해왔다. 어설픈 이상론에 그치지는 않았다는 자부심, 구원 받은 기분이었다. 실천하면서 생각한다는 방법이 틀리지 않았음을 다시 확인했다. 그리고 하루라도 빨리 이 책을 세상에 내보내고 싶다는 생각을 하게 되었다.

이 후기를 쓰고 있는 2월 현재, 비틀거리기는 하지만 내 발로 화장실도 갈 수 있게 되었다. 하지만 얼마 전까지는 침대 위에 장승처럼 누워서 배설까지 누군가의 손을 빌리지 않으면 안 되는 신세였다. 이처럼 고통스러운 게 또 있을까? 무엇보다 누운 채로 일을 봐야 한다는 위화감 때문에 좀처럼 나오질 않는다. 그리고 다른 사람 손으로 엉덩이를 닦아야 하는 순간의 좌절감이라니! 경험해보지 않고는 도저히 이해할 수 없을 것이다.

아내가 팬티를 갈아입히려다 똥이 엉덩이에 묻어 말라 있는 것을 발견한 적이 있었다. 간호사에 따라 일을 마친 후 깨끗하게 닦아주는 사람이 있는가 하면 또 그렇지 않은 사람이 있다. 이날의 간호사가 바로 후자였던 모양이다. 아내는 "어머! 어머!" 하면서 물티슈로 다시 닦아주기 시작하더니, 콧노래까지 흥얼거리면서 더없이 즐거워했다. 그때 나는 아내의 콧노래를 들으면서, 왜 이 사람은 이토록 즐겁게 내 엉덩이를 닦아주고 있을까? 하는 재미있는 의문을 가져보았다.

그것은 당연히 날 위해서다.

그렇지만 왜 그것이 아내에게 그토록 기뻐할 일일까?

내가 기뻐하는 것, 그것은 아내 자신의 기쁨이기도 하기 때문이다.

완전히 의식을 상실하고 식사도 배설도 타인의 손에 맡겨야 하는 '불편'의 극치를 맛본 상태에서, 가장 사랑하는 이가 내게 가르쳐준 진실을 깨닫는다. 그것도 불편의 효과 중 하나일지 모른다.

나의 만용(!)으로 시작했던 이 기획 때문에 많은 불편을 감수하면서도, 음으로 양으로 도와주고 지켜봐 준 아내가 없었더라면, 이 책은 세상에 태어나지 못했을 것이다. 그러므로 가장 먼저 아내에게 감사의 말을 전하고 싶다.

그리고 바쁜 와중에도 시간을 내주시고 대담에 참가해주신 분들의 협조가 없었다면 이 책의 오늘은 없었을 것이다. 저마다 정말 뜻깊은 말씀들을 들려주셨다.

설마 하면서 망설이던 끝에 제안했던 이 기획을, "재미있겠는걸! 해보자"고 흔쾌히 지면을 허락해주신 《마이니치 신문》사에도 감사의 말씀을 전한다.

그리고 흔쾌히 논밭을 빌려주고, 바쁜 와중에도 일손을 빌려주신 이토 영감님. 농사라고는 생전 처음인 나에게 오리농법을 지도해주신 후루노 타카오 씨, 지역의 이웃사촌 여러분과 친척, 회사의 동료, 그리고 최고의 동지였던 두 딸. 내게 주옥 같은 경험을 선사해주신 모든 분들께 감사의 말씀 올린다.

21세기로 접어든 지 벌써 4년째를 맞습니다.

세기가 바뀌기만 하면 모든 것이 리셋(Reset)이라도 될 것처럼 세계는 출렁거렸습니다. 전(前) 세기의 과오와 실패는 다 없었던 일이 되고 죄다 하나부터 새롭게 시작될 것처럼…… 그러나 전 세기의 막바지엔 결국 인간을 돌이킬 수 없는 길로 내몰고 말았습니다.

하지만 21세기가 네 해가 지난 지금도 여전히, 인간의 무차별적인 개발과 환경 파괴에 대한 자연의 앙갚음이라도 되는 듯 매 해 거듭되고 있는 자연재해와, 인간이 만들어낸 최악의 공포영화인 전쟁과 질병과 기근으로, 인류는 한치 앞을 분간하기 어려울 만큼 캄캄한 세상을 헤매고 있는 것만 같습니다.

그러한 세상에 한 줄기 희미한 반딧불이 되어줄 방법을 찾아, 저자는 이 르포를 시작했다고 했습니다. 그리고 그 빛은 마침내 미래의 주인공인 아이들을 위한 세상 만들기와 그들의 앞길을 밝혀주는 안내자가 되어줍니다.

저자는 현대인류가 안고 있는 자연파괴와 환경오염 문제, 세계평화와 인류안녕의 위기, 청소년 문제, 인간소외 등의 원인을 대량생산과 대량소비에서 비롯된 대량폐기에서 찾고 있습니다. 그리고 몸소 생활 속에서 물질과 편리함을 조금씩 배제해감으로써 소비와 행복의 관계를 규명해보고자 한 르포 〈즐거운 불편〉을 실천하면서, 그 해결방법을 우리에게 제시해 주고 있습니다.

이 책은 크게 〈실천편〉과 〈대화편〉으로 나뉘어 있는데, 〈실천편〉은 저자가 12개월에 걸쳐 실천한 '즐거운 불편'을 실시간 진행형으로 생동감 있게 엮고 있으며, 〈대화편〉은 현대인류가 처한 실태의 정확한 판단과 문제인식, 그리고 미래에 대한 방향 제시를 위한 각계각층의 관계인사 열두 명과의 대화를 옮기고 있습니다.

여기 거론되는 자연환경과 인류문명의 문제가 이미 하나의 지역과 국가의 차원을 넘어선 이상, 우리는 이 책『즐거운 불편』을 통해 새로운 문명을 개척하고, 우리 아이들에게 미래에 대한 희망을 꿈꿀 수 있는 세계를 만들어주어야 할 숙제를 받은 셈입니다.

지금 내가 존재하는 공간의 사방을 휘 둘러보면서, 인간의 미래를 위해 불필요한 낭비와 필요한 불편이 무엇인지 찾아봅니다. 그리고 불필요한 낭비를 하나씩 배제해가면서 느낄 쾌락을 상상해보고, 필요한 불편을 즐김으로써 과거의 시간을 되돌리기 위한 여행을 준비합니다.

그가 말하는 〈즐거운 불편〉이 아름다운 행복일 수 있는 것은, 우리로 하여금 작은 불편을 즐기도록 함으로써, 이미 잊혀진 과거의 정겨운 추억과 이제 메말라 버린 따뜻한 인정(人情)을 되돌려주기 때문입니다.

자연의 숨결이 주는 벅찬 감동을 자전거를 타고 고향의 들길을 달리면서 온몸에 새깁니다. 당신께도 그 감동과 기쁨을 나눠드릴 수 있기를 희망하면서, 이 책을 옮깁니다.

즐거운 불편

후쿠오카 켄세이 지음 | 김경인 옮김
초판 1쇄 펴냄 2004년 4월 5일
개정판 3쇄 펴냄 2015년 8월 5일
펴낸이 김영조
펴낸곳 달팽이출판
등록 2002년 2월 28일 제 22-2112호
주소 경기도 파주시 탄현면 사슴벌레로 45 206-205
전화 031-946-4409   팩스 031-946-8005
이메일 ecohills@hanmail.net
ISBN 978-89-90706-32-4 (03330)